LA

BIBLIA DEL FENG SHUI

LA GUÍA DEFINITIVA PARA MEJORAR LA VIDA,
EL HOGAR, LA SALUD Y LAS FINANZAS

LA BIBLIA DEL FENG SHUI

LA GUÍA DEFINITIVA PARA MEJORAR LA VIDA, EL HOGAR, LA SALUD Y LAS FINANZAS

Simon Brown

VERGARA
GRUPO ZETA

Barcelona • Bogotá • Buenos Aires • Caracas • Madrid • México D.F. • Montevideo • Quito • Santiago de Chile

Título original: *The Feng Shui Bible*

Traducción: Abel Debritto y Mercè Diago

1.ª edición: octubre, 2005

Publicado por primera vez en 2005, por Godsfield,
una división de Octopus Publishing Group Ltd.

Ésta es una coedición de Ediciones B, S.A., y Ediciones B Argentina, S.A.,
con Hamlyn

Bailén, 84 - 08009 Barcelona (España)
www.edicionesb.com

Impreso en China - Printed in China
ISBN: 84-666-2159-8

SUMARIO

NOCIONES BÁSICAS SOBRE EL FENG SHUI

INTRODUCCIÓN

Utiliza el feng shui para crear el mejor ambiente en el que prospere tu familia.

A pesar de su popularidad actual, el feng shui no es un fenómeno nuevo dado que desde la época antigua los seres humanos han aprovechado las fuerzas de la naturaleza y la energía terrestre para mejorar su entorno y estilo de vida. En la actualidad, cuando la vida nos plantea tantos retos, es fundamental conseguir que las fuerzas de la naturaleza se alíen con nosotros, en vez de contra nosotros, para alcanzar el máximo potencial y crear un ambiente más positivo en el que triunfar; y ahí es donde el feng shui aporta muchas respuestas.

El feng shui se ha convertido en un fenómeno importante en todo el mundo, practicado por todos los estratos de la sociedad, desde personajes famosos y multinacionales a una familia corriente, porque tiene sentido de forma intuitiva: nos sentimos mejor y aprovechamos nuestro potencial en un ambiente adecuado. Lo más importante es que enseguida nos damos cuenta de que el feng shui funciona y que no sólo ayudará a mejorar el hogar sino el entorno inmediato, así como la salud, el estado anímico, las relaciones, la creatividad, la situación económica y la vida familiar, profesional y espiritual.

Asimismo, con la práctica del feng shui experimentarás otras mejoras:

• Mayor control sobre el destino.
• Mejor entendimiento de la vida.
• Ambiente más feliz en casa.
• Mayor concienciación sobre las fuerzas de la naturaleza.
• Capacidad para crear un entorno que te ayude a aprovechar tu potencial.

El feng shui no ofrece soluciones mágicas sino que favorece tu desarrollo de forma que aproveches el poder que te rodea y vivas tu vida al máximo.

Cómo beneficiarse de este libro

El conocimiento contenido en esta obra te permitirá vivir el sueño del feng shui y aprovechar la energía que te rodea. Es la guía definitiva sobre el feng shui, desde los preliminares hasta el final. Gracias a la lectura de este libro dominarás:

• Los **conceptos clave** que sientan las bases del feng shui (véanse págs. 12-63). Cuando los entiendas, todo encajará a la perfección. Domina el feng shui y su funcionamiento transformando este tema tan fascinante que parece mito y superstición en ciencia natural y en algo que es casi de sentido común.
• Los **distintos estilos de feng shui**, que a veces parecen contradecirse. Se explica cada escuela de feng shui (véase pág. 20) para identificar rápidamente los distintos estilos y reconocer de dónde proceden otras actitudes o personas.
• El ***chi*** (véase pág. 24): La noción fundamental en la que se basa el feng shui. Sutil carga de energía electromagnética que conecta tu energía emocional con el espacio que te rodea. La mezcla de tu *chi* con el *chi* del hogar define cómo te sientes en él.
• **Yin y yang** (véase pág. 28): Palabras que describen las formas opuestas y

Decidir qué tipo de asiento usar y dónde sentarse aúna todos los conceptos del feng shui.

complementarias según las que reaccionas al *chi* que se mezcla con tu campo energético. El yin y el yang establecen la conexión vital entre tú y todo lo demás.

• Los **cinco elementos** (madera, fuego, tierra, metal y agua, véase pág. 30): Un ciclo extraordinario en el que interactúan los cinco tipos distintos de *chi* y aportan soluciones a problemas comunes.

• Los **cinco animales** (fénix, tigre, tortuga, dragón y serpiente, véase pág. 34), que ofrecen información maravillosa sobre cómo el acto sencillo de sentarse en una parte determinada de una estancia puede hacerte sentir mejor.

• Los **ocho trigramas** (véase pág. 36), que dan personalidad y color a ocho tipos distintos de *chi*. Asimilando más de una de estas energías determinas tu estado de ánimo y tu percepción de la vida.

• El **cuadrado mágico** (véase pág. 42): El sistema que todo lo une y que te permite aplicar todas las manifestaciones del feng shui al hogar, el jardín, la astrología y uno mismo.

• Los **cimientos del feng shui** (véanse págs. 64-93): Los factores que marcan la diferencia con respecto al ambiente de un hogar.

• Las **características de diseño** que definen la energía emocional de un hogar (véanse págs. 66-75). Lee este apartado antes de redecorar o renovar una vivienda para tomar decisiones acertadas y diseñar el ambiente que más te conviene.

• Las **soluciones del feng shui** (véanse págs. 78-93): Curas positivas para mejorar la sensación de bienestar en el hogar, sin tener que realizar cambios drásticos. Con artículos que pueden comprarse fácilmente (o que quizá ya tengas) y que se colocan de forma estratégica para modificar la energía que te rodea.

- Los procesos que hay que aprender **para adaptar el feng shui del hogar a tus necesidades personales**. Aprende a trabajar con planos, haz un plano de tu hogar basado en el feng shui e interpreta el flujo de energía en cada habitación (véanse págs. 104-123).
- **La aplicación del feng shui a los problemas cotidianos**, con sugerencias para mejorar la salud (véanse págs. 124-145), el estado anímico (véanse págs. 146-169), las relaciones (véanse págs. 170-197), la creatividad (véanse págs. 198-225), la situación económica (véanse págs. 226-247), la vida familiar (véanse págs. 276-307), la vida profesional (véanse págs. 308-327) y la espiritualidad (véanse págs. 350-383). La guía también incluye apartados especiales sobre el cambio de domicilio (véanse págs. 248-275) y sobre cómo mejorar la relación con tu entorno natural (véanse págs. 328-349).

Esta habitación muy estampada y recargada resulta estimulante visualmente, pero no es ideal para dormir tranquilo.

¿QUÉ ES EL FENG SHUI?

ELEMENTOS VITALES

Feng shui significa literalmente «aire y agua». La mezcla, interacción, flujo y penetración de estos dos elementos creadores de vida es lo que mejor describe la energía esencial (llamada «chi») que sienta la base del feng shui.

El feng shui nos permite comprender cómo interactuamos con el entorno. Dado que la vivienda ejerce una gran influencia en nuestra vida (y porque es algo que podemos controlar), el feng shui tiende a centrarse en el hogar de las personas. Por supuesto, el feng shui puede aplicarse al entorno laboral, al jardín, a tu cafetería preferida o a cualquier otro sitio en el que pases bastante tiempo. Cuando se comprenden las conexiones vitales del feng shui, es posible cambiar esas cosas que más nos influyen y, por consiguiente, nuestro estado anímico.

Los orígenes del feng shui

El feng shui se remonta a las civilizaciones antiguas de Egipto, India y China. De hecho, existen muchos ejemplos milenarios de un proceso tan básico como utilizar estructuras artificiales para influir en las sensaciones de las personas, como los círculos de piedras en Europa, los grandes templos aztecas de América Central y las pirámides de Egipto.

Las piedras se utilizaban como antenas para captar y distribuir la energía de los cielos y la tierra, para recargar y revitalizar una zona. Los círculos de piedra como los de Stonehenge en el Reino Unido se diseñaron de forma que la radiación del sol al amanecer se dirigiera al centro, intensificando el efecto completo. Las grandes pirámides de Egipto y los templos aztecas de América

Las pirámides quizá sean uno de los primeros ejemplos de aprovechamiento humano del chi.

Central empleaban su forma para centrar y combinar las energías naturales de la tierra con las procedentes del espacio y contenerlo todo en las cámaras centrales. Las aberturas se utilizaban para que la luz del sol penetrara en el corazón de la estructura. Las civilizaciones antiguas eran muy conscientes de la importancia del sistema solar y eran capaces de calcular los solsticios de verano e invierno, además de los equinoccios de primavera y otoño. Las construcciones se diseñaban de forma que el sol concentrara toda su fuerza en ellas durante una de estas potentes fases.

La influencia china

En China se originaron los principios básicos que forman el feng shui moderno. La cultura china ya contemplaba la idea de que un cambio sutil de energía electromagnética (llamada *chi*) conecta a las personas con el mundo que las rodea; los conceptos del yin y el yang, los cinco elementos y los trigramas definían esta interacción. Estos conceptos aparecían en todas las tradiciones chinas de medicina, filosofía, astrología y artes marciales, relacionándolo todo mediante vínculos comunes.

China se considera el país de origen del feng shui. Parte del reto del feng shui moderno consiste en adaptarlo a un contexto global.

A Fu Hsi, filósofo y posterior emperador, se atribuye la aplicación de los conceptos básicos a los edificios, cuando ideó su «cuadrado mágico» (llamado también *ba gua*). Por consiguiente, se le considera el padre del feng shui tal como lo conocemos en la actualidad.

Desarrollo del feng shui

Como muchas otras formas antiguas de manipulación de energía, el feng shui se aplicó inicialmente a los cementerios. Con el tiempo su aplicación se extendió a los edificios importantes. De hecho quizá fuera una práctica secreta, limitada a los poderosos y no al alcance de las masas. Durante el período de comunismo chino posterior a la Segunda Guerra Mundial, el feng shui se suprimió y tendió a prosperar sólo en territorios vecinos como Japón, Hong-Kong, Taiwán, Singapur, Malaisia y Corea. Ahora se ha popularizado en todo el mundo.

Funcionamiento del feng shui

El feng shui se basa en la noción de que existe un campo energético emocional que circula por el interior y alrededor del cuerpo. La energía se aprecia alrededor de las personas como el «aura»; fluye por el interior a través de centros de actividad llamados *chakras* y hacia el exterior por vías llamadas «meridianos».

Esta carga sutil de energía electromagnética transporta los pensamientos, las ideas y las emociones a todas las células del organismo. Se trata de un proceso bidireccional, de manera que lo que hacemos con el cuerpo también influye en la mente y el corazón, mientras la energía modificada vuelve a circular. El proceso de cargar y modificar cada célula vincula nuestro ser físico con el emocional.

Además, nuestra energía superficial se mezcla con el ambiente que nos rodea de forma que se producen cambios sutiles en nuestro modo de pensar y sentir. A lo largo de un período de tiempo prolongado, esta mezcla de energías externas llega a afectar al organismo. Las influencias de los campos energéticos externos son muchas y variadas: paisajes, ciudades, las personas con quien convivimos, viviendas, trabajos, el clima, la energía solar, la luna y la posición de los planetas.

Nuestra energía emocional interactúa constantemente con la energía del hogar; como consecuencia de ello, algunos de nuestros sentimientos reflejan el lugar en que vivimos. Además, la energía se distribuye por las estancias en que pasamos más tiempo y llenan el ambiente con algunas de nuestras emociones. Es decir, los pensamientos, sentimientos e ideas se mezclan de forma constante con el mundo que nos rodea y las distintas energías que entran en nuestro campo energético siempre nos influyen, al tiempo que irradiamos energía que se distribuye por el espacio que ocupamos.

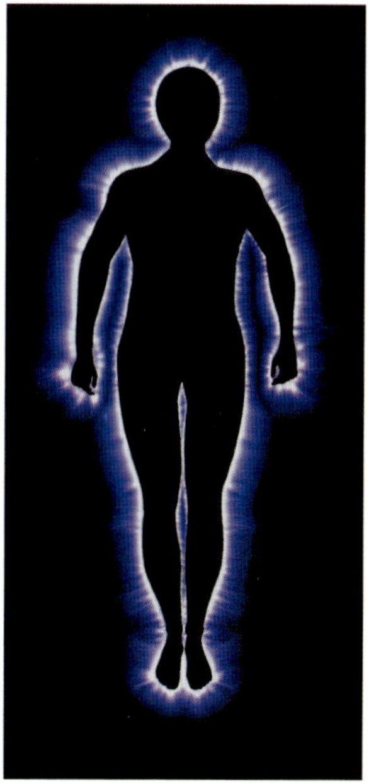

Todo ser vivo está rodeado por un campo energético apreciable mediante la fotografía Kirlian.

¿QUÉ PUEDE HACER EL FENG SHUI POR TI?

APLICACIONES DEL FENG SHUI

Experimenta e intenta aplicar el feng shui a tu:

- *salud*
- *estado anímico*
- *relaciones*
- *creatividad*
- *capacidad para gestionar tu situación económica*
- *vida familiar*
- *vida profesional*
- *espiritualidad*

Si controlas la forma en que la energía que te rodea se mezcla con la tuya, empezarás a controlar cómo te sientes. El objetivo consiste en identificar lo que necesitas cambiar en tu interior para tener más éxito en la vida. Así pues, si necesitas más seguridad para alcanzar el éxito profesional, practica el feng shui para mejorar esa característica de ti mismo, en vez de dar por supuesto que el feng shui mejorará tu vida profesional sin esfuerzo.

Siguiendo este razonamiento, el feng shui puede aplicarse a cualquier aspecto de tu vida sobre el que tengas influencia directa. Por ejemplo, para ampliar tu círculo de amistades quizá tengas que ser más expresivo; para conseguir mejores resultados en las entrevistas, quizá debas ser más enérgico; y para disfrutar de una buena relación de pareja, quizá debas mostrarte más comprensivo. El feng shui no puede ayudarte en aquello que escape a tu control. Así pues, ¡es poco probable que el dinero te caiga del cielo; que aparezca la pareja perfecta de repente o que el secreto de la vida eterna se te desvele!

Un traslado puede precipitar cambios duraderos a medida que se vive en un ambiente nuevo.

¿Es un problema de feng shui?

Un indicio importante con respecto a la eficacia potencial del feng shui es determinar si tus problemas empezaron tras un cambio de domicilio o tras realizar modificaciones en el hogar. Intenta relacionar el efecto del traslado en tus emociones con el feng shui de tu nuevo hogar. Otro indicio es la historia del lugar donde vives. Si varios de sus anteriores ocupantes sufrieron problemas similares (ya fuera bancarrota, divorcio o enfermedad), comprueba el feng shui de la casa e intenta descubrir si existe una razón o causa identificables.

Cuando no ha habido traslado ni modificaciones, tu hogar quizá revista menos importancia pero, de todos modos, el feng shui puede mejorar los ámbitos de tu vida que precisen atención. A veces basta con un pequeño cambio de energía para ocasionar grandes cambios en la vida.

CUESTIONARIO SOBRE EL FENG SHUI

1 *¿Tus problemas se iniciaron tras un cambio de domicilio?*

2 *¿Has experimentado dificultades nuevas desde que realizaste cambios en tu casa?*

3 *¿Los anteriores ocupantes de tu casa experimentaron retos similares?*

Si respondes afirmativamente a alguna de estas preguntas, analiza si el feng shui de tu hogar encaja con los problemas que tienes.

MITOS Y SUPERSTICIÓN

El feng shui se basa en una serie de conceptos subjetivos y, como cualquier otro concepto, no se trata de una realidad en sí mismo. El feng shui no es más que una forma de percibir el mundo. La cuestión no radica en qué conceptos son acertados o equivocados sino qué conceptos o sistema de creencias te convienen. Si decides adoptar la percepción del universo que propugna el feng shui, obtendrás ideas interesantes para interactuar mejor con el entorno y mejorar tu vida.

Al igual que muchos otros temas, el feng shui abarca desde cuestiones de mero sentido común hasta ciertos aspectos que ponen a prueba la credulidad del aficionado más acérrimo. Para descartar los mitos y la superstición, es importante entender el tema y remitirse a los conceptos clave que tienen sentido en tu vida. Todo lo que utilices como remedio feng shui debe cambiar la energía de un espacio o tu forma de asimilarla. Por ejemplo, una planta irradia energía propia y, por consiguiente, cambia la energía de una habitación; darle la vuelta a la cama te expone a una energía distinta mientras duermes.

Diferencias culturales

En la cultura china ciertos objetos ejercen una influencia simbólica que no tiene el mismo efecto en las personas ajenas a dicha cultura. Por ejemplo, un sapo con tres patas tiene unas connotaciones concretas para algunos chinos y cada vez que los ven, se sienten distintos. Tales objetos no cambian el ambiente de un lugar sino que se basan en un sistema de creencias basado en los mitos y la superstición.

MITO FRENTE A REALIDAD

- ***Sapos de tres patas***: *Se supone que traen buena suerte pero esta idea se basa en un fuerte simbolismo cultural.*
- ***Espejos* ba gua**: *Se dice que repelen la energía negativa de un lugar; pero con respecto al flujo del* chi, *un espejo* ba gua *es parecido a cualquier otro.*
- ***Dragones***: *Se utilizan para conjurar a los malos espíritus pero sólo funcionan si el beneficiado cree en ellos.*
- ***Imágenes del agua***: *Se utilizan como sustituto del agua verdadera, aunque no modifican el ambiente igual que el agua de verdad.*
- ***Flautas***: *Recomendadas para que la energía ascienda, pero estos objetos están arraigados en la cultura china y hay que creer mucho en ellos para que funcionen.*
- ***Bendiciones***: *Los artículos bendecidos por guías espirituales se llevan a algún lugar para cambiar su suerte; su éxito depende de que el artículo asimile el* chi *de otra persona y lo irradie con fuerza durante un período de tiempo determinado.*
- ***Plantas o flores de seda***: *Utilizadas en lugar de las verdaderas, aunque no irradien energía viva.*

Los espejos ba gua *son octogonales y tienen los ocho trigramas dispuestos alrededor de un espejo central.*

Se dice que los dragones chinos conjuran a los malos espíritus.

LAS DISTINTAS ESCUELAS DEL FENG SHUI

Como el feng shui se ha ido desarrollando a lo largo de miles de años en tantos lugares y civilizaciones distintos, no es de extrañar que hayan evolucionado diferentes formas de aplicarlo. Independientemente del sistema, los conceptos clave como el *chi*, el yin y el yang, los cinco elementos, los trigramas y el cuadrado mágico siguen siendo iguales, aunque el método de análisis y las soluciones varíe. A continuación se describen las cinco escuelas de uso común que existen. Todas emplean el feng shui chino como fuente, aunque una escuela se desarrolló en Nueva York y otra en Japón. Se considera que el feng shui empezó hace seis mil años, si bien es difícil discernir exactamente cuándo se originaron los distintos estilos. Es probable que fueran evolucionando lentamente a lo largo del tiempo al igual que la sociedad y la civilización.

Las escuelas de la brújula y las que no la utilizan

Una diferencia primordial es que en las zonas más montañosas de China, el paisaje se consideraba la influencia más importante a la hora de construir una casa, mientras que en las llanuras el sol era la fuerza predominante. Los edificios orientados hacia el sol originaron un sistema de feng shui basado en las mediciones de una brújula, mientras que el feng shui sin brújula utilizaba el paisaje circundante para orientar las distintas energías del *chi*.

La escuela de la forma

En esta escuela se estudian las líneas y formas del paisaje para intentar identificar cuatro animales místicos: el fénix, el tigre, la tortuga y el dragón. Éstos se utilizan para planificar el flujo natural del *chi* a través del terreno, de forma que ayude a orientar y construir una vivienda. La idea es que la parte

Este espectacular paisaje puede evocar las imágenes de los animales chinos utilizados para orientar una construcción nueva.

frontal tenga una gran vista abierta (representada por el fénix) mientras que las montañas, los árboles y las colinas protegen la parte posterior (simbolizada por la tortuga). A la derecha debería haber algún tipo de protección baja y sólida (representada por el tigre) y a la izquierda una estructura más ligera y elevada (el dragón).

La escuela de las tres puertas

Se trata de un estilo de feng shui relativamente nuevo desarrollado en Nueva York en los años setenta. La posición de la puerta de un edificio o habitación determina la orientación del cuadrado mágico *(ba gua)*, que se sitúa encima del plano para crear un mapa del flujo del *chi* en la casa y en cada estancia. Cada sector del *ba gua* representa un ámbito de la vida: la esquina exterior izquierda = la riqueza; el centro exterior = la fama; el extremo derecho = las relaciones; el centro medio = los hijos; la derecha interior = las personas serviciales; el centro interior = la vida profesional; la izquierda interior = el conocimiento; la izquierda media = la familia; el centro = uno mismo.

La escuela de las ocho mansiones

En esta versión china basada en la brújula, la fecha de nacimiento define tu número *kua* (el *chi* con el que naces) y si formas parte de un grupo de vida occidental u oriental. A partir de ahí, las casas que dan a cuatro direcciones de la brújula te son favorables, mientras que las casas que dan a las cuatro direcciones restantes pueden resultar negativas. Además, la mitad de la casa suele resultarte positiva y la otra mitad potencialmente dañina. El grupo de vida, la orientación del edificio y la posición de la entrada principal definen de qué mitad se trata.

La escuela de la estrella voladora

En este sistema chino tradicional basado en la brújula, se fusiona una carta astral del período en que se construyó tu edificio con una

La brújula lo pan *ofrece información útil sobre la posición de distintas energías.*

carta del año en curso; a continuación el cuadrado mágico se orienta según la disposición del edificio y alrededores. Se utiliza una brújula especial llamada *lo pan* dispuesta en un disco con círculos concéntricos que proporciona información sobre el feng shui. El disco está en una caja cuadrada con dos cordones rojos que bisecan el centro de la brújula. La caja puede apoyarse en una pared para hacer las mediciones. El feng shui del edificio tiene que actualizarse cada año cuando entra en vigor la carta del año nuevo.

La escuela de las ocho direcciones

Se trata de una versión japonesa del feng shui chino basado en la brújula. En esta escuela se utiliza una brújula para orientar las ocho direcciones del plano de una vivienda. Basándose en el cuadrado mágico, cada dirección transporta un tipo de energía concreto a la casa que puede intensificarse o suavizarse según las necesidades. Además, las posturas para dormir y sentarse determinan qué energías se asimilan más. En vez de considerarse que las energías son positivas o negativas, sencillamente se emplean para mejorar el campo energético que nos hace sentir mejor.

Combinación de estilos

El sistema de las ocho mansiones y el de la estrella voladora suelen emplearse juntos, acompañados a veces de la escuela de la forma. No puede decirse que un sistema sea mejor o más eficaz que los demás; la cuestión radica en qué sistema tiene más sentido, es más fácil de aplicar e inspirador para cada persona. En este libro aprenderás a utilizar la escuela de feng shui de las ocho direcciones. Fácil de aprender, engloba de forma sencilla todos los principios del feng shui. Con él se combina el sistema astrológico de nueve *ki* del feng shui (véase pág. 36), que emplea los mismos principios para añadir una dimensión temporal al espacio en el que se centra el feng shui.

EL *CHI*

Sentarse junto a esta ventana expone a corrientes fuertes de chi, *por lo que resulta un lugar estimulante para pensar.*

El *chi* es la sutil carga electromagnética que lo recorre todo y traspasa información de una cosa a la otra. El *chi* que fluye por nuestro cuerpo transporta sobre todo pensamientos, creencias y emociones.

Parte de nuestro *chi* está siempre proyectándose hacia el exterior, a medida que también asimilamos energía nueva. El *chi* nuevo que se atrae hacia el campo energético propio aporta parte del mundo que nos rodea. Incluye la energía del clima, del *chi* de otras personas, el ambiente del hogar y la energía viva de los alimentos que consumimos. Cuando este *chi* entra en nuestro campo energético, altera el *chi* personal, nos sentimos distintos y tenemos pensamientos nuevos. El campo energético nos conecta con todo lo demás, nos guste o no. El secreto para hacer que esta energía funcione es comprender el proceso y descubrir cómo nos puede ayudar en la vida.

El *chi* en el hogar

Las distintas zonas de una vivienda contienen diferentes cantidades y cualidades de *chi*:

• Hay corrientes muy fuertes de *chi* alrededor de puertas y ventanas. La existencia de varias puertas en línea recta puede provocar el flujo rápido de *chi* y hacer que sea difícil relajarse en casa.

• Cuanto más grandes sean las ventanas de la casa, más rápido fluirá el *chi*, lo cual la convertirá en un espacio activo. Las ventanas orientadas hacia el sol aportan un *chi* más vivo, ardiente y estimulante.

• El *chi* que se mueve por puertas y ventanas genera un flujo horizontal, sobre todo si los techos son bajos, algo habitual en los pisos situados en plantas bajas. El efecto de este flujo horizontal es que el *chi* pasa fácilmente de una persona a otra, por lo que es el espacio idóneo para reuniones sociales e interactivas.

Este techo bajo e inclinado comprime el chi *y dificulta el pensamiento libre mientras se está sentado debajo.*

• Las estancias con techos altos o situadas en la ladera de una colina o en lo alto de un edificio tienen un flujo de *chi* más vertical. Es característico de los áticos y espacios con el techo en punta, donde es más fácil sentirse más individualista, tener ideas originales y atreverse a ser distinto.

• Las esquinas pronunciadas dentro de una estancia generan un fuerte flujo de *chi* penetrante. Si una esquina apunta hacia la cama o una silla, quizá resulte difícil dormir bien o aposentarse allí.

• Los ocupantes de una vivienda también influyen en su ambiente. Las peleas, la infelicidad o la violencia pueden llenar una habitación de *chi* negativo y, con el tiempo, el lugar estará cargado con ese ambiente.

LOS CHAKRAS, LOS MERIDIANOS Y EL AURA

En el cuerpo humano existe una fuerte corriente de energía *chi* que recorre un canal central principal desde la coronilla. A medida que la energía se desplaza por el cuerpo, forma siete centros energéticos en los que se concentra. Estos centros de actividad se llaman *chakras* y son puntos importantes para cambiar el flujo del *chi* por el cuerpo.

Si observamos la coronilla de un bebé (o alguien con muy poco pelo) vemos una espiral. Se trata del *chakra* de la coronilla, por donde la energía ambiental entra en el cuerpo con mayor facilidad. Cuando dormimos estamos en un estado más receptivo y es entonces cuando recargamos nuestro *chi*. En el feng shui es muy importante observar hacia qué dirección apunta la coronilla al dormir, puesto que determina el tipo de energía que se asimila.

Desde los *chakras* discurren grandes canales de energía, llamados meridianos, como si de arterias se tratara, que proporcionan energía al resto del torso y a las extremidades. A lo largo de cada meridiano hay puntos donde es más fácil cambiar la energía, son los puntos de la acupresión, o «tsubos». La energía puede cambiarse masajeándolos con los dedos (acupresión), calentándolos (moxibustión) o atravesándolos cuidadosamente con una aguja de metal fina (acupuntura).

También existe un campo energético externo que forma nuestra aura. Ahí es donde se interactúa con más facilidad con el mundo que nos rodea, llamado a veces el «sexto sentido». En ocasiones esta energía se puede proyectar todavía más (como si fuera una antena) y alcanzar el mundo que nos rodea para aprovechar el gran despliegue de información cósmica. Si se consigue, se obtendrá una mayor perspicacia intuitiva e ideas nuevas sorprendentes.

DESCUBRIR EL *CHI* DE LOS *CHAKRAS*

Para localizar los chakras *de una persona hay que atar un cordel de algodón de un metro de largo a un anillo de metal para que éste quede suspendido. La persona tiene que tumbarse y entonces hay que pasar lentamente el anillo por encima de su cuerpo para ver si se encuentran zonas de* chi *más intenso y que dibujen una espiral.*

Cuando se encuentra un chakra, *el anillo debería empezar a girar en el extremo del cordel. La dirección en la que gira refleja el movimiento en espiral de la energía, parecido al vórtice del agua al escurrirse por un sumidero.*

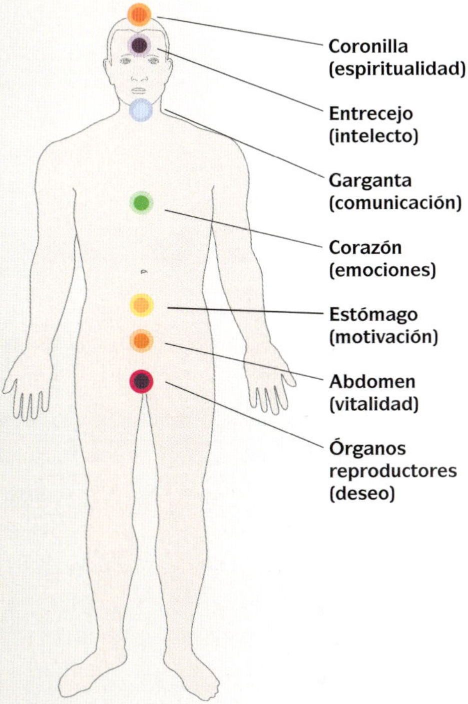

El chi *de cada uno de los siete* chakras *se relaciona con un aspecto distinto del carácter.*

EL YIN Y EL YANG

Las palabras «yin» y «yang» se emplean para describir distintas formas de *chi*. El *chi* yin es más lento, disperso y frío. El *chi* yang es más rápido, condensado y caliente. Literalmente hacen referencia al lado sombrío de la montaña (yin) y al soleado (yang). Son formas complementarias y opuestas que nos permiten conectarnos con lo que nos rodea; así, se puede decidir rápidamente qué hacer para recuperar el equilibrio.

En las personas suele predominar el yin o el yang, lo cual resulta saludable en gran medida, aunque a veces surjan problemas por ser demasiado yin o demasiado yang. Así pues, una vez identificado lo que es cada uno, hay que asimilar más energía de la opuesta y reducir la que se posee en exceso.

En los recuadros de la página siguiente se muestra cómo funciona. Por ejemplo, si encuentras algo en la lista de «demasiado yin» que te afecta, intenta poner en práctica las ideas que se mencionan en «para ser más yang» y reduce las de la lista «para ser más yin».

Cualidades yin naturales

Rostro oval, complexión delgada y dedos largos de la mano y de los pies. Los ojos grandes, los labios carnosos y las mejillas rollizas también son más yin. Las personas que parpadean a menudo y a quienes les cuesta mirar a los ojos son más yin.

Entre las cualidades yin se cuenta ser creativo, imaginativo, sensible, flexible, fácil de contentar y amable. Sin embargo, las personas en las que predomina el yin quizá se dejen llevar y sea más fácil que sean excesivamente yin en vez de demasiado yang.

Cualidades yang naturales

El rostro redondo y una complexión más baja y fornida son más yang. Ojos pequeños, labios finos y mandíbula bien desarrollada hacen hincapié en ello.

Algunas cualidades yang son el estar concentrado, alerta, ser meticuloso, activo y partidario de un estilo de vida dinámico. Para estas personas es más fácil ser demasiado yang que pasar por períodos yin.

DEMASIADO YIN

- *Ser friolero*
- *Enfermedades infecciosas frecuentes*
- *Piel fría y húmeda*
- *Diarrea*
- *Letargo*
- *Depresión*
- *Mentalidad de víctima*

DEMASIADO YANG

- *Rigidez/agarrotamiento*
- *Tensión*
- *Piel seca*
- *Estreñimiento*
- *Estrés*
- *Ira*
- *Necesidad de controlar*

PARA SER MÁS YIN

- *Meditar*
- *Comer más fruta y verduras frescas*
- *Beber agua y zumos*
- *Llevar ropa en colores pastel*
- *Llevar ropa holgada y larga*
- *Hacer ejercicios de estiramiento*
- *Estar en contacto con la naturaleza*
- *Escuchar música relajante*
- *Utilizar iluminación suave o velas*

PARA SER MÁS YANG

- *Practicar artes marciales*
- *Practicar deportes competitivos*
- *Llevar colores vivos*
- *Vestirse con ropa elegante y formal*
- *Socializar*
- *Comer alimentos cocinados*
- *Comer más tubérculos, cereales y pescado*
- *Deshacerse de cosas superfluas*
- *Hacer ejercicio*

LOS CINCO ELEMENTOS

Los cinco elementos definen la interacción entre las energías *chi*; comprenden un modelo en el que las energías se alimentan, suavizan o destruyen entre sí. Cada uno de los cinco tipos de *chi* es similar a una sensación que podría experimentarse en un momento y estación determinados. Reciben el nombre de elementos presentes en la naturaleza: madera, fuego, tierra, metal y agua.

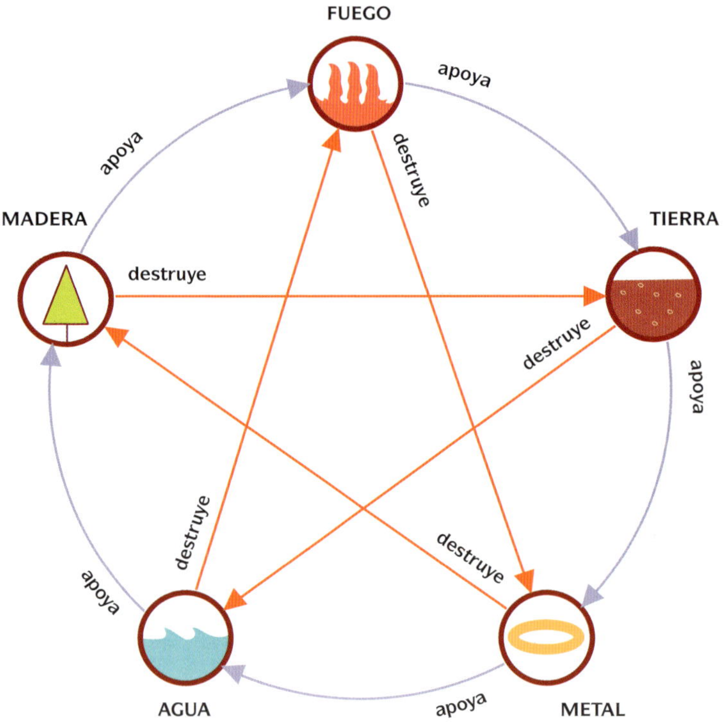

Contemplar una puesta de sol en el horizonte en septiembre permite experimentar la sensación del chi *metal.*

PROPIEDADES DE LOS ELEMENTOS

- *La energía de la* ***madera*** *es ascendente, activa y llena de nuevas esperanzas: igual que podríamos sentirnos en una soleada mañana de primavera. Representa el sol naciente por el este.*
- *La energía del* ***fuego*** *va hacia el exterior, es expresiva y colorista: parecida al centro de un cálido día de verano. Es el sol meridional del mediodía.*
- *La* ***tierra*** *se parece a la energía descendente, estable y segura del sol que se pone por el suroeste. Simboliza una tarde de finales de verano.*
- *El* ***metal*** *describe el* chi *que va hacia el interior y se vuelve concentrado y contenido: como observar un atardecer otoñal en el oeste con una sensación de consumación.*
- *El* ***agua*** *se relaciona con el hecho de seguir la corriente, ser flexible y regenerarse en profundidad: imagina una noche en pleno invierno, de cara al norte.*

Si vives en el hemisferio meridional, cambia el norte por el sur en las descripciones anteriores pero deja el este y el oeste tal cual.

LOS CINCO ELEMENTOS EN ACCIÓN

Aquí tienes unos cuantos ejemplos prácticos sobre cómo aplicar los cinco elementos en tu vida:

¿Te sientes retraído, solo o que pasas desapercibido? *Fíjate en si tienes un inodoro, fregadero, bañera, ducha o lavadora (agua) en la zona sur (fuego) de tu casa y si hay escasez de* chi *madera. Consejo: el agua destruye el fuego si no hay madera. Para completar el ciclo de los cinco elementos, incluye más* chi *madera en la estancia mediante plantas, suelo de madera, muebles u objetos de madera o emplea el color verde.*

¿No consigues sentirte romántico o satisfecho ni ingresas dinero en el banco? *Fíjate en si tienes una chimenea, fogones, caldera u horno (fuego) en la zona oeste (metal) de tu casa. Consejo: el fuego destruye el metal si no hay tierra. Pon más energía tierra en forma de carbón en un jarrón de barro, flores amarillas en un recipiente de barro, un pavimento de piedra claro o utiliza el color amarillo.*

¿Te sientes aislado, contenido y te apetece esconderte? *Fíjate en si tu cuarto de baño (agua) u otros elementos agua están en el norte (agua). Consejo: exceso de* chi *agua; atenúa el* chi *agua con* chi *madera y limita el* chi *metal. Cultiva muchas plantas (madera) en el baño y elimina los objetos de metal.*

Cuando todas estas energías están presentes, actúan en perfecta armonía, alimentándose y suavizándose entre sí. Observa la tabla y verás que el agua alimenta la madera, que la madera alimenta el fuego y así sucesivamente. Del mismo modo, la madera calma el agua, el fuego calma la madera y así alrededor del círculo. Por ejemplo, el exceso de *chi* fuego se atenúa con menos madera y más tierra; la falta de *chi* fuego se compensa con más madera y menos tierra.

Cuando hay una escasez de uno de los cinco elementos, la energía anterior puede destruir a la siguiente. Por ejemplo, si existe una gran deficiencia de *chi* fuego, entonces la energía *chi* de la madera afecta al *chi* tierra.

Las situaciones más habituales de relación destructiva entre dos tipos de energía *chi* se producen cuando hay fuego o agua. En el hogar la energía del fuego se representa con calderas, chimeneas, fogones y hornos, y los cuartos de baño, inodoros, fregaderos, lavadoras y lavavajillas representan la energía del agua. La solución consiste en aportar la energía deficiente. Así pues, en un cuarto de baño de la parte meridional de la casa hay que añadir más energía de madera para restablecer una relación armoniosa entre el agua, la madera y el fuego.

Las plantas asimilarán el chi *agua del fregadero y ayudarán a atenuar el* chi *agua si no es armonioso con el* chi *del entorno.*

LOS CINCO ANIMALES

Los cinco animales —el dragón, el fénix, el tigre, la tortuga y la serpiente— representan el campo energético externo. El flujo natural de nuestro *chi* será más poderoso si nos sentamos o situamos en la postura adecuada para que se funda de forma natural con el *chi* circundante.

Los cinco animales representan el tipo de chi *que rodea tu cuerpo. Este campo de* chi *externo se desplaza contigo; el fénix siempre está delante.*

El *chi* que tienes delante (el fénix) despliega las alas y se eleva, siempre y cuando tengas un gran espacio abierto por delante. A tu derecha tu *chi* está representado por el tigre, cuyo objetivo es protegerte y avanzar contigo (el brazo de un asiento, una pieza maciza y sólida de mobiliario o un muro bajo pueden conseguirlo). Tu parte posterior está protegida por el duro caparazón simbólico de la tortuga y este *chi* busca estructuras sólidas (el respaldo de un asiento, una pared, un árbol o una montaña). El dragón vuela a tu izquierda, en busca de nuevas oportunidades, por lo que este *chi* se alimentará de cualquier elemento que transmita una sensación de ligereza (como una mesa ligera, una fuente o un seto). La serpiente se sitúa en el centro de los cuatro animales y te representa.

El lugar idóneo donde sentarse

El concepto de los cinco animales resulta especialmente útil al escoger un sitio donde sentarse, ya sea en casa, en una cafetería o restaurante, en el trabajo o en una reunión. Con este conocimiento, serás capaz de encontrar la mejor postura para potenciar tu *chi*. El objetivo es asegurarte de que tienes el máximo espacio posible delante de ti y, a poder ser, buena vista de la entrada y las ventanas, lo cual significa que el fénix podrá expandirse y llenar el espacio que hay delante de ti. Es igualmente importante encontrar una pared, un asiento con el respaldo alto o alguna pieza de mobiliario para protegerte la espalda; estar de espaldas a una zona en la que hay mucha actividad (por ejemplo, una entrada concurrida) distrae mucho y te sitúa en una posición débil. Si es posible, cuenta con algo sólido y bajo a tu derecha (arcón o mesa maciza) y algo más ligero a la izquierda (una planta o porta lámparas).

NUEVE NÚMEROS

El principio de los nueve números se basa en que estamos rodeados por ocho tipos de *chi* distintos, por lo que al volvernos en una dirección nos situamos ante un tipo de *chi* determinado. El *chi* es distinto debido a la forma en que el Sol afecta al planeta, al campo magnético de la Tierra y a las fuerzas de otros planetas. Esto significa que puedes asimilar más un tipo concreto de *chi* en tu campo energético y adoptar más características propias de esa energía. La forma más sencilla de hacerlo es dormir de forma que la coronilla apunte hacia la dirección que representa la energía que crees que más necesitas.

Según este sistema, las nueve energías se dividen en los cuatro puntos cardinales (norte, este, sur y oeste), las cuatro direcciones intermedias (noreste, noroeste, sureste y suroeste) y una para el centro. A cada tipo de *chi* se le asigna un número del uno al nueve, que hace referencia a la posición de la energía en el cuadrado mágico *(ba gua)*. A fin de clarificar la energía de cada dirección, ésta se asocia con una hora del día, una estación, un elemento y un trigrama. (Un trigrama es un conjunto de tres líneas paralelas, discontinuas o continuas; las líneas continuas son yang y las discontinuas son yin.) Los trigramas están relacionados con un familiar (como el primogénito), y a los que tienen uno de los cinco elementos en común se les asigna un símbolo específico de la naturaleza (como un trueno).

Lee la descripción que aparece en las páginas 37-41 para cada dirección para ver si necesitas más de algún tipo de *chi* en concreto.

Cada dirección se relaciona con cierto carácter del chi. *Para dominar el feng shui es imprescindible comprender los distintos matices del* chi.

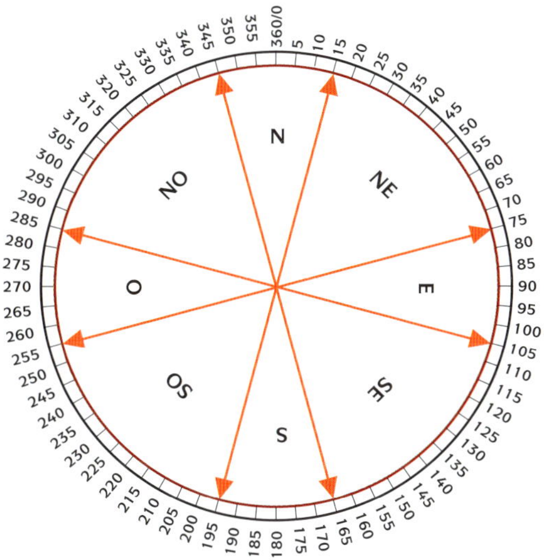

ESTE

Número del cuadrado mágico 3	**Trigrama** Yin/yin/yang
Elemento Madera	**Símbolo** Trueno
Familiar Primogénito	**Color** Verde brillante, como de hoja tierna
Hora Mañana – amanecer	**Estación** Primavera

Útil para sentirse animado, seguro y enérgico; refuerza el deseo de iniciar nuevos proyectos, mantenerse alerta, centrarse en los detalles, acertar, analizar, ser preciso y concentrarse. El símbolo del trueno concede a esta energía un talante enérgico y convincente, que te anima a hacer que sucedan cosas. Este *chi* resulta útil si quieres despertarte y levantarte temprano, pero aumenta el riesgo de sentirse frustrado y airado.

SURESTE

Número del cuadrado mágico 4 | **Trigrama** Yang/yang/yin

Elemento Madera | **Símbolo** Viento

Familiar Primogénita | **Color** El mismo verde oscuro que una hoja madura, azul cielo

Hora Media mañana, el sol se eleva en el cielo

Estación Final de la primavera

Útil para ser persistente, sensible y positivo; aumenta el deseo de ser creativo e imaginativo, de generar ideas nuevas, buscar la armonía y comunicarse. Resulta ideal para propagar ideas, igual que el viento esparce semillas. Este *chi* es bueno para realizar progresos en la vida y trabajar en la prosperidad futura, pero aumenta el riesgo de sentirse irritable e impaciente.

SUR

Número del cuadrado mágico 9 | **Trigrama** Yang/yin/yang

Elemento Fuego | **Símbolo** Fuego

Familiar Hija mediana | **Color** Púrpura rojizo muy intenso

Hora Mediodía – el sol está en el punto más elevado

Estación Pleno verano

Bueno para sentirse apasionado, emocionado, orgulloso, generoso, exuberante y espectacular, aunque también puede llevar a sentirse egocéntrico, estresado e histérico. Aumenta el deseo de ser expresivo, no pasar desapercibido, ser sociable, extrovertido y espontáneo, marcar tendencias de moda y ser lúcido. Esta energía exaltada es brillante, vistosa e irradia *chi*. Se corre el riesgo de sentirse estresado, demasiado exaltado y padecer histeria.

SUROESTE

Número del cuadrado mágico 2

Trigrama ☷ Yin/yin/yin

Elemento Tierra

Símbolo Tierra

Familiar Madre

Color Negro mate, marrón, beige o amarillo; parecido al carbón o a la tierra.

Hora Tarde – el sol está bajo en el cielo

Estación Finales de verano

Bueno para ser afectuoso, paciente y comprensivo; aumenta el deseo de ser práctico y realista, consolidarse y gozar de estabilidad. Es el *chi* idóneo para mejorar la calidad de cualquier cosa que se haga. Piensa en frutos que maduran en la vid. Este *chi* de tierra firme es útil para profundizar en todo tipo de relaciones. Sin embargo, aumenta el riesgo de sentirse dependiente y celoso.

OESTE

Número del cuadrado mágico 7

Trigrama ☱ Yin/yang/yang

Elemento Metal

Símbolo Lago

Familiar Hija menor

Color El del atardecer; rojo ocre, granate o rosa

Hora Última hora tarde – atardecer

Estación Otoño

Bueno para sentirse romántico, satisfecho y juguetón; aumenta el deseo de ser rico, entablar nuevas relaciones, ser elegante y materializar proyectos. Se asocia con el momento de la cosecha y el final del día, este *chi* es ideal para concluir proyectos de forma provechosa. El *chi* de la hija menor se asocia con ser desenfadado, intentar divertirse y disfrutar de los placeres de la vida, pero aumenta el riesgo de depresión y pesimismo.

NOROESTE

Número del cuadrado mágico 6	**Trigrama** Yang/yang/yang
Elemento Metal	**Símbolo** Cielo
Familiar Padre	**Color** Plateado o color hueso; parecido al color del metal
Hora Noche incipiente - ocaso	**Estación** Finales de otoño

Bueno para sentirse al mando, digno y responsable; aumenta el deseo de controlar, organizar, planificar, ser respetado y tener integridad. El símbolo del cielo significa que este *chi* resulta útil para gozar de más sabiduría y de una intuición más clara; representa la experiencia y la madurez, y permite ganarse la confianza de los demás, inspirar respeto o encontrar un mentor. Sin embargo, aumenta el riesgo de ser autoritario y arrogante.

NORTE

Número del cuadrado mágico 1	**Trigrama** Yin/yang/yin
Elemento Agua	**Símbolo** Agua
Familiar Hijo mediano	**Color** Crema con acabado muy brillante, barniz u otro acabado traslúcido; negro brillante
Hora Noche – oscuridad	**Estación** Pleno invierno

Bueno para sentirse sexual, espiritual e independiente; aumenta el deseo de ser flexible, encontrar la paz, estudiar, desarrollarse, mejorar la salud, ser objetivo y diferente. Este *chi* resulta útil para tener ideas originales sin que los demás te distraigan; es idóneo para concebir, curarse y tener vitalidad. Este *chi* tranquilo también resulta útil si tienes dificultades para dormir, pero corres el riesgo de sentirte aislado y distante.

NORESTE

Número del cuadrado mágico 8

Trigrama ☶ Yang/yin/yin

Elemento Tierra

Símbolo Montaña

Familiar Hijo menor

Color Blanco brillante, parecido a una montaña coronada de nieve

Hora Primera hora de la mañana – el primer atisbo de luz

Estación Final del invierno

Bueno para sentirse motivado, estimulado y extrovertido; aumenta el deseo de aprovechar oportunidades, ganar, competir, aprender, ser resuelto y atrevido y tener las ideas claras. Este *chi* es perspicaz, penetrante y fácil de cambiar, por lo que resulta positivo para cerrar tratos y comerciar. También es útil para aclarar ideas y ayudarte a ser más decisivo y pensar en una nueva dirección en la vida. Sin embargo, también podría animarte a ser avaricioso y obsesivo.

CENTRO

Número del cuadrado mágico 5

Trigrama Ninguno

Elemento Tierra

Símbolo Ninguno

Familiar Ninguno

Color Amarillo o naranja

Hora Ninguna

Estación Ninguna

Esta energía une las ocho direcciones. No tiene trigrama, hora ni estación concretos, pero puede decirse que los representa a todos. Como tal, es una energía que puede ayudarte a ser el centro de atención y atraer a los demás. Es el *chi* más poderoso y, por tanto, se trata con respeto. En la medida de lo posible, el centro de una estancia o edificio debería estar despejado y abierto para permitir la circulación de la energía.

EL CUADRADO MÁGICO

El elemento que aúna todos los conceptos del feng shui es el cuadrado mágico. Es una cuadrícula de nueve números en la que cada número representa una de las energías de las ocho direcciones, además del centro. Los números están dispuestos de forma que independientemente de cómo se sumen, en horizontal, vertical o en diagonal, siempre suman un total de quince.

Cuando se aplica al hogar, el cuadrado mágico se dispone de forma estándar, con el número 5 en el centro. Sin embargo, también puede disponerse de manera que cada uno de los ocho números restantes ocupe el centro por turnos, con los números de alrededor ajustados convenientemente. La capacidad del cuadrado para transformarse en nueve fases te permite aplicarlo tanto al tiempo como al espacio, en forma de astrología feng shui y feng shui de tu hogar.

4	9	2
3	5	7
8	1	6

El cuadrado mágico.

Cuando los números están dispuestos de forma habitual, el 1 se alinea con el norte. A continuación los números siguen la brújula en el sentido de las agujas del reloj, de forma que el 8 esté en el noreste, el 3 en el este, el 4 en el sureste, el 9 en el sur, el 2 en el suroeste, el 7 en el oeste, el 6 en el noroeste y el 5 en el centro.

En este sistema de nueve *ki* (denominado así por «ki», la palabra japonesa que designa el *chi*), los sectores norte, este, sur y oeste ocupan 30 grados mientras que los sectores intermedios restantes (noreste, sureste, suroeste y noroeste) ocupan 60 grados (véase pág. 113).

Es importante no confundir los nueve números *ki* con números de la vida diaria: números de calle, teléfonos, etc. Los nueve números aquí utilizados son nombres para el *chi* que representan, y es importante tener en cuenta el carácter del *chi* al referirse a ellos.

Los nueve patrones del *chi*

Cada una de las tablas siguientes representa uno de los nueve patrones del *chi*. Utilizándolas se puede averiguar en qué fase te encuentras, cuáles son tus mejores direcciones y el momento adecuado para realizar actividades en el hogar.

		S		
SE	4	9	2	SO
E	3	5	7	O
NE	8	1	6	NO
		N		

		S		
SE	5	1	3	SO
E	4	6	8	O
NE	9	2	7	NO
		N		

		S		
SE	3	8	1	SO
E	2	4	6	O
NE	7	9	5	NO
		N		

		S		
SE	6	2	4	SO
E	5	7	9	O
NE	1	3	8	NO
		N		

		S		
SE	2	7	9	SO
E	1	3	5	O
NE	6	8	4	NO
		N		

Utiliza la tabla de las págs. 45-49 para encontrar tu número y el número de año que te interesa. Busca la tabla con el número de año y encuentra la posición del número de tu año en el interior de ésta.

Por ejemplo, el número de año para 2005 es 4, o sea que una persona cuyo número de año sea el 6, estará en el oeste en 2005.

		S		
SE	7	3	5	SO
E	6	8	1	O
NE	2	4	9	NO
		N		

		S		
SE	1	6	8	SO
E	9	2	4	O
NE	5	7	3	NO
		N		

		S		
SE	8	4	6	SO
E	7	9	2	O
NE	3	5	1	NO
		N		

		S		
SE	9	5	7	SO
E	8	1	3	O
NE	4	6	2	NO
		N		

ENCUENTRA TUS NÚMEROS EN EL CUADRADO MÁGICO

Según el sistema de nueve *ki* utilizado aquí, tienes tres números del cuadrado mágico y cada número te conecta con el *chi* correspondiente a ese número (véase pág. 36). Los tres números forman tu año, mes y número de eje. El número de año define tu *chi* más profundo, que se desplaza por los *chakras*; el número de mes describe el *chi* de tu corazón y mente, y el número de eje ilustra tu *chi* superficial.

Uso de la tabla de nueve *ki*

Para encontrar tus tres números, utiliza la tabla para localizar el año y el mes en que naciste. El sistema de nueve *ki* utiliza un calendario solar, por lo que los años y los meses no empiezan a la vez que los nuestros. El año nueve *ki* empieza el 3, 4 o 5 de febrero. Cada mes de la tabla tiene una fecha y hora que indican cuándo empieza el mes nueve *ki*. Si naciste antes de esta fecha, tienes que consultar el mes anterior. Por ejemplo, si naciste el 2 de agosto de 1958, utiliza los números correspondientes a julio de 1958: 692.

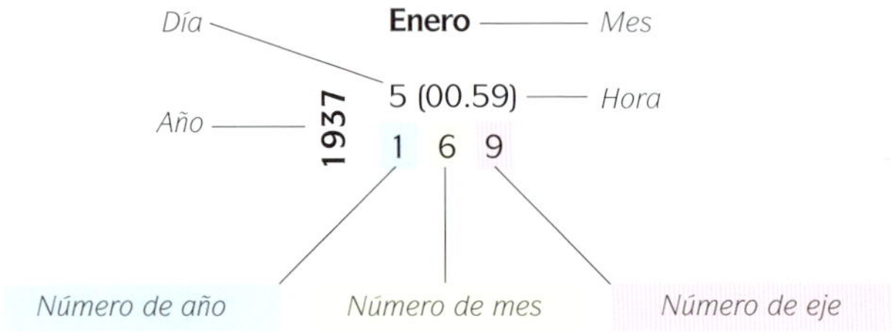

	Ene	Feb	Marzo	Abril	Mayo	Jun	Jul	Ago	Sept	Oct	Nov	Dic
1937	5 (00.59)	4 (14:30)	6 (10:34)	4 (17:32)	5 (13:20)	5 (19:34)	7 (08:41)	7 (19:57)	8 (00:37)	8 (18:13)	7 (23:00)	7 (17:30)
	1 6 9	9 5 9	9 4 1	9 3 2	9 2 3	9 1 4	9 9 5	9 8 6	9 7 7	9 6 8	9 5 9	9 4 1
1938	6 (06:40)	4 (20:23)	6 (16:22)	4 (23:12)	5 (18:51)	6 (01:01)	7 (14:08)	8 (01:28)	8 (06:13)	8 (23:57)	8 (04:53)	7 (23:29)
	9 3 2	8 2 2	8 1 3	8 9 4	8 8 5	8 7 6	8 6 7	8 5 8	8 4 9	8 3 1	8 2 2	8 1 3
1939	6 (12:41)	5 (02:08)	6 (22:13)	5 (05:24)	6 (00:24)	6 (07:39)	7 (19:37)	8 (07:02)	8 (12:45)	9 (05:46)	8 (10:48)	8 (05:28)
	8 9 4	7 8 4	7 7 5	7 6 6	7 5 7	7 4 8	7 3 9	7 2 1	7 1 2	7 9 3	7 8 4	7 7 5
1940	6 (18:43)	5 (08:09)	6 (04:15)	4 (11:13)	5 (07:00)	5 (13:15)	7 (01:09)	7 (13:42)	7 (18:20)	8 (11:25)	7 (16:33)	7 (11:12)
	7 6 6	6 5 6	6 4 7	6 3 8	6 2 9	6 1 1	6 9 2	6 8 3	6 7 4	6 6 5	6 5 6	6 4 7
1941	6 (00:07)	4 (13:54)	6 (10:00)	4 (16:56)	5 (12:40)	5 (18:52)	7 (08:00)	7 (19:19)	8 (00:02)	8 (17:40)	7 (22:29)	6 (17:17)
	6 3 8	5 2 8	5 1 9	5 9 1	5 8 2	5 7 3	5 6 4	5 5 5	5 4 6	5 3 7	5 2 8	5 1 9
1942	6 (06:10)	4 (19:55)	6 (15:57)	4 (22:47)	5 (18:24)	6 (00:29)	7 (13:31)	8 (00:48)	8 (05:33)	8 (23:18)	8 (04:16)	7 (22:53)
	5 9 1	4 8 1	4 7 2	4 6 3	4 5 4	4 4 5	4 3 6	4 2 7	4 1 8	4 9 9	4 8 1	4 7 2
1943	6 (12:08)	5 (01:38)	6 (21:46)	5 (04:58)	5 (23:58)	6 (07:08)	7 (18:59)	8 (06:20)	8 (12:00)	9 (05:00)	8 (10:02)	8 (04:43)
	4 6 3	3 5 3	3 4 4	3 3 5	3 2 6	3 1 7	3 9 8	3 8 9	3 7 1	3 6 2	3 5 3	3 4 4
1944	6 (17:57)	5 (07:24)	6 (03:32)	4 (10:33)	5 (06:25)	5 (12:43)	7 (00:38)	7 (13:10)	7 (17:48)	8 (10:52)	7 (16:00)	7 (10:41)
	3 3 5	2 2 5	2 1 6	2 9 7	2 8 8	2 7 9	2 6 1	2 5 2	2 4 3	2 3 4	2 2 5	2 1 6
1945	5 (23:37	4 (13:23)	6 (09:28)	4 (16:24)	5 (12:08)	5 (18:21)	7 (07:25)	7 (18:41)	7 (23:19)	8 (16:52)	7 (21:40)	7 (16:25)
	2 9 7	1 8 7	1 7 8	1 6 9	1 5 1	1 4 2	1 3 3	1 2 4	1 1 5	1 9 6	1 8 7	1 7 8
1946	6 (05:24)	4 (19:11)	6 (15:13)	4 (22:04)	5 (17:40)	5 (23:47)	7 (12:52)	8 (00:11)	8 (04:56)	8 (22:38)	8 (03:32)	7 (22:06)
	1 6 9	9 5 9	9 4 1	9 3 2	9 2 3	9 1 4	9 9 5	9 8 6	9 7 7	9 6 8	9 5 9	9 4 1
1947	6 (11:19)	5 (00:48)	6 (20:55)	5 (04:08)	5 (23:09)	6 (06:23)	7 (18:18)	8 (05:43)	8 (11:27)	9 (04:28)	8 (09:29)	8 (04:06)
	9 3 2	8 2 2	8 1 3	8 9 4	8 8 5	8 7 6	8 6 7	8 5 8	8 4 9	8 3 1	8 2 2	8 1 3
1948	6 (17:18)	5 (06:43)	6 (02:50)	4 (09:50)	5 (05:39)	5 (11:55)	6 (23:49)	7 (12:21)	7 (16:59)	8 (10:05)	7 (15:13)	7 (09:51)
	8 9 4	7 8 4	7 7 5	7 6 6	7 5 7	7 4 8	7 3 9	7 2 1	7 1 2	7 9 3	7 8 4	7 7 5
1949	5 (22:43)	4 (12:26)	6 (08:30)	4 (15:25)	5 (11:11)	5 (17:25)	7 (05:18)	7 (17:52)	7 (22:36)	8 (16:15)	7 (21:05)	7 (15:50)
	7 6 6	6 5 6	6 4 7	6 3 8	6 2 9	6 1 1	6 9 2	6 8 3	6 7 4	6 6 5	6 5 6	6 4 7
1950	6 (04:46)	4 (18:27)	6 (14:24)	4 (21:10)	5 (16:46)	5 (22:52)	7 (11:57)	7 (23:17)	8 (04:04)	8 (21:49)	8 (02:49)	7 (21:28)
	6 3 8	5 2 8	5 1 9	5 9 1	5 8 2	5 7 3	5 6 4	5 5 5	5 4 6	5 3 7	5 2 8	5 1 9
1951	6 (10:43)	5 (00:11)	6 (20:15)	5 (03:21)	5 (22:18)	6 (05:27)	7 (17:20)	8 (04:43)	8 (09:36)	9 (03:28)	8 (08:31)	8 (03:11)
	5 9 1	4 8 1	4 7 2	4 6 3	4 5 4	4 4 5	4 3 6	4 2 7	4 1 8	4 9 9	4 8 1	4 7 2
1952	6 (16:26)	5 (05:53)	6 (01:59)	4 (08:56)	5 (04:43)	5 (10:58)	6 (22:52)	7 (11:28)	7 (16:09)	8 (09:17)	7 (14:25)	7 (09:08)
	4 6 3	3 5 3	3 4 4	3 3 5	3 2 6	3 1 7	3 9 8	3 8 9	3 7 1	3 6 2	3 5 3	3 4 4
1953	5 (22:04)	4 (11:49)	6 (07:53)	4 (14:46)	5 (10:28)	6 (16:36)	7 (04:25)	7 (16:55)	7 (21:37)	8 (15:15)	7 (20:07)	7 (14:53)
	3 3 5	2 2 5	2 1 6	2 9 7	2 8 8	2 7 9	2 6 1	2 5 2	2 4 3	2 3 4	2 2 5	2 1 6

	Ene	Feb	Marzo	Abril	Mayo	Jun	Jul	Ago	Sept	Oct	Nov	Dic
1954	6 (03:52) 2 9 7	4 (17:37) 1 8 7	6 (13:38) 1 7 8	4 (20:27) 1 6 9	5 (16:01) 1 5 1	5 (22:05) 1 4 2	7 (11:06) 1 3 3	7 (22:24) 1 2 4	8 (03:10) 1 1 5	8 (20:56) 1 9 6	8 (01:55) 1 8 7	7 (20:33) 1 7 8
1955	6 (09:47) 1 6 9	4 (23:14) 9 5 9	6 (19:18) 9 4 1	5 (02:29) 9 3 2	5 (21:28) 9 2 3	6 (03:30) 9 1 4	7 (16:34) 9 9 5	8 (03:58) 9 8 6	8 (08:51) 9 7 7	9 (02:44) 9 6 8	8 (07:50) 9 5 9	8 (02:31) 9 4 1
1956	6 (15:46) 9 3 2	5 (05:11) 8 2 2	6 (01:17) 8 1 3	4 (00:14) 8 9 4	5 (04:00) 8 8 5	5 (10:16) 8 7 6	6 (22:08) 8 6 7	7 (10:39) 8 5 8	7 (12:15) 8 4 9	8 (08:22) 8 3 1	7 (13:30) 8 2 2	7 (08:14) 8 1 3
1957	5 (21:12) 8 9 4	4 (10:57) 7 8 4	6 (07:01) 7 7 5	4 (13:54) 7 6 6	5 (09:36) 7 5 7	5 (15:47) 7 4 8	7 (03:40) 7 3 9	7 (16:14) 7 2 1	7 (20:57) 7 1 2	8 (14:35) 7 9 3	7 (19:26) 7 8 4	7 (14:11) 7 7 5
1958	6 (03:10) 7 6 6	4 (16:54) 6 5 6	6 (09:43) 6 4 7	4 (19:40) 6 3 8	5 (15:14) 6 2 9	5 (21:18) 6 1 1	7 (10:22) 6 9 2	7 (21:43) 6 8 3	8 (02:32) 6 7 4	8 (20:19) 6 6 5	8 (01:17) 6 5 6	7 (19:54) 6 4 7
1959	6 (09:09) 6 3 8	2 (22:48) 5 2 8	6 (18:45) 5 1 9	5 (01:54) 5 9 1	5 (20:51) 5 8 2	6 (02:50) 5 7 3	7 (15:51) 5 6 4	8 (03:14) 5 5 5	8 (08:09) 5 4 6	9 (02:03) 5 3 7	8 (07:07) 5 2 8	8 (01:45) 5 1 9
1960	6 (14:58) 5 9 1	5 (04:23) 4 8 1	6 (00:29) 4 7 2	4 (07:27) 4 6 3	5 (03:15) 4 5 4	5 (09:30) 4 4 5	6 (21:25) 4 3 6	7 (10:01) 4 2 7	7 (14:44) 4 1 8	8 (07:55) 4 9 9	7 (13:05) 4 8 1	7 (07:49) 4 7 2
1961	5 (20:43) 4 6 3	4 (10:25) 3 5 3	6 (06:25) 3 4 4	4 (13:18) 3 3 5	5 (09:00) 3 2 6	5 (15:11) 3 1 7	7 (03:01) 3 9 8	7 (15:33) 3 8 9	7 (20:16) 3 7 1	8 (13:57) 3 6 2	7 (18:52) 3 5 3	7 (13:41) 3 4 4
1962	6 (02:41) 3 3 5	4 (16:23) 2 2 5	6 (12:19) 2 1 6	4 (19:03) 2 9 7	5 (14:36) 2 8 8	5 (20:40) 2 7 9	7 (09:42) 2 6 1	7 (21:02) 2 5 2	8 (01:50) 2 4 3	8 (19:38) 2 3 4	8 (00:40) 2 2 5	7 (19:21) 2 1 6
1963	6 (08:37) 2 9 7	4 (22:04) 1 8 7	6 (18:05) 1 7 8	5 (01:10) 1 6 9	5 (20:05) 1 5 1	6 (02:06) 1 4 2	7 (15:10) 1 3 3	8 (02:37) 1 2 4	8 (07:34) 1 1 5	9 (01:30) 1 9 6	8 (06:37) 1 8 7	8 (01:21) 1 7 8
1964	6 (14:38) 1 6 9	5 (04:04) 9 5 9	6 (00:08) 9 4 1	4 (07:02) 9 3 2	5 (01:51) 9 2 3	5 (08:55) 9 1 4	6 (20:47) 9 9 5	7 (09:19) 9 8 6	7 (15:25) 9 7 7	8 (07:09) 9 6 8	7 (12:19) 9 5 9	7 (07:05) 9 4 1
1965	5 (20:02) 9 3 2	4 (09:48) 8 2 2	6 (05:52) 8 1 3	4 (12:44) 8 9 4	5 (08:22) 8 8 5	5 (14:29) 8 7 6	7 (02:18) 8 6 7	7 (14:51) 8 5 8	7 (19:36) 8 4 9	8 (13:18) 8 3 1	7 (18:12) 8 2 2	7 (13:00) 8 1 3
1966	6 (01:59) 8 9 4	4 (15:42) 7 8 4	6 (11:41) 7 7 5	4 (18:26) 7 6 6	5 (13:58) 7 5 7	5 (20:00) 7 4 8	7 (09:00) 7 3 9	7 (20:19) 7 2 1	8 (01:08) 7 1 2	8 (18:58) 7 9 3	8 (00:00) 7 8 4	7 (18:42) 7 7 5
1967	6 (07:58) 7 6 6	4 (21:26) 6 5 6	6 (17:30) 6 4 7	5 (00:07) 6 3 8	5 (19:33) 6 2 9	6 (01:30) 6 1 1	7 (14:29) 6 9 2	8 (01:49) 6 8 3	8 (06:42) 6 7 4	9 (00:36) 6 6 5	8 (05:42) 6 5 6	8 (00:25) 6 4 7
1968	6 (13:41) 6 3 8	5 (03:06) 5 2 8	5 (23:11) 5 1 9	4 (06:06) 5 9 1	5 (00:58) 5 8 2	5 (08:05) 5 7 3	6 (19:59) 5 6 4	7 (07:24) 5 5 5	7 (13:13) 5 4 6	8 (06:22) 5 3 7	7 (11:33) 5 2 8	7 (06:19) 5 1 9
1969	5 (19:16) 5 9 1	4 (09:00) 4 8 1	6 (05:02) 4 7 2	4 (11:53) 4 6 3	5 (07:32) 4 5 4	5 (13:41) 4 4 5	7 (01:30) 4 3 6	7 (14:03) 4 2 7	7 (18:45) 4 1 8	8 (11:59) 4 9 9	7 (17:17) 4 8 1	7 (12:06) 4 7 2
1970	6 (01:21) 4 6 3	4 (14:51) 3 5 3	6 (10:48) 3 4 4	4 (17:33) 3 3 5	5 (13:04) 3 2 6	5 (19:06) 3 1 7	7 (08:07) 3 9 8	7 (19:27) 3 8 9	8 (00:16) 3 7 1	8 (18:03) 3 6 2	7 (23:03) 3 5 3	7 (17:41) 3 4 4

	Ene	Feb	Marzo	Abril	Mayo	Jun	Jul	Ago	Sept	Oct	Nov	Dic
1971	6 (06:54) 3 3 5	4 (06:02) 2 2 5	6 (16:23) 2 1 6	4 (23:00) 2 9 7	5 (18:25) 2 8 8	6 (00:26) 2 7 9	7 (13:30) 2 6 1	8 (00:56) 2 5 2	8 (05:56) 2 4 3	8 (23:54) 2 3 4	8 (05:01) 2 2 5	7 (23:43) 2 1 6
1972	6 (12:56) 2 9 7	5 (02:18) 1 8 7	5 (22:15) 1 7 8	4 (05:15) 1 6 9	5 (00:05) 1 5 1	5 (07:11) 1 4 2	6 (19:03) 1 3 3	7 (06:29) 1 2 4	7 (12:19) 1 1 5	8 (05:31) 1 9 6	7 (10:44) 1 8 7	7 (05:29) 1 7 8
1973	5 (18:45) 1 6 9	4 (08:06) 9 5 9	6 (04:04) 9 4 1	4 (10:53) 9 3 2	5 (06:31) 9 2 3	5 (12:39) 9 1 4	7 (00:30) 9 9 5	7 (13:05) 9 8 6	7 (17:51) 9 7 7	8 (11:09) 9 6 8	7 (16:33) 9 5 9	7 (11:24) 9 4 1
1974	6 (00:23) 9 3 2	4 (14:04) 8 2 2	6 (09:57) 8 1 3	4 (16:37) 8 9 4	5 (12:06) 8 8 5	5 (18:07) 8 7 6	7 (07:11) 8 6 7	7 (18:32) 8 5 8	7 (23:25) 8 4 9	8 (17:17) 8 3 1	7 (22:23) 8 2 2	7 (17:08) 8 1 3
1975	6 (06:26) 8 9 4	4 (20:07) 7 8 4	6 (15:55) 7 7 5	4 (22:26) 7 6 6	5 (17:22) 7 5 7	5 (23:41) 7 4 8	7 (12:41) 7 3 9	8 (00:05) 7 2 1	8 (05:01) 7 1 2	8 (22:59) 7 9 3	8 (04:07) 7 8 4	7 (22:53) 7 7 5
1976	6 (12:11) 7 6 6	5 (01:37) 6 5 6	5 (21:36) 6 4 7	4 (04:34) 6 3 8	4 (23:21) 6 2 9	5 (06:23) 6 1 1	6 (18:14) 6 9 2	7 (05:41) 6 8 3	7 (11:33) 6 7 4	8 (04:48) 6 6 5	7 (10:02) 6 5 6	7 (04:51) 6 4 7
1977	5 (18:09) 6 3 8	4 (07:34) 5 2 8	6 (03:36) 5 1 9	4 (10:25) 5 9 1	5 (06:02) 5 8 2	5 (12:06) 5 7 3	6 (23:52) 5 6 4	7 (12:24) 5 5 5	7 (17:09) 5 4 6	8 (10:19) 5 3 7	7 (15:52) 5 2 8	7 (10:44) 5 1 9
1978	5 (23:46) 5 9 1	4 (13:31) 4 8 1	6 (09:28) 4 7 2	4 (16:12) 4 6 3	5 (11:42) 4 5 4	5 (17:41) 4 4 5	7 (05:24) 4 3 6	7 (17:55) 4 2 7	7 (22:44) 4 1 8	8 (16:34) 4 9 9	7 (21:39) 4 8 1	7 (16:37) 4 7 2
1979	6 (05:39) 4 6 3	4 (19:19) 3 5 3	6 (15:09) 3 4 4	4 (21:44) 3 3 5	5 (17:07) 3 2 6	5 (23:06) 3 1 7	7 (12:08) 3 9 8	7 (23:32) 3 8 9	8 (04:28) 3 7 1	8 (22:27) 3 6 2	8 (03:37) 3 5 3	7 (22:24) 3 4 4
1980	6 (11:41) 3 3 5	5 (01:07) 2 2 5	5 (21:04) 2 1 6	4 (04:02) 2 9 7	4 (22:52) 2 8 8	5 (05:57) 2 7 9	6 (17:48) 2 6 1	7 (05:13) 2 5 2	7 (10:11) 2 4 3	8 (04:10) 2 3 4	7 (09:23) 2 2 5	7 (04:11) 2 1 6
1981	5 (17:31) 2 9 7	4 (06:56) 1 8 7	6 (02:57) 1 7 8	4 (09:46) 1 6 9	5 (05:22) 1 5 1	5 (11:29) 1 4 2	6 (23:18) 1 3 3	7 (11:53) 1 2 4	7 (16:38) 1 1 5	8 (09:53) 1 9 6	7 (15:14) 1 8 7	7 (10:04) 1 7 8
1982	5 (23:05) 1 6 9	4 (12:49) 9 5 9	6 (08:45) 9 4 1	4 (15:26) 9 3 2	5 (10:54) 9 2 3	5 (16:55) 9 1 4	7 (04:42) 9 9 5	7 (17:21) 9 8 6	7 (22:14) 9 7 7	8 (16:06) 9 6 8	7 (21:10) 9 5 9	7 (16:04) 9 4 1
1983	6 (05:06) 9 3 2	4 (18:46) 8 2 2	6 (14:36) 8 1 3	4 (21:11) 8 9 4	5 (16:33) 8 8 5	5 (22:28) 8 7 6	7 (11:28) 8 6 7	7 (22:53) 8 5 8	8 (03:51) 8 4 9	8 (21:49) 8 3 1	8 (02:57) 8 2 2	7 (21:40) 8 1 3
1984	6 (10:54) 8 9 4	5 (00:16) 7 8 4	5 (20:13) 7 7 5	4 (03:11) 7 6 6	5 (22:01) 7 5 7	5 (05:04) 7 4 8	6 (16:56) 7 3 9	7 (04:24) 7 2 1	7 (09:27) 7 1 2	8 (03:33) 7 9 3	7 (08:49) 7 8 4	7 (03:37) 7 7 5
1985	5 (16:52) 7 6 6	4 (06:12) 6 5 6	6 (02:08) 6 4 7	4 (08:55) 6 3 8	5 (04:32) 6 2 9	5 (10:38) 6 1 1	6 (22:27) 6 9 2	7 (11:02) 6 8 3	7 (15:49) 6 7 4	8 (09:09) 6 6 5	7 (14:33) 6 5 6	7 (09:29) 6 4 7
1986	5 (22:30) 6 3 8	4 (12:11) 5 2 8	6 (08:03) 5 1 9	4 (14:41) 5 9 1	5 (10:07) 5 8 2	5 (16:07) 5 7 3	7 (03:52) 5 6 4	7 (16:28) 5 5 5	7 (21:19) 5 4 6	8 (15:12) 5 3 7	7 (20:18) 5 2 8	7 (15:18) 5 1 9
1987	6 (04:20) 5 9 1	4 (17:58) 4 8 1	6 (13:43) 4 7 2	4 (20:12) 4 6 3	5 (15:30) 4 5 4	5 (21:25) 4 4 5	7 (10:27) 4 3 6	7 (21:54) 4 2 7	8 (02:56) 4 1 8	8 (20:58) 4 9 9	8 (02:10) 4 8 1	7 (20:57) 4 7 2

	Ene	Feb	Marzo	Abril	Mayo	Jun	Jul	Ago	Sept	Oct	Nov	Dic
1988	6 (10:15)	4 (23:40)	5 (19:34)	4 (02:29)	4 (21:12)	5 (03:03)	6 (16:03)	7 (03:29)	7 (08:32)	8 (02:37)	7 (07:53)	7 (02:43)
	4 6 3	3 5 3	3 4 4	3 3 5	3 2 6	3 1 7	3 9 8	3 8 9	3 7 1	3 6 2	3 5 3	3 4 4
1989	5 (16:03)	4 (05:27)	6 (01:26)	4 (08:13)	5 (03:45)	5 (09:47)	6 (21:32)	7 (10:04)	7 (14:52)	8 (08:13)	7 (13:37)	7 (08:33)
	3 3 5	2 2 5	2 1 6	2 9 7	2 8 8	2 7 9	2 6 1	2 5 2	2 4 3	2 3 4	2 2 5	2 1 6
1990	5 (21:34)	4 (11:17)	6 (07:10)	4 (13:48)	5 (09:14)	5 (15:11)	7 (02:55)	7 (15:30)	7 (20:24)	8 (14:20)	7 (19:29)	7 (14:29)
	2 9 7	1 8 7	1 7 8	1 6 9	1 5 1	1 4 2	1 3 3	1 2 4	1 1 5	1 9 6	1 8 7	1 7 8
1991	6 (03:34)	7 (17:14)	6 (13:02)	4 (19:33)	5 (14:53)	5 (20:46)	7 (09:44)	7 (21:06)	8 (02:02)	8 (20:01)	8 (01:13)	7 (20:01)
	1 6 9	9 5 9	9 4 1	9 3 2	9 2 3	9 1 4	9 9 5	9 8 6	9 7 7	9 6 8	9 5 9	9 4 1
1992	6 (09:20)	4 (22:45)	5 (18:41)	4 (01:36)	4 (20:22)	5 (02:14)	6 (15:13)	7 (02:39)	7 (07:40)	8 (01:44)	7 (07:01)	7 (01:52)
	9 3 2	8 2 2	8 1 3	8 9 4	8 8 5	8 7 6	8 6 7	8 5 8	8 4 9	8 3 1	8 2 2	8 1 3
1993	5 (15:12)	4 (04:37)	6 (00:35)	4 (07:21)	5 (02:55)	5 (08:59)	6 (20:46)	7 (09:21)	7 (14:08)	8 (07:27)	7 (12:49)	7 (07:45)
	8 9 4	7 8 4	7 7 5	7 6 6	7 5 7	7 4 8	7 3 9	7 2 1	7 1 2	7 9 3	7 8 4	7 7 5
1994	5 (20:49)	4 (10:33)	6 (06:29)	4 (13:08)	5 (08:34)	5 (14:32)	7 (02:16)	7 (14:51)	7 (19:43)	8 (13:36)	7 (18:41)	7 (13:38)
	7 6 6	6 5 6	6 4 7	6 3 8	6 2 9	6 1 1	6 9 2	6 8 3	6 7 4	6 6 5	6 5 6	6 4 7
1995	6 (02:39)	4 (16:19)	6 (12:06)	4 (18:38)	5 (13:58)	5 (19:53)	7 (08:54)	7 (20:22)	8 (01:24)	8 (19:27)	8 (00:40)	7 (19:27)
	6 3 8	5 2 8	5 1 9	5 9 1	5 8 2	5 7 3	5 6 4	5 5 5	5 4 6	5 3 7	5 2 8	5 1 9
1996	6 (08:42)	4 (22:04)	5 (17:58)	4 (00:54)	4 (19:40)	5 (01:34)	6 (14:35)	7 (02:02)	7 (07:06)	8 (01:12)	7 (06:31)	7 (01:22)
	5 9 1	4 8 1	4 7 2	4 6 3	4 5 4	4 4 5	4 3 6	4 2 7	4 1 8	4 9 9	4 8 1	4 7 2
1997	5 (14:40)	4 (04:01)	5 (23:57)	4 (06:41)	5 (01:22)	5 (08:18)	6 (20:07)	7 (07:34)	7 (13:30)	8 (06:52)	7 (12:18)	7 (07:16)
	4 6 3	3 5 3	3 4 4	3 3 5	3 2 6	3 1 7	3 9 8	3 8 9	3 7 1	3 6 2	3 5 3	3 4 4
1998	5 (20:18)	4 (09:59)	6 (05:48)	4 (12:22)	5 (07:45)	5 (13:43)	7 (01:29)	7 (14:08)	7 (19:05)	8 (12:36)	7 (18:14)	7 (13:16)
	3 3 5	2 2 5	2 1 6	2 9 7	2 8 8	2 7 9	2 6 1	2 5 2	2 4 3	2 3 4	2 2 5	2 1 6
1999	6 (02:22)	4 (16:02)	6 (11:47)	4 (18:14)	5 (13:30)	5 (19:21)	7 (08:21)	7 (19:46)	8 (00:47)	8 (18:49)	8 (00:03)	7 (18:52)
	2 9 7	1 8 7	1 7 8	1 6 9	1 5 1	1 4 2	1 3 3	1 2 4	1 1 5	1 9 6	1 8 7	1 7 8
2000	6 (08:12)	4 (21:36)	5 (17:32)	3 (23:57)	4 (19:08)	5 (00:56)	6 (13:51)	7 (01:19)	7 (06:23)	8 (00:33)	7 (05:52)	7 (00:45)
	1 6 9	9 5 9	9 4 1	9 3 2	9 2 3	9 1 4	9 9 5	9 8 6	9 7 7	9 6 8	9 5 9	9 4 1
2001	5 (14:05)	4 (03:29)	5 (23:26)	4 (06:10)	5 (00:48)	5 (07:42)	6 (19:26)	7 (06:52)	7 (12:50)	8 (06:14)	7 (11:41)	7 (06:41)
	9 3 2	8 2 2	8 1 3	8 9 4	8 8 5	8 7 6	8 6 7	8 5 8	8 4 9	8 3 1	8 2 2	8 1 3
2002	5 (19:45)	4 (09:27)	6 (05:20)	4 (11:57)	5 (07:21)	5 (13:17)	7 (00:59)	7 (13:31)	7 (18:23)	8 (11:52)	7 (17:29)	7 (12:30)
	8 9 4	7 8 4	7 7 5	7 6 6	7 5 7	7 4 8	7 3 9	7 2 1	7 1 2	7 9 3	7 8 4	7 7 5
2003	6 (01:34)	4 (15:12)	6 (10:56)	4 (17:25)	5 (12:42)	5 (18:35)	7 (07:35)	7 (18:59)	8 (00:00)	8 (18:03)	7 (23:19)	7 (18:10)
	7 6 6	6 5 6	6 4 7	6 3 8	6 2 9	6 1 1	6 9 2	6 8 3	6 7 4	6 6 5	6 5 6	6 4 7
2004	6 (07:29)	3 (21:09)	5 (16:45)	3 (23:08)	4 (18:21)	5 (00:12)	6 (13:12)	7 (00:38)	7 (05:40)	7 (23:46)	7 (05:04)	6 (23:57)
	6 3 8	5 2 8	5 1 9	5 9 1	5 8 2	5 7 3	5 6 4	5 5 5	5 4 6	5 3 7	5 2 8	5 1 9

	Ene	Feb	Marzo	Abril	Mayo	Jun	Jul	Ago	Sept	Oct	Nov	Dic
2005	5 (13:18)	4 (02:43)	5 (22:34)	4 (05:22)	4 (23:59)	5 (06:53)	6 (18:39)	7 (06:06)	7 (12:02)	8 (05:23)	7 (10:47)	7 (05:44)
	5 9 1	4 8 1	4 7 2	4 6 3	4 5 4	4 4 5	4 3 6	4 2 7	4 1 8	4 9 9	4 8 1	4 7 2
2006	5 (18:51)	4 (08:30)	6 (04:21)	4 (10:56)	5 (06:17)	5 (12:12)	6 (23:56)	7 (12:35)	7 (17:32)	8 (11:04)	7 (16:42)	7 (11:41)
	4 6 3	3 5 3	3 4 4	3 3 5	3 2 6	3 1 7	3 9 8	3 8 9	3 7 1	3 6 2	3 5 3	3 4 4
2007	6 (00:45)	4 (14:23)	6 (10:09)	4 (16:38)	5 (11:54)	5 (17:45)	7 (05:29)	7 (18:09)	7 (23:11)	8 (17:15)	7 (22:30)	7 (17:19)
	3 3 5	2 2 5	2 1 6	2 9 7	2 8 8	2 7 9	2 6 1	2 5 2	2 4 3	2 3 4	2 2 5	2 1 6
2008	6 (06:35)	4 (20:10)	5 (15:49)	3 (22:13)	4 (17:25)	4 (23:14)	6 (12:11)	6 (23:38)	7 (04:43)	7 (22:54)	7 (04:16)	6 (23:10)
	2 9 7	1 8 7	1 7 8	1 6 9	1 5 1	1 4 2	1 3 3	1 2 4	1 1 5	1 9 6	1 8 7	1 7 8
2009	5 (12:29)	4 (01:49)	5 (21:36)	4 (04:22)	4 (22:59)	5 (05:53)	6 (17:39)	7 (05:06)	7 (10:14)	8 (04:30)	7 (10:01)	7 (05:03)
	1 6 9	9 5 9	9 4 1	9 3 2	9 2 3	9 1 4	9 9 5	9 8 6	9 7 7	9 6 8	9 5 9	9 4 1
2010	5 (18:28)	4 (07:50)	6 (03:39)	4 (10:12)	5 (05:32)	5 (11:26)	6 (23:10)	7 (11:46)	7 (16:40)	8 (10:11)	7 (15:49)	7 (10:53)
	9 3 2	8 2 2	8 1 3	8 9 4	8 8 5	8 7 6	8 6 7	8 5 8	8 4 9	8 3 1	8 2 2	8 1 3
2011	5 (23:59)	4 (13:39)	6 (09:21)	4 (15:47)	5 (10:59)	5 (16:49)	7 (04:32)	7 (17:14)	7 (22:18)	8 (16:24)	7 (21:41)	7 (16:46)
	8 9 4	7 8 4	7 7 5	7 6 6	7 5 7	7 4 8	7 3 9	7 2 1	7 1 2	7 9 3	7 8 4	7 7 5
2012	6 (05:53)	4 (19:30)	5 (15:11)	3 (21:33)	4 (16:42)	4 (22:29)	6 (11:27)	6 (22:54)	7 (03:59)	7 (22:10)	7 (03:31)	6 (22:26)
	7 6 6	6 5 6	6 4 7	6 3 8	6 2 9	6 1 1	6 9 2	6 8 3	6 7 4	6 6 5	6 5 6	6 4 7
2013	5 (11:48)	4 (01:12)	5 (21:04)	4 (03:52)	4 (22:28)	5 (05:19)	6 (17:03)	7 (04:28)	7 (09:35)	8 (03:50)	7 (09:19)	7 (04:19)
	6 3 8	5 2 8	5 1 9	5 9 1	5 8 2	5 7 3	5 6 4	5 5 5	5 4 6	5 3 7	5 2 8	5 1 9
2014	5 (17:43)	4 (07:05)	6 (02:55)	4 (09:29)	5 (04:49)	5 (10:43)	6 (22:25)	7 (11:01)	7 (15:58)	8 (09:32)	7 (15:14)	7 (10:18)
	5 9 1	4 8 1	4 7 2	4 6 3	4 5 4	4 4 5	4 3 6	4 2 7	4 1 8	4 9 9	4 8 1	4 7 2
2015	5 (23:24)	4 (13:03)	6 (08:47)	4 (15:14)	5 (10:29)	5 (16:20)	7 (04:04)	7 (16:43)	7 (21:44)	8 (15:48)	7 (21:05)	7 (16:11)
	4 6 3	3 5 3	3 4 4	3 3 5	3 2 6	3 1 7	3 9 8	3 8 9	3 7 1	3 6 2	3 5 3	3 4 4
2016	6 (05:17)	4 (18:55)	5 (14:34)	3 (20:56)	4 (16:06)	4 (21:55)	6 (10:52)	6 (22:19)	7 (03:23)	7 (21:32)	7 (02:53)	6 (21:48)
	3 3 5	2 2 5	2 1 6	2 9 7	2 8 8	2 7 9	2 6 1	2 5 2	2 4 3	2 3 4	2 2 5	2 1 6
2017	5 (11:09)	4 (00:33)	5 (20:22)	4 (03:07)	4 (21:42)	5 (03:25)	6 (16:21)	7 (03:48)	7 (08:58)	8 (03:14)	7 (08:42)	7 (03:43)
	2 9 7	1 8 7	1 7 8	1 6 9	1 5 1	1 4 2	1 3 3	1 2 4	1 1 5	1 9 6	1 8 7	1 7 8

SIGNIFICADO DE TUS NÚMEROS

Número de año nueve *ki* (**5** 5 5)

El número de año está relacionado con tu carácter básico y *chi* más profundo; proporciona información sobre tu progreso en la vida. Por ejemplo, quien tenga el 1 como número de año quizá considere que su vida avanza despacio, al igual que un arroyo acaba convirtiéndose en río. El número de año ayuda a definir la mejor profesión para la persona, los valores básicos en la vida y su naturaleza más profunda.

NÚMERO DE AÑO	PROGRESO	CUALIDADES PROFESIONALES	NATURALEZA MÁS PROFUNDA
1	Se construye a largo plazo, flexible	Original, objetivo	Independiente, sexual
2	Constante, sistemático	Generoso, mejora la calidad	Práctico, hogareño
3	Inicio rápido, hace que pasen cosas	Minucioso, analítico	Ambicioso, entusiasta
4	Armonioso, audaz	Divulga ideas, inventivo	Decidido, persistente
5	Cambiante, atrae oportunidades	Activo, capta la atención	Sentido de la justicia, cambiante
6	Planes a largo plazo, sigue adelante	Organización, liderazgo	Muestra integridad, responsable
7	Busca comodidad, motivado por la riqueza	Con estilo, consciente del aspecto económico	Satisfecho, desenfadado
8	Busca nuevas oportunidades, cambios repentinos	Especulación, motivado	Trabajador, perspicaz
9	Guiado por las emociones, rel. socia.	Reconocimiento públi., expresión personal	Apasionado, sociable

Número de mes nueve *ki* (5 **5** 5)

Este número es el que más influye en tus relaciones, puesto que se relaciona con la forma de comunicarnos, expresar nuestras ideas y emociones.

La combinación que funcione bien desde el punto de vista emocional conducirá a una relación más profunda y satisfactoria. Cuando una relación no prospera, quizá pienses que los dos miembros de la pareja no se entienden entre sí, lo cual lleva a una situación en la que un pequeño revés provoca más distanciamiento. Las emociones relacionadas con el número de mes nueve *ki* te afectan de forma más profunda y constante que otras. Busca tus rasgos emocionales más destacados en la siguiente tabla y compáralos con los de tu pareja.

NÚMERO DE MES	MENTALIDAD	COMUNICACIÓN	EMOCIONES
1	Objetiva, independiente	Fluida, abierta	Profundo, afectuoso
2	Metódica, práctica	Considerada, con tacto	Generoso, estable
3	Centrada, meticulosa	Sincera, razonada	Seguro de sí mismo, firme
4	Imaginativa, innovadora	Convincente, persistente	Cuidadoso, sensible
5	Blanco y negro, bien elaborada	Poderosa, comedida	Voluble, decidido
6	Organizada, intuitiva	Honesta, cautelosa	Autocontrol, madurez
7	Centrada en el resultado final, positiva	Encantadora, elegante	Desenfadado, jubiloso
8	Competitiva, rápida	Clara, directa	Extrovertido, motivado
9	Veloz, guiada por las emociones	Apasionada, expresiva	Exaltado, impulsivo

Número de eje nueve *ki* (5 5 **5**)

Este número está relacionado con el *chi* más superficial y suele ser la primera impresión que los demás tienen de ti. También pone de manifiesto cómo haces las cosas. Por este motivo ofrece información útil sobre tu forma de trabajar. Es posible que muchas personas te conozcan según tu *chi* superficial, puesto que se trata de la energía que sobresale en un primer momento. Normalmente los demás se relacionan contigo según la energía de tu mes. Pero cuando te conocen mejor te comprenden en relación a tu número de año, que es más profundo. Si el número de eje es distinto al de las energías más profundas, puedes ser una persona distinta en el trabajo y en casa.

NÚMERO DE EJE	PRIMERA IMPRESIÓN	CUALIDADES EN EL TRABAJO
1	Despreocupado, poco exigente	Objetivo, independiente
2	Considerado, cordial	Concienzudo, buen trabajador en equipo
3	Presto a encontrar soluciones, bien informado	Minucioso, entusiasta
4	Amable, lleno de ideas interesantes	Creativo, rico en ideas
5	Capaz de mostrarse duro, contencioso	De ideas fijas, deseoso de estar al mando
6	Serio, formal	Bien organizado, controlador
7	Encantador, con estilo	Centrado en el resultado final, motivado a nivel económico
8	Directo, inquisidor	Motivado por los objetivos, saca el trabajo adelante
9	Consciente del aspecto social, inteligente	Busca contactos útiles, consciente de la reputación

LA SINCRONIZACIÓN DE LOS EVENTOS

La disposición del cuadrado mágico cambia cada año. Para encontrar la tabla adecuada para un año en concreto, consulta la tabla de la página 44. Busca el año que te interese y luego busca el número de año a partir de febrero. Por ejemplo, el número de año para 2006 es el 3. Así pues, encuentra el cuadrado mágico en la página 43 con el número de año que te interesa en el centro. A continuación, busca tu número de año y mira dónde está situado en la tabla de años. Por ejemplo, una persona cuyo número de año sea el 1 estará en el este en 2006. El *chi* de esa posición en la tabla le influirá durante ese año y le facilitará la consecución de ciertas cosas en la vida.

Puedes aplicar el mismo principio cada mes. Busca el mes que te interesa entre las páginas 44-49 y anota el número de mes, el del medio. Recuerda que los meses no comienzan igual que los nuestros, por lo que para los primeros días tendrás que recurrir al mes anterior. Localiza la tabla en la página 43 con el mismo número de mes en el centro y busca la posición de tu número de año.

Acontecimientos importantes

El *chi* que asimiles durante un acontecimiento importante permanecerá en ti, posiblemente durante muchos años. Por ejemplo, casarse puede provocar un cambio duradero de *chi*. Por el contrario, si inicias una relación cuando uno o los dos estáis pasando por un momento difícil, quizás establezcáis unos patrones de comportamiento más destructivos entre vosotros, lo cual se convertirá en una actitud recurrente a medida que avance la relación.

Del mismo modo, si inicias un negocio en un momento favorable y disfrutas de éxito inicial, te resultará más fácil sobrellevar las dificultades más adelante gracias al impulso de tus éxitos iniciales.

El contrario del 5

Tendrás que ir con cuidado cuando tu número de año esté en el lado contrario de la poderosa fuerza del 5. Por ejemplo, en el año 2006, el 5 está en el oeste. Esto significa que el 1, situado al este, está al contrario del 5. En tales casos es fácil sentirse bloqueado, por lo que sería más sensato situarte de forma que se te presenten oportunidades, en vez de perseverar para conseguir algo con todas tus fuerzas.

Ciclo para los negocios

Las nueve fases descritas pueden aplicarse a un ciclo para los negocios, que refleja las distintas fases cronológicas por las que pasas.

- **Norte**: Ideas originales.
- **Suroeste**: Investigación y desarrollo.
- **Este**: Materialización de las ideas.
- **Sureste**: Expansión y marketing.
- **Centro**: Atraer la atención.
- **Noroeste**: Organización y planificación por adelantado.
- **Oeste**: Aumento de la rentabilidad y recaudación de capital.
- **Noreste**: Ser competitivo y directo.
- **Sur**: Promoción y ventas.

Si puedes aprovechar y armonizar con uno de estos nueve ciclos *ki*, tendrás la sensación de estar en racha y de conseguir tus objetivos con muy poco esfuerzo.

Las nueve fases *ki* y las emociones

Consulta la siguiente lista para ver qué efecto podría tener cada una de las nueve fases en tus emociones. Puedes aplicarlas a un año o un mes.

DIRECCIÓN	AYUDA	RIESGOS
Este	Seguridad	Ira
	Autoestima	Irritabilidad
	Ambición	Impaciencia
	Entusiasmo	Equivocaciones
Sureste	Persistencia	No desprenderse de las cosas
	Inspiración	Hipersensibilidad
	Imaginación	Fantasear
	Ideas nuevas	Ideas poco realistas
Sur	Pasión	Discusiones
	Expresión personal	Estrés
	Generosidad	Histeria
	Orgullo	Separación
Suroeste	Realismo	Cautela
	Sentido práctico	Bloqueo
	Relaciones más profundas	Dependencia
	Mejora en la calidad	Celos

Las nueve fases de una relación

• **Este**: Mayor entusiasmo para hacer cosas; pero existe el riesgo de sentirse irritable, irascible y menos dispuesto a escuchar.

• **Sureste**: Crea una relación más armoniosa, evita la confrontación; es más fácil sentirse positivo sobre la relación.

• **Centro**: Capta más atención; pero corres el riesgo de sentirte inseguro acerca de lo que sientes por tu pareja.

• **Noroeste**: Mayor seguridad para pasar a una relación más seria y permanente, pero puedes mostrarte sentencioso y con tendencia a la superioridad moral.

• **Oeste**: Más romántico y divertido; el placer físico será más importante, pero quizá no te tomes en serio a la pareja.

• **Noreste**: Podéis hacer muchas cosas juntos, pero quizá te libres de cosas que ya no te sirven; serás más capaz de mantenerte firme.

• **Sur**: Apasionado, cariñoso y generoso; pero quizá te sientas beligerante y reacciones con dureza si sientes tu orgullo herido, lo cual provocará una separación.

• **Norte**: Ideal para el sexo, el cariño y para explorar el lado más profundo del otro; pero quizá te muestres más distante y necesites más espacio propio.

• **Suroeste**: Es más fácil sentirse unidos, mejorar la calidad de la relación y hacer que funcione a largo plazo, pero quizá pierdas la emoción y la espontaneidad.

Utiliza la tabla siguiente para tener una idea rápida de las características de cada fase. Busca la dirección de tu número de año en la tabla de nueve *ki* y luego esa dirección en la siguiente tabla.

DIRECCIÓN	AYUDA	RIESGOS
Oeste	Romanticismo	Depresión
	Satisfacción	Falta de motivación
	Desenfado	Irresponsabilidad
	Goce de placeres	Inmadurez
Noroeste	Autocontrol	Arrogancia
	Seguridad en uno mismo	Pretensiones de superioridad moral
	Intuición	Ser sentencioso
	Sabiduría	Condescendencia
Norte	Vitalidad sexual	Preocupación
	Espiritualidad	Inseguridad
	Encontrar la paz interior	Aislamiento
	Independencia	Soledad
Noreste	Motivación	Avaricia
	Sentirse competitivo	Obsesionarse
	Espíritu luchador	Tener los nervios de punta
	Tener las ideas claras	Ser crítico
Centro	Atraer oportunidades	Opinión cambiante
	Ser el centro de atención	Confrontación
	Desarrollar opiniones	Tomar decisiones precipitadas
	Sentirse con poder	Obsesionarse con uno mismo

TUS MEJORES DIRECCIONES

Cada año y mes, ciertas direcciones te resultarán más favorables para tu *chi* del año. Imagina que quieres navegar: antes tendrías que estudiar las mareas y la dirección de los vientos dominantes para escoger el momento ideal en que iniciar el viaje. Del mismo modo, puedes averiguar cuándo dispondrás de las mejores condiciones de feng shui (viento y agua) para actuar. Sobre todo se aplican a una mudanza, pero también pueden ejercer una influencia significativa al fundar un negocio o cambiar de trabajo. El mismo principio se aplica a los cambios en el hogar.

Cómo encontrar tus mejores direcciones

Para encontrar tus mejores direcciones, consulta la tabla de las páginas 44-49 y anota tu número de año, y los números de año y mes del momento en que quieres mudarte. Luego consulta la página 43 y copia las tablas con los mismos números de año y mes en el centro de cuando te quieres mudar.

1 Tacha el eje (la línea recta de tres números que pasan por el centro del cuadrado, ya sea en vertical, horizontal o en diagonal) con el número 5 en él. Prescinde de este paso si el mes o el año tienen el 5 en el centro. Acercarse al número 5 puede ser impredecible, los pequeños problemas pueden descontrolarse. Apartarse de él puede debilitar tu *chi* y provocar una mayor vulnerabilidad a accidentes y lesiones.

2 Tacha el eje con tu número de año. Acercarse a tu número de año es como intentar unir dos imanes cuando los dos polos tienen la misma carga; esto provocará confusión y la sensación de que la vida se complica innecesariamente. Apartarse de tu número de año es casi como dejar atrás una parte de ti, por lo que puedes echar de menos tu vieja casa y sentirte vacío.

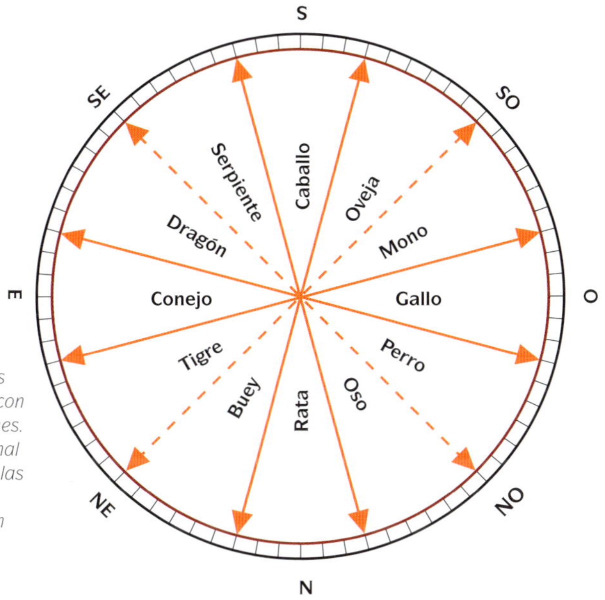

Los doce animales chinos se funden con las ocho direcciones. Cada punto cardinal tiene un animal y las direcciones intermedias tienen dos.

3 Tacha la dirección que está en el lado contrario del animal activo para ese año o mes (consulta la tabla). Apartarse del animal activo puede provocar una deficiencia de *chi*, por lo que las cosas estarán a punto de pasar pero perderán fuerza en el último momento.

4 Tacha la dirección que tiene el número que está en el lado contrario a su posición normal, cuando el 5 está en el centro (por ejemplo, cuando el 9 está en el centro del cuadrado mágico, el 7 está en el este, al contrario de su posición normal, que es el oeste). Prescinde de este paso si la tabla del año o el mes tiene el 5 en el centro. Cuando te acerques a un número que está en el lado contrario de su posición normal, quizá pienses que es menos probable que los acontecimientos salgan como estaba planeado.

5 Consulta las direcciones restantes para ver cuáles te son más favorables en general.

NORMAS BÁSICAS

- *La influencia del año será mayor que la del mes.*
- *La dirección hacia la que te trasladas es desde el lugar en el que has dormido durante por lo menos los últimos tres meses hasta el siguiente destino en el que dormirás durante tres meses. No se trata de la ruta escogida para llegar al destino.*
- *Para arraigarte en el nuevo* chi, *tienes que dormir durante dos meses por lo menos en la nueva ubicación.*
- *Cuanto mayor sea la distancia del traslado, mayor y más rápida será la influencia.*
- *Cuando calcules direcciones para familias, concéntrate en los números de año de los padres.*

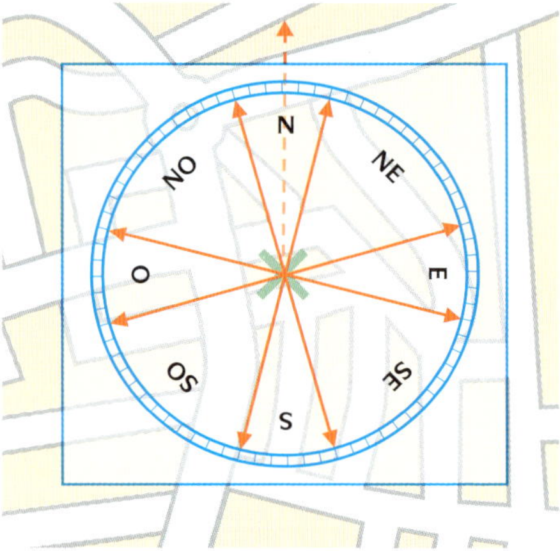

Aplicar las ocho direcciones a un mapa

Toma un mapa y marca tu casa con una X. Traza una línea desde tu casa hacia el norte (normalmente en la parte superior de la página). Coloca la transparencia con las ocho direcciones (véanse págs. 112-115) de forma que el centro esté encima de tu casa y el norte de la transparencia esté alineado con la línea que has trazado. Así tendrás las ocho direcciones desde tu casa. Puedes hacer lo mismo con un mapa del mundo para viajes de larga distancia.

Cuándo realizar cambios en el hogar

Los principios son los mismos que para encontrar el mejor momento de cambiar de domicilio. Son aplicables a construir una ampliación, añadir un invernadero, hacer reformas y poner en práctica los remedios del feng shui. Para obras mayores, es preferible esperar a un año adecuado, pero en el caso de otros cambios de la casa basta con encontrar el mes favorable.

1 Coloca la transparencia de las ocho direcciones (véanse págs. 112-115) encima del plano de la casa (véanse págs. 108-111) para ver en qué dirección va a producirse el cambio.

2 Escribe la tabla del mes en curso y tacha las direcciones inadecuadas.

3 Si la dirección de los cambios no está tachada, empieza los cambios antes de final de mes. Si la dirección está tachada, repite el proceso para el mes siguiente y sucesivos hasta que encuentres un mes en el que esa dirección sea positiva.

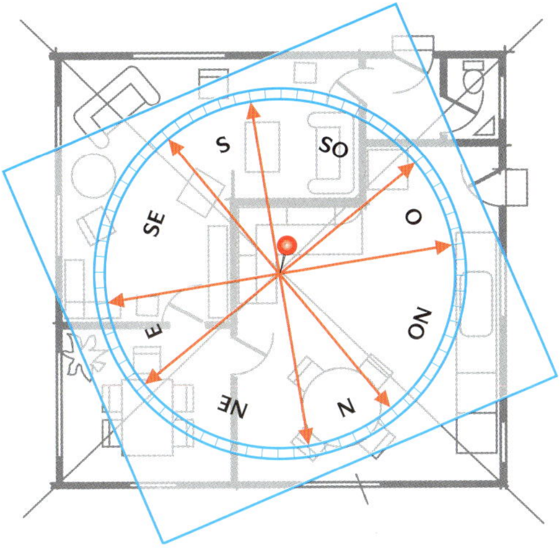

COMBÍNALO TODO

Una forma de aplicar todo lo que has aprendido hasta el momento es encontrar el mejor sitio en el que sentarse en casa.

Observa la estancia en la que te quieres sentar para decidir dónde estará el *chi* más tranquilo. No es bueno sentarse cerca de una puerta, de una esquina muy pronunciada o de una ventana grande. Piensa en relación al yin y el yang: busca zonas suaves y tranquilas (yin) para relajarte o zonas brillantes y coloridas (yang) para sentirte estimulado.

Intenta reconocer el *chi* que está presente. Las formas muy verticales, los techos altos y las superficies de madera generan un *chi* madera más «ascendente». La exposición al sol, los rojos o púrpuras brillantes y una chimenea irradian *chi* fuego. Los espacios bajos y suaves, con colores terrosos y formas horizontales, contienen más *chi* tierra. Las superficies duras, los objetos de metal y los colores gris o plata se combinan para crear un *chi* metal más introspectivo. Las siluetas fluidas, los acabados de cristal y traslúcidos generan un ambiente más tranquilo, de *chi* agua.

Considera las opciones que te permitirán sentarte de espaldas a la pared (protegido por la tortuga) y con tu parte delantera abierta hacia el máximo de espacio posible en la estancia (de forma que el *chi* del fénix pueda alzarse delante de ti). Los objetos bajos a ambos lados te ofrecerán el *chi* de apoyo del dragón y el tigre.

Por último, toma una brújula para determinar la dirección hacia la que te encararás en las distintas opciones que tienes para sentarte. Dicha dirección te ayudará a asimilar ese *chi* en concreto, de forma que, por ejemplo, estar de cara al este te ayudará a asimilar más *chi* del este.

Sentarse de espaldas a una pared y de cara a una dirección con un chi útil te colocará en una posición fuerte.

Características de las direcciones

- **Este**: Es un *chi* seguro y positivo, pero no especialmente relajante: puede potenciar tu autoestima un poco.
- **Sureste**: Idóneo para las ensoñaciones y para dejar correr la imaginación; también es útil para pensar sobre el futuro.
- **Sur**: Excelente para sentirse expresivo, sociable, estimulado mentalmente y extrovertido, pero no especialmente relajante.
- **Suroeste**: Este *chi* te pone los pies en el suelo, pero puede reducir tu nivel de energía si tienes demasiadas cosas en la cabeza.
- **Oeste**: Recomendable para sentirse satisfecho, romántico y a gusto con uno mismo. Evita esta dirección si te sientes retraído o débil.
- **Noroeste**: Útil para revisar tu vida y aprovechar tu sabiduría o intuición, pero evítala si estás obsesionado con el control.
- **Norte**: Ideal para descansar y relajarse, te ayuda a tranquilizarte y dejarte llevar; también recomendable para la meditación.
- **Noreste**: Útil para una mayor lucidez o para ser decisivo, pero puede resultar demasiado incisiva y penetrante para relajarse.

LOS CIMIENTOS DEL FENG SHUI

UTILIZA ELEMENTOS DEL DISEÑO PARA CAMBIAR EL AMBIENTE DE UNA ESTANCIA

Cuando quieras redecorar, renovar o diseñar tu hogar, tienes una oportunidad perfecta para crear un ambiente que funcione. El hecho de escoger el pavimento, la pintura de las paredes, la iluminación y los muebles puede ser un dolor de cabeza. En tal caso, el feng shui consiste en tomar decisiones más informadas, de forma que todas se tomen sabiendo el efecto que tendrán en los ocupantes de la vivienda. Son más importantes los ocupantes que el estilo de la casa.

En cierto sentido, se trata de un feng shui preventivo porque, en vez de intentar solucionar un problema, la idea es evitar hacer algo que tendría una influencia negativa en tu vida. Si las cosas te van bien, no hagas nada para trastornarlas.

Si tienes la suerte de poder diseñar tu propia casa, elige la disposición de las habitaciones, las medidas y los materiales con los que construirla. Incluso

Una mesa de cristal y un pavimento brillante acelerarán el flujo del chi, por lo que será un lugar más yang y dinámico en el que sentarse.

podrás decidir cómo orientar la casa y, por consiguiente, el tipo de *chi* que entrará por la fachada de tu hogar.

Los tejidos yin suaves mezclados con colores yang brillantes hacen que este espacio resulte visualmente estimulante.

CONSEJOS PARA EL DISEÑO

- ***Elementos especiales***: *Piensa en cómo incorporarás los muchos elementos especiales del feng shui como plantas, un elemento agua o velas. Así todo tendrá un lugar especial en la casa.*
- ***Sé flexible***: *Independientemente de que tu proyecto sea ambicioso o modesto, siempre es preferible que cada estancia sea lo más flexible posible, así que reduce al mínimo los muebles empotrados. Por ejemplo, es mejor disponer de dos o tres opciones para colocar la cama, pero los armarios empotrados enseguida limitan las opciones a una. Si esa posición no te resulta beneficiosa, realizar cambios posteriores podría resultarte caro. Intenta diseñar las habitaciones con muebles no empotrados y así tendrás la libertad de cambiar las piezas de sitio más adelante.*
- ***Piensa en los materiales que utilizarás***: *Muchos materiales modernos despiden gases tóxicos durante años después de su instalación. Intenta utilizar pintura ecológica, madera maciza para el suelo, las superficies y los muebles, y algodón o lana para las telas, y minimiza el empleo de plásticos.*

COLORES

Los colores empleados para la decoración del hogar influirán de forma significativa en su *chi*, porque cada color refleja distintas frecuencias de luz en la estancia y la llenan de un *chi* más rápido o lento. A medida que estas frecuencias de luz viajan por el campo del *chi* externo, cambian el movimiento de tu propio *chi* y provocan distintos sentimientos y pensamientos.

COJINES

Utiliza cojines para dar color a una estancia y experimenta con ellos colocándolos en distintos puntos de la habitación hasta que encuentres la disposición que más te gusta.

Colores yin y yang

Los rojos brillantes, los amarillos y los naranjas te ayudan a sentirte más activo, estimulado y yang. Los colores pastel, como el azul y verde claros, te hacen sentir más tranquilo, calmado y yin. Las zonas extensas de un solo color brillante son sobre todo yang, aunque también puedes hacer que una sala sea más yang utilizando estampados de líneas rectas, como cuadros o una cuadrícula. Las líneas onduladas y las formas irregulares cortan el flujo del *chi* y lo hacen más yin.

Esta sala está decorada con colores yang que resultan estimulantes.

Esta tabla muestra todos los colores que son armónicos para cada dirección. Utilízala como guía para decorar o añadir color a tu hogar.

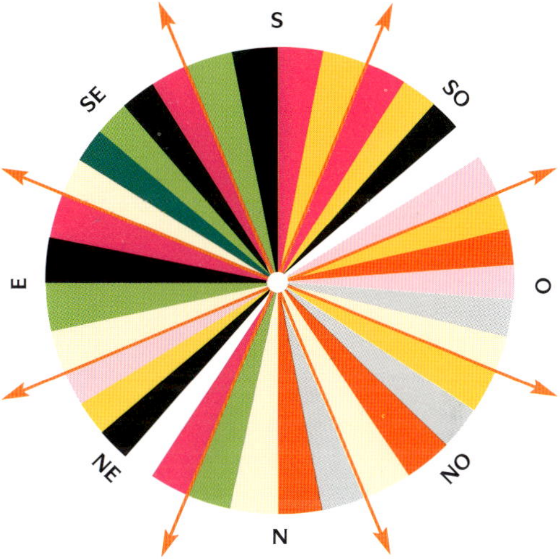

Ocho direcciones

Consulta la descripción de las ocho direcciones a partir de la página 36. Busca la dirección que tenga las propiedades que más necesitas y luego mira con qué color se asocia. Por ejemplo, para sentirte más expresivo y sociable, necesitas más *chi* del sur. El púrpura brillante es el color que ayuda a activar esta energía.

Utiliza el color adecuado en la zona de la vivienda que le corresponda. Por ejemplo, emplea el púrpura brillante en la zona sur. Utiliza la transparencia de las ocho direcciones (véanse págs. 112-115) para determinar qué colores utilizar en las distintas estancias. Intenta incluir el color de cada dirección allá donde sea más potente, aunque también puedes mezclarlo con otros colores. Por tanto puedes tener una habitación blanca en el sur con varios toques púrpura.

Cuando te dispongas a pintar, pinta varias franjas anchas de prueba en la pared y déjalas durante unos días para ver cómo te sientes. Cuanto más fuerte sea el color, menos necesidad tendrás de cambiar la energía de la estancia.

MATERIALES

El tejido suave del sofá enlentece el chi *mientras que el pavimento de madera lo acelera y equilibra su flujo.*

Las superficies que utilizas en tu casa también definen el flujo del *chi*. Seleccionando los materiales cuidadosamente ajustarás el ambiente de tu vivienda. Las grandes áreas de superficie, como los suelos, tendrán una influencia mayor y vale la pena pensar bien en los materiales que se utilizarán.

Los materiales naturales tienden a transmitir el *chi* con mayor facilidad que los sintéticos y ayudan a que circule mejor por la casa. La madera es un buen ejemplo de ello porque el *chi* sigue fluyendo a lo largo del veteado. Muchos materiales sintéticos bloquean el paso del *chi*, por lo que se corre el riesgo de crear espacios estancados en el hogar. Además, ciertos materiales sintéticos, como las alfombras de nailon, acumulan electricidad estática que afecta a tu *chi* superficial.

Materiales yin y yang

Las superficies rugosas (como una alfombra de lana) ralentizan el *chi* y lo hacen más yin, mientras que las superficies duras, brillantes y lisas (como los azulejos vidriados) aceleran el flujo del *chi* y crean un ambiente más yang.

MATERIALES MADERA

- Mimbre
- Bambú
- Algas marinas
- Corcho
- Madera

MATERIALES FUEGO

- Azulejo vidriado
- Piedra cocida

MATERIALES TIERRA

- Alfombras
- Tapicerías
- Piedra blanda y rugosa

MATERIALES METAL

- Piedra dura
- Metal

MATERIALES AGUA

- Vidrio
- Espejos

Los cinco elementos

También puedes pensar en los materiales con respecto a los cinco elementos (véase pág. 30). Cada tipo de material favorece cierto flujo de *chi*. Aplicando la transparencia de las ocho direcciones (véanse págs. 112-115) determinarás qué materiales convienen a cada zona de la casa. El empleo de tales materiales favorecerá un intercambio más armonioso del *chi* y creará ambientes distintos en cada zona.

Este armario añade más chi *madera, la lámpara aporta* chi *fuego y el sofá bajo* chi *tierra a esta esquina.*

ILUMINACIÓN

La iluminación es una herramienta decorativa muy flexible e inmediata. Con sólo accionar un interruptor, se pasa de un entorno brillante y yang a un estado de ánimo más suave y yin. Las lámparas suelen producir más *chi* fuego, aunque las distintas formas de iluminar se relacionan con cada uno de los cinco elementos. Se pueden utilizar lámparas de pie para conseguir el efecto deseado y favorecer así la adaptabilidad y la reducción de costes.

Iluminación yin y yang

Todo tipo de iluminación indirecta, tamizada o reflejada, tiende a ser más yin. Por ejemplo, la luz que se refleja en una pared o techo es más yin que cualquier iluminación directa. Las lámparas que tienen pantalla son más yin que las que exponen el haz de luz directamente en la estancia. Sin embargo, un foco brillante o halógeno es más yang.

Los cinco elementos

La iluminación también puede plantearse con relación a los cinco elementos (véase pág. 30).

• **Madera**: Si deseas crear un ambiente más inspirador, intenta utilizar luces enfocadas hacia arriba. También ayudarán a que la

Las lámparas con pantalla despiden un chi *yin más difuso y ayudan a que la habitación resulte más suave y acogedora gracias al ambiente* chi *tierra.*

Los focos muy intensos proporcionan chi *yang y aquí un* chi *metal más concentrado con respecto a los cinco elementos.*

estancia parezca más alta y espaciosa. Los techos luminosos y los suelos ligeramente oscuros reflejan la relación entre el cielo y la tierra, por lo que la iluminación interior parece más natural. Se recomienda en estancias de techo bajo o vigas opresivas.

- **Fuego**: Cualquier elemento que provoque una explosión de luz, como una gran araña de luces, es la máxima expresión del *chi* fuego.
- **Tierra**: Las lámparas de mesa o de pie hacen descender la energía y generan un ambiente relajante e íntimo. También pueden utilizarse luces de colores cuando se desee suavizar el ambiente todavía más.
- **Metal**: Para crear un aspecto más intenso y concentrado emplea focos que resalten ciertos elementos de la estancia.
- **Agua**: La fuente de luz que cambia constantemente genera más *chi* agua. Puede tratarse de una luz de colores enfocada hacia una pared o una lámpara que ilumine a través de una tela brillante.

ADAPTABILIDAD

Recuerda que la iluminación debe ser flexible y fácil de controlar, para pasar con rapidez de un tipo de iluminación a otro.

FORMAS

Las formas o contornos de una estancia también definen el comportamiento del *chi*. Las líneas largas y rectas aceleran el flujo del *chi* mientras que los bordes pronunciados fomentan que el *chi* se arremoline y las esquinas ralentizan el *chi* estancado. Los contornos de los muebles alteran el flujo del *chi* en menor medida. Por ejemplo, los objetos redondeados o curvos permiten que el *chi* se mueva de forma más armoniosa y propician la relajación.

Formas yin y yang

Las formas yang son las que hacen que el *chi* se mueva más rápido y, por tanto, son las líneas rectas y los bordes marcados. Una estancia rectangular con muebles rectangulares fomenta la lucidez y ayuda a ser resolutivo.

Las formas yin son curvas, redondeadas e irregulares, por lo que una estancia de forma irregular con varios muebles redondeados y curvos propicia que el *chi* se desplace más lentamente y sea más fácil sentirse tranquilo. Este tipo de habitación es la recomendada cuando hay que poner en práctica la creatividad e imaginación.

Las líneas y formas bien definidas crean un ambiente yang que proporciona una sensación de limpieza, orden y funcionalidad.

Los cinco elementos

Utilizando las formas relacionadas con los cinco elementos ayudarás a mover el *chi*:

- **Madera**: Las líneas y formas verticales y los techos altos hacen que el *chi* ascienda, lo cual te ayuda a sentir que puedes aceptar más retos y ampliar los límites de tus posibilidades.
- **Fuego**: Las formas estrelladas, las líneas en zigzag y las formas piramidales producen más *chi* fuego. Por ejemplo, un techo acabado en punta resulta mentalmente estimulante y facilita la expresión personal.
- **Tierra**: Las líneas horizontales, las formas planas y achaparradas y los techos bajos crean más *chi* tierra, que facilita la conexión con otras personas y la capacidad para centrarse en lo que sucede a tu alrededor.
- **Metal**: Los arcos, los círculos y las cúpulas confieren más *chi* metal a un espacio. Verás que es más fácil contener tu *chi* y centrarte en tus objetivos en la vida.
- **Agua**: Las líneas curvas, las formas irregulares y las abstractas generan *chi* agua. Utilízalas para sentirte más flexible y profundizar más en las ideas originales.

El medio arco, el suelo escalonado, la forma irregular y la mezcla de muebles otorgan a este salón un ambiente chi *agua.*

LA CASA FENG SHUI

Al diseñar una vivienda nueva tienes la oportunidad de disponer todas las estancias de forma que el *chi* ambiental sea el más adecuado. En este ejemplo, la cocina está en el sureste, donde el *chi* madera es armonioso tanto con el fuego de los fogones como con el agua del fregadero. Del mismo modo, el agua del cuarto de baño está en armonía con el *chi* madera del este.

El salón y el comedor están orientados hacia el sur y suroeste, por lo que propician un ambiente social e interactivo. El sur resulta ideal para recibir visitas y el suroeste para aposentarse. La entrada principal está hacia el oeste, por lo que permite la entrada de más *chi* que te ayuda a sentirte más satisfecho, desenfadado y romántico. El vestíbulo central abierto otorga al poderoso *chi* del 5 (centro del cuadrado mágico estándar) mucha movilidad.

OESTE

Rojo, rosa, *amarillo, marrón, beige, negro mate, blanco, gris, crema.*

Metal, piedra, *alfombras, moqueta, cristal.*

Circular, arqueado, *horizontal, ondulado.*

La biblioteca/estudio está situada en el noroeste, por lo que es más fácil organizarse, controlar y planificar. Colocar el dormitorio en el norte permite beneficiarse de este *chi* tranquilo para dormir bien. El vestidor del noreste se encuentra en la ubicación adecuada para tener las ideas claras y ser decisivo. También podría ser un buen punto para situar un cuarto de juegos.

Los recuadros dan ideas sobre los colores, materiales y formas perfectos para cada habitación. En cada estancia se mezclan elementos que son armoniosos siguiendo los principios de los cinco elementos. Por ejemplo, el fuego del sur también incluye elementos madera y tierra (escritos en cursiva).

SUROESTE

Negro, *púrpura,* **amarillo, marrón,** *rosa, gris.*

Arcilla, tapicería, alfombra, *azulejos, metal, cerámica.*

Horizontal, bajo, plano, *estrellado, puntiagudo, circular, arqueado.*

NOROESTE

Gris, plata, *negro, amarillo, rojo, crema.*

Metal, piedra, *alfombras, moqueta, cristal.*

Circular, arqueado, *horizontal, ondulado.*

NORTE

Crema, esmalte transparente, *verde claro, azul claro, rosa, gris, plata.*

Cristal, *metal, piedra, madera.*

Ondulado, curvo, irregular, *redondo, alto.*

NORESTE

Blanco, *púrpura, gris, amarillo, negro, rosa.*

Tapicería, alfombras, moqueta, piedra blanda, *azulejos, metal, cerámica.*

Horizontal, bajo, plano, *estrellado, puntiagudo, circular, arqueado.*

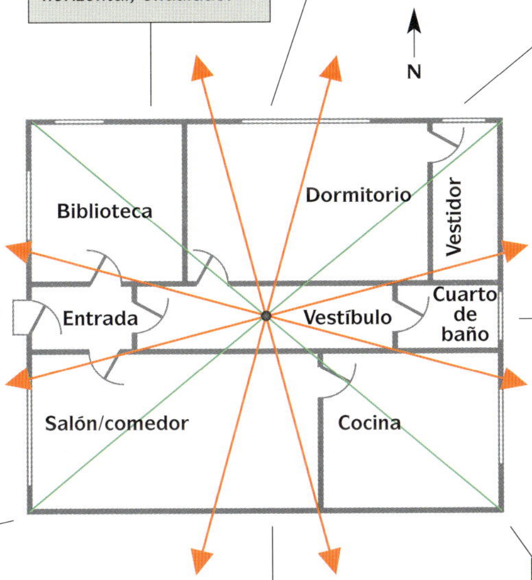

ESTE

Verde brillante, *crema, verde oscuro, azul, púrpura.*

Madera, *cristal, cerámica.*

Alto, vertical, *ondulado, puntiagudo.*

SURESTE

Verde oscuro, azul, *crema, verde brillante, púrpura.*

Madera, *cristal, cerámica.*

Alto, vertical, *ondulado, puntiagudo.*

SUR

Púrpura, *verde, azul, negro mate, amarillo, marrón, beige.*

Madera, *cristal, cerámica.*

Estrella puntiaguda, pirámide, *alto, horizontal.*

REMEDIOS PARA SOLUCIONAR PROBLEMAS PERSONALES

Cuando identifiques un problema en tu vida puedes emplear el feng shui curativo para ayudarte a resolverlo. En tales circunstancias, la mayoría de las personas desea el menor trastorno posible en su hogar, así como gastar el mínimo en soluciones. El arte de este estilo de feng shui es ser preciso y concreto al máximo. Se trata de un caso de «menos es más».

El feng shui no funciona como una píldora mágica y por sí solo no te hará rico, ni te encontrará la pareja ideal ni mejorará tu salud. Tienes que esforzarte e intentar provocar ciertas situaciones.

CONSEJO

Recuerda que no puedes cambiar a los demás, sólo a ti mismo. Por eso culpar a otra persona no conducirá a una situación que puedas remediar.

Escribir los pensamientos suele ser terapéutico.

Consigue lo que quieras con el feng shui

1 Imagina que estás al final de tu vida. Te sientes satisfecho mientras te preparas para abandonar el mundo material. Has conseguido lo que querías. Intenta visualizar, sentir y oír cómo sería alcanzar ese estado.

2 Piensa en qué tienes que hacer entre ahora y entonces para poderte sentir de ese modo. Empieza por ideas generales. Cuando las tengas claras, empieza a pensar en los detalles prácticos y a profundizar en ellos. Quizá tengas que ir afinando los detalles hasta que estés convencido de que son realistas.

3 Toma una hoja de papel en blanco y escribe tu plan, visualizando exactamente cómo será e intentando imaginar cómo te sentirías. Trabaja en los detalles hasta que el plan te parezca conveniente.

4 Piensa qué necesitas cambiar de ti mismo para conseguir tus sueños. Cuando hayas decidido qué aspectos de tu personalidad quieres mejorar, utiliza el feng shui para provocar el cambio. Por ejemplo, si quieres ser más alegre, podrías intentar reforzar el *chi* del oeste de tu hogar o asimilar más de este *chi* orientando al oeste el cabezal de la cama.

ELEMENTOS AGUA

QUÉ SON: Fuentes, acuarios y otros elementos con agua.
BENEFICIO: Mejoran la salud y aportan más vitalidad al hogar.
USO: Colocar en el este o sureste de la casa o estancia.
DÓNDE ENCONTRARLOS: Comercios especializados, tiendas de artículos para el hogar y centros de jardinería.

¿SABÍAS QUE...?

Desde tiempos inmemoriales las personas han ido al mar, balnearios o manantiales para curarse de lesiones y recuperarse de enfermedades. Esto explica el principio feng shui de que el chi *del agua limpia y fresca ejerce una influencia positiva en el* chi *agua del organismo.*

El cuerpo humano está compuesto básicamente de agua y el *chi* agua del interior de tu organismo tiene una frecuencia similar a la del *chi* de cualquier otra agua que esté cerca, lo cual permite establecer una conexión poderosa entre los dos. Si el *chi* agua del exterior es limpio y puro pero el *chi* agua del interior de tu cuerpo es débil, entonces el *chi* externo puede fortalecer tu *chi* interno.

Puedes introducir elementos agua en el hogar añadiendo pequeñas cascadas interiores, fuentes, acuarios o sencillamente un cuenco con agua que hay que renovar todos los días. El agua en movimiento añadirá más yang, energía vibrante; el agua quieta añadirá más yin, energía tranquila. Para conseguir este efecto beneficioso, el agua tiene que estar limpia y fresca, así que cámbiala con frecuencia.

SAL MARINA

QUÉ ES: Sal marina, en granos gruesos o finos.
BENEFICIO: Mejora la estabilidad y purifica el *chi*.
USO: Colocar en el noreste o suroeste de la casa o esparcir por el suelo.
DÓNDE ENCONTRARLA: En tiendas de dietética y en la mayoría de los supermercados.

La sal marina es útil para limpiar el *chi* y estabilizar su flujo en el hogar. Se relaciona con la sal de la sangre, el sudor y las lágrimas, por lo que ejerce una fuerte influencia en el *chi* interno. La sal atraerá el *chi* de la estancia y eliminará todo *chi* estancado y viciado. Deposita dos cucharadas de sal marina en pequeños cuencos individuales y colócalos en la zona noreste y suroeste de tu casa. Otra opción es esparcirla por el suelo antes de irte a la cama y aspirarla al día siguiente o sacarla de la casa. La sal de los cuencos debe cambiarse cada dos meses.

¿SABÍAS QUE...?

Los humanos tienen una fuerte vinculación evolutiva con la sal, de la época en que vivíamos en el mar. La mayor parte de nuestros fluidos corporales son salados. Prueba a ponerte una bolsita de sal marina en el ombligo o en la cinturilla de los pantalones para sentirte más seguro.

PLANTAS

QUÉ SON: Cualquier tipo de planta de interior.
BENEFICIO: Ayudan a aportar *chi* vivo a un espacio y reducen la contaminación del aire y el ruido.
USO: Cultiva distintas plantas por toda la casa.
DÓNDE ENCONTRARLAS: En floristerías, centros de jardinería y tiendas de artículos para el hogar.

Todo ser vivo aporta más *chi* natural a tu hogar y las plantas son una de las mejores formas de hacerlo. Es importante porque los edificios modernos suelen tener déficit de *chi* debido a los materiales aislantes y al uso generalizado de materiales sintéticos, que inhiben el flujo del *chi* en una vivienda. Resulta ideal tener plantas distintas. En general, se considera que las plantas tienen *chi* madera y convienen a todo tipo de estancias siempre y cuando estén sanas. Si no tienes mucho espacio, utiliza plantas colgantes.

¿SABÍAS QUE...?

Cultiva plantas con hojas acabadas en punta en los rincones para ayudar a estimular el chi *que pudiera estar estancado. Coloca plantas frondosas delante de esquinas que sobresalen para calmar y ralentizar el* chi *rápido y arremolinado que generan los bordes pronunciados. Cultiva el máximo de plantas posibles en el baño, ya que su* chi *madera ayuda a asimilar todo exceso de* chi *agua.*

FLORES

QUÉ SON: Arreglos de flores naturales, plantas con flor.
BENEFICIO: Ayudan a cambiar el ambiente de un espacio y aportan *chi* vivo.
USO: Coloca flores frescas en las estancias donde quieras que el *chi* sea más activo.
DÓNDE ENCONTRARLAS: Un jardín, floristerías y mercados.

Las flores aportan más color al hogar y, dado que irradian *chi* vivo, su color tiene una presencia fuerte. El ambiente de una estancia varía con sólo cambiar el arreglo floral que haya. Los colores más brillantes proporcionan un ambiente más vivo y yang, y los tonos pálidos una sensación más relajada y yin. Las flores irradian más del *chi* relacionado con su color y dirección (véase pág. 36). Puesto que las flores irradian *chi* vivo, cambia el agua a diario y descarta toda flor que empiece a marchitar. Las plantas con flores ejercen una influencia similar, con la ventaja de que duran más.

¿SABÍAS QUE...?

Un jarrón también puede alterar el chi *de un lugar. Utiliza recipientes redondos de metal para aumentar el* chi *metal; jarrones de cristal para el* chi *agua; recipientes de madera alargados para el* chi *madera; vasijas de cerámica triangulares para el* chi *fuego y macetas de barro para el* chi *tierra.*

RELOJES

QUÉ SON: Relojes de péndulo con el máximo de piezas metálicas.
BENEFICIO: Sentirse más organizado y tener una vida más estructurada.
USO: Colócalo en las zonas oeste o noroeste de tu casa.
DÓNDE ENCONTRARLOS: En joyerías, tiendas de artículos para el hogar y anticuarios.

Los relojes son excelentes para añadir ritmo a un espacio con el que poder sintonizar, lo cual te facilitará que encuentres tu propio ritmo. Los relojes aportan más *chi* yang y se asocian con el *chi* metal de los cinco elementos. Colócalos en la zona oeste o noroeste de tu casa para reforzar el *chi* metal, o en el norte para potenciar el *chi* agua del norte.

¿SABÍAS QUE...?

Si llenas una habitación con relojes de péndulo, al cabo de un tiempo acabarán oscilando juntos. Todo ciclo rítmico anima a otros ciclos con un ritmo similar a sincronizarse. Por ejemplo, las mujeres que viven juntas suelen descubrir que tienen el ciclo menstrual a la vez. El movimiento rítmico de un péndulo y el tictac llenarán tu hogar con un ritmo con el que podrás sintonizar. Estamos formados por ritmos (latido del corazón, respiración), por lo que los ritmos de la vida influyen en gran medida en cómo nos sentimos.

CARBÓN

QUÉ SON: Bastoncitos de carboncillo para dibujantes.
BENEFICIO: Garantiza la armonía cuando el *chi* fuego está en el oeste o el noroeste.
USO: Coloca el carboncillo en un recipiente de barro y déjalo cerca de una fuente de *chi* fuego.
DÓNDE ENCONTRARLO: En tiendas de artículos para dibujo.

El carboncillo de los dibujantes genera un fuerte *chi* tierra. Procede de la madera que se ha quemado y enfriado, y refleja el ciclo de cinco elementos de la madera, el fuego y la tierra. Todo *chi* fuego fuerte podría tener un efecto destructor en el *chi* metal de las zonas oeste y noroeste de la casa, si el *chi* tierra es insuficiente. Utiliza el carbón para ayudar a armonizar la energía cuando tengas una chimenea, fogones, caldera u horno en el oeste o noroeste de la casa.

¿SABÍAS QUE...?

La superficie porosa y negro mate del carbón absorbe rápidamente el chi *y, por consiguiente, resulta útil cuando quieras reducir el* chi. *Prueba a poner el carbón cerca de una puerta orientada al sur o en el sur de tu casa si te sientes excesivamente emotivo o consideras que tienes demasiadas discusiones innecesarias.*

VELAS

QUÉ SON: Velas de cera.
BENEFICIO: Te ayudan a sentirte exaltado y apasionado y crean un ambiente de intimidad.
USO: Enciende las velas en el sur, suroeste y noreste de tu casa.
DÓNDE ENCONTRARLAS: En tiendas especializadas y de artículos del hogar.

¿SABÍAS QUE...?

Puedes utilizar una vela para ayudarte a meditar y vaciar la mente de chi *intranquilo. Enciende una sola vela y encárate al norte con la vela a la misma altura que los ojos. Observa la llama y céntrate en el proceso durante el que la cera pasa de estado sólido a líquido fundido, a gas, y por último a luz y calor. Cuando te concentres por completo en esta observación, respirando lenta y profundamente, permitirás que el* chi *periférico e inquieto se aleje de ti, al igual que el* chi *de la vela se disuelve en el ambiente.*

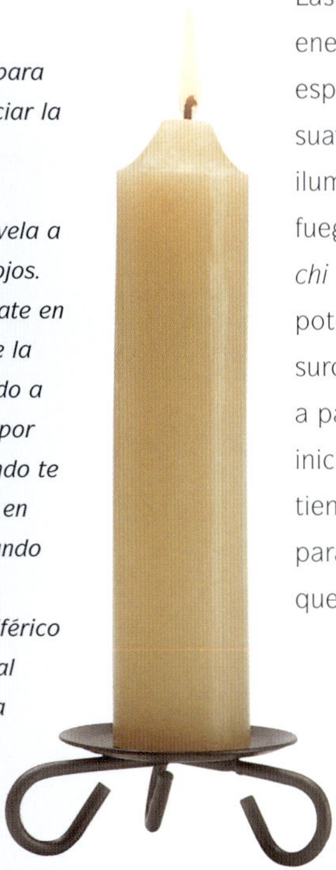

Las velas añaden más energía ardiente a un espacio, aunque son más suaves y más yin que la iluminación eléctrica. El *chi* fuego de las velas refuerza el *chi* ardiente del sur y potencia el *chi* tierra del suroeste y noreste. Colócalas a pares si quieres mejorar o iniciar una relación. Las velas tienen que estar encendidas para que influyan en el *chi* que las rodea.

ESPEJOS

QUÉ SON: Espejos planos o convexos.
BENEFICIO: Crean un entorno más rápido, emocionante, espacioso y activo.
USO: Cuélgalos en habitaciones oscuras o estrechas.
DÓNDE ENCONTRARLOS: En tiendas especializadas y de artículos para el hogar.

Los espejos ayudan a redirigir el *chi* y lo mantienen en movimiento. Son ideales para estancias oscuras, porque reflejan la luz disponible y el *chi* en la sala. En las habitaciones pequeñas o estrechas, los espejos grandes dan la impresión de que la habitación es más amplia de lo que es en realidad. Cuelga los espejos en las paredes más altas para que parezca que la estancia es más cuadrada. Los espejos se asocian al *chi* agua.

Evita colocar los espejos de forma que estén justo enfrente de una puerta o ventana, puesto que sacarán el *chi* de la casa. Si se colocan dos espejos uno frente al otro se corre el riesgo de que el *chi* rebote a uno y otro lado y cree un ambiente más frenético. Ten el mínimo de espejos en el dormitorio.

¿SABÍAS QUE...?

Los espejos convexos son los redondos y de ojo de pez que ayudan a dispersar la energía chi. *Utilízalos cuando las escaleras conduzcan directamente a la puerta delantera o en un pasillo largo.*

MÓVILES DE VIENTO

QUÉ SON: Móviles de viento metálicos o de madera.
BENEFICIO: Dispersan el *chi*, lo cual proporciona un entorno más equilibrado y relajado.
USO: Cuélgalos junto a una puerta, para que el móvil suene cada vez que ésta se abra.
DÓNDE ENCONTRARLOS: En tiendas especializadas y centros de jardinería.

¿SABÍAS QUE...?

Los móviles de viento sólo están activos en relación al feng shui cuando suenan, por lo que si no suenan porque están por encima de una puerta o donde no hay viento, hazlos sonar con frecuencia.

El sonido de un móvil de viento envía oleadas de energía que ayudan a desplazar y propagar el *chi*. Los móviles también dispersan el *chi* concentrado y lo hacen más yin. Por tanto, dispersan el *chi* que entra rápidamente por la puerta y ayudan a llenar tu casa de *chi* nuevo.

El sonido de los móviles de viento metálicos irradia más *chi* metal; tales móviles son más apropiados para las zonas del suroeste, noreste, centro, oeste, noroeste y norte, donde el *chi* metal armoniza con el *chi* ambiental. Cuelga móviles de madera en el este, sureste y sur de tu casa, donde la madera armoniza con el *chi* madera y fuego.

CRISTALES

QUÉ SON: Cristales esféricos de distintas caras que deberían ir sujetos a un cordel.
BENEFICIO: Aportan más *chi* yang soleado y natural a una estancia oscura.
USO: Cuélgalos en una ventana para que capten la luz del sol.
DÓNDE ENCONTRARLOS: En tiendas especializadas.

¿SABÍAS QUE...?

Se puede hacer girar un cristal suavemente para crear un efecto yang más dinámico. Sin embargo, el flujo del chi *puede confundirse si hay más de un cristal en una estancia.*

Los cristales refractan la luz del sol en los colores del arco iris y esparcen este *chi* por la habitación. En cuanto a los cinco elementos, los cristales se relacionan con el *chi* agua, por lo que deben colocarse en las zonas oeste, noroeste, norte, este y sureste del hogar para que armonicen con el *chi* ambiental de dichas zonas.

LIBERACIÓN DE ESPACIO

QUÉ ES: Meditación.
BENEFICIO: Carga el ambiente de tu hogar con tu propio *chi*.
USO: Siéntate y medita sobre los pensamientos positivos que quieres proyectar en la estancia.
DÓNDE ENCONTRARLO: En tu interior.

Tus pensamientos y emociones irradian de tu cuerpo y se mezclan con la energía del *chi* de tu casa. Para rodearte del tipo de energía que te ayuda a vivir como deseas, tienes que aplicar más de esa energía a tu casa. Una forma de hacerlo es meditar y centrar la mente en lo que intentas conseguir. Cada vez que espires, imagínate que insuflas esos pensamientos en la estancia.

¿SABÍAS QUE...?

Salmodiar o dar palmadas al espirar y proyectar tus pensamientos refuerza el proceso, dado que los sonidos transportan el chi *a los rincones más alejados de la casa.*

CAMPANILLAS

QUÉ SON: Pequeñas campanas de mano.
BENEFICIO: Te ayudan a enviar sentimientos o pensamientos con un *chi* intenso.
USO: Sujétalas muy cerca del cuerpo y hazlas sonar con fuerza.
DÓNDE ENCONTRARLAS: Proveedores, catálogos y tiendas budistas.

El sonido de una campanilla ayuda a distribuir el *chi* y a enviarlo a cualquier parte de tu casa en la que se oiga el sonido, puesto que las ondas sonoras transportan *chi*. Hacer sonar una campanilla resulta especialmente útil para enviar tu *chi* más lejos. Sostén la campanilla cerca del cuerpo cuando la hagas sonar, para que el sonido se origine en el interior de tu *chi* superficial. Escenifica en tu mente los sueños que quieres proyectar mientras la haces sonar. Las ondas sonoras viajan por tu campo de *chi* externo y llegan a la casa transportando con ellas tu energía *chi*. Ten a mano una campanilla y hazla sonar siempre que quieras proyectar al exterior un pensamiento o sentimiento.

¿SABÍAS QUE...?

Las campanillas de mano también son útiles para despertar la energía estancada. Si tu casa está apagada, haz sonar una campanilla de mano en todos los rincones y allá donde suela acumularse el polvo. Las ondas sonoras ayudarán a poner la energía en movimiento y fomentarán la presencia de nueva energía chi *en esas zonas.*

EJEMPLO DE CÓMO USAR LAS SOLUCIONES DEL FENG SHUI

Toma el ejemplo de una mujer que quiere iniciar una relación pero que lleva varios años sin pareja. El objetivo consiste en descubrir por qué no ha tenido éxito y luego aplicar las soluciones.

1 Pregunta:
- ¿Conoce a gente?
- ¿Sale lo suficiente?
- ¿Va a los sitios adecuados?

2 Pregunta:
- ¿Es demasiado selectiva?
- ¿Se siente tímida?
- ¿Abruma a las posibles parejas?

3 Pregunta:
- ¿Es demasiado firme y enérgica?
- ¿Quiere un compromiso demasiado rápido?
- ¿Se muestra demasiado distante y emite las señales equivocadas?

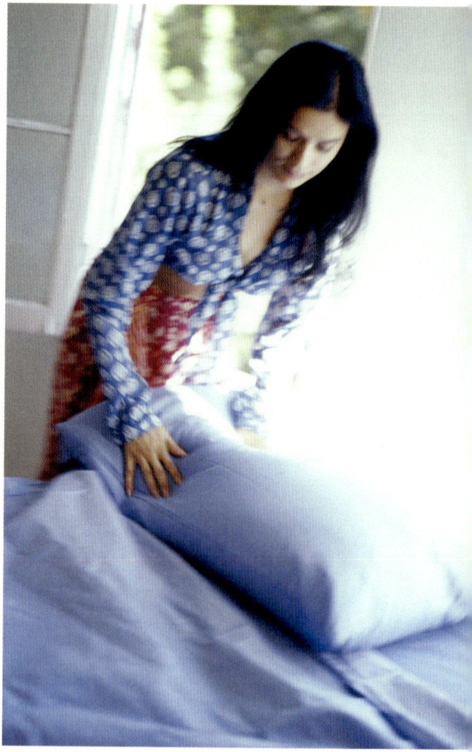

Los cambios del feng shui empiezan por uno mismo. Cuanto más claro tengas lo que quieres y qué necesitas cambiar en ti mismo para conseguirlo, más éxitos cosecharás.

4 Encuentra la razón más probable de su dificultad para iniciar una relación a partir de las respuestas a esas preguntas. En este ejemplo, supongamos que la mujer es tímida y aunque los hombres que le gustan se sientan atraídos por ella, ella parece distante y desinteresada. La solución sería hacerla sentirse más segura, firme y expresiva.

5 Consulta los nueve tipos de *chi* en la página 36 para encontrar los más útiles. En este ejemplo, resultaría beneficioso aportar más *chi* del este y del sur en el campo energético del *chi* de esta mujer.

6 Plantéate si es posible girar la cama para orientarla hacia una dirección más deseable y así asimilar más *chi*. En este caso, el este o el sur serían preferibles. Si la mujer tiene el sueño ligero, el sur podría ser demasiado fuerte, por lo que el este sería idóneo.

7 Busca en las zonas relevantes de la casa para ver si hay elementos que pudieran estar agravando el problema. En este ejemplo, un cuarto de baño en el sur (donde el *chi* agua podría destruir el *chi* fuego del sur, a falta de *chi* madera) precisa atención. Quizá falte *chi* del este o del sur en el plano de la casa (dependiendo de la forma que tenga), o tal vez falte *chi* en el este o el sur debido a la ausencia de ventanas.

8 Aplica las soluciones. La opción más fácil es añadir más del mismo *chi* en cada zona. Aquí las plantas, los elementos madera alargados y el color verde reforzarían el *chi* del este. Las velas, la forma estrellada y el color púrpura reforzarían el *chi* del sur. Además, la teoría de los cinco elementos (véase pág. 30) podría ayudar. Coloca plantas en un cuarto de baño del sur para asegurarte de que hay suficiente *chi* madera; coloca un elemento agua en el este dado que el *chi* agua potencia el *chi* madera del este.

LA GUÍA DEL
FENG SHUI

HAZ QUE EL FENG SHUI FUNCIONE

Aquí es donde empiezas a aplicar todos los principios del feng shui para ayudarte a solucionar problemas de la vida real. Verás cómo aplicar nociones de diseño y soluciones (véanse págs. 64-93) a una serie de situaciones que son comunes para muchas personas.

La guía empieza con los métodos para aplicar el feng shui al hogar. Para ello tendrás que estar familiarizado con los planos de la vivienda, las ocho direcciones, hacer tu propio análisis del feng shui y valorar el entorno inmediato de la casa.

El paso siguiente consiste en analizar las distintas maneras de resolver diferentes problemas de la vida. Si aprovechas todo lo que has aprendido hasta el momento, te sentirás cada vez más familiarizado con los

principios del feng shui a medida que los vayas aplicando a distintas situaciones.

La guía se divide en apartados sobre la salud, el estado de ánimo, las relaciones, la creatividad, la situación económica, la vida familiar, profesional y espiritual. Además, hay secciones especiales dedicadas al cambio de casa (posiblemente una de las mayores influencias en la vida con respecto al feng shui) y a mantener una relación más estrecha con la naturaleza, un reto para muchos de nosotros a medida que el mundo moderno avanza.

Puedes hacer hincapié en los asuntos que te importan más y probar el feng shui de verdad. La guía también se convertirá en un recurso inestimable cuando quieras ayudar a los amigos y la familia con el feng shui.

Las páginas siguientes tratan de cómo personalizar el feng shui. Dado que el feng shui no es más que una forma de mirar el universo y no necesariamente la única realidad, es importante asimilarlo de corazón y mente de forma que se convierta en algo propio. El feng shui tiene que funcionar para ti y brindarte la oportunidad de ser creativo e intuitivo. Si dominas las nociones básicas del feng shui estarás en situación de inventar soluciones personales para enfrentarte a todas las circunstancias con las que te encuentres.

CÉNTRATE EN LAS PERSONAS

Recuerda: el feng shui está enfocado a las personas (no las viviendas), por lo que hay que centrarse en las personas que viven en una casa y en los retos que les plantea la vida. Sólo hay que actuar en caso necesario, si todo va bien en general, no hay necesidad de remover las cosas con el feng shui.

Céntrate en las personas de la casa, en su vida y en lo que quieren cambiar en vez de distraerte con los detalles de su hogar.

UTILIZA EL FENG SHUI CON SENSATEZ

El feng shui será más potente si identificas con exactitud lo que quieres de él. La clave consiste en encontrar la pieza que falta con respecto a tu vida y luego la mejor solución del feng shui para aportar el *chi* que falta. Cuando lo hayas conseguido, tienes que controlar los resultados para ver si la solución elegida da los frutos deseados. Si no, repite el proceso con otra solución hasta que estés convencido de haber encontrado la idónea.

Todo cambia y hay que ir reajustando la vida y, en caso necesario, cambiar el feng shui de tu hogar para respaldar los nuevos objetivos.

Encuentra tu centro

Prueba este sencillo proceso mental para encontrar el centro de tu feng shui.

- Medita quién eres.
- Haz una lista con tus puntos fuertes.
- Medita sobre qué quieres ser, adónde quieres ir en la vida y qué quieres hacer por el camino.
- Escribe los puntos clave que tengas fijos en la mente.
- Intenta hacer encajar tus puntos fuertes con lo que quieres ser y hacer, y toma nota de cualquier parte de ti que tengas que desarrollar para facilitar tu singladura por la vida.

Este proceso debería convertirse en tu guía personal para el resto del libro. El objetivo consiste en desarrollar una lista de ámbitos en los que trabajar para conseguir una vida plena. A medida que avances en la vida verás que tus objetivos y tus medios para conseguirlos cambian. Por consiguiente, es importante hacer este ejercicio de meditación con regularidad para mantenerlo actualizado.

Identifica el apartado de la guía que guarda mayor relación con lo que quieras mejorar. Cuando hayas intentado introducir nuevas soluciones de feng shui en tu vida, podrás revisar sus efectos en los retos que se te presentan. Si consideras que progresas, continúa poniendo en práctica las soluciones elegidas. Si consideras que no has realizado los progresos que buscas, aplica otras soluciones del feng shui.

La siguiente lista te ayudará a seguir el proceso.

Como alternativa, escoge una serie de actividades nuevas, una de cada sección, para ayudarte a poner en práctica tus ideas en todo el espectro.

- Revisa la situación tras unas semanas de práctica.
- Si estás haciendo avances, continúa.
- Si te sientes estancado, elige otra solución.

ADIVINACIÓN Y MEDITACIÓN

Un método alternativo para descubrir lo que realmente necesitas en la vida es escuchar tu ser interior: tu *chi* más profundo. Aquí podrás emplear tu yo inconsciente para que tome decisiones por ti. Ya no te distraerás con las falsas ilusiones que te rodean sino que tendrás la claridad y predisposición para aceptar otra forma de pensar. Por ejemplo, quizá lo que te hace feliz no sea la riqueza, los amantes o la seguridad sino tal vez una conexión espiritual o encontrar una nueva forma de poner en práctica tu creatividad.

Puedes utilizar la adivinación (seleccionar una carta) o la kinesiología (la mecánica de los músculos humanos) para ayudarte. En este caso deja que te ayude un amigo.

Utiliza cartas para conectar con el *chi* interno

1 Toma una baraja y elige ocho cartas. Escribe una de las palabras siguientes en la cara interna de cada naipe con un rotulador: salud, estado anímico, relaciones, creatividad, situación económica, vida familiar, vida profesional, vida espiritual. Mantén estas cartas separadas del resto de la baraja.

2 Pon las cartas boca abajo. Siéntate tranquilamente y concéntrate en lo que quieres desarrollar en tu interior mientras barajas las cartas. Selecciona la carta que te parezca bien. Gírala y mira la palabra que lleva escrita. Prueba las sugerencias del feng shui en la parte correspondiente de la guía.

Kinesiología

1 Túmbate boca arriba.

2 Pídele a tu amigo que coloque las ocho cartas con las palabras escritas, de una en una, sobre tu cuerpo. Colócalas encima de la frente si quieres resolver temas relacionados con tu mente; en el pecho para tus preocupaciones emocionales; y sobre el abdomen para las dolencias físicas.

3 Cada vez que te coloquen una carta encima, intenta levantar el brazo recto del suelo, mientras tu amigo te sujeta con fuerza de la muñeca.

4 Elimina las cartas en las que sientas el brazo más débil. Repite el proceso con las cartas que te aportaron más fuerza hasta que te quedes con la carta que te aporta más fuerza al brazo.

5 Consulta el apartado correspondiente de la guía y busca ideas que puedas aplicar a tu hogar.

Utiliza una baraja de naipes para fabricarte el material de adivinación.

LA ÉTICA DEL FENG SHUI SAGRADO

Dado que existe la posibilidad de que ayudes a otras personas con el feng shui de su hogar y puesto que la relación que desarrolléis es importante, es altamente recomendable establecer unos criterios éticos para definir esa relación y, en caso necesario, ponerle límites. La claridad en este sentido evitará posibles dificultades posteriores y favorecerá un buen comienzo. Este aspecto es distinto para cada persona que utiliza el feng shui pero estas sugerencias podrían tenerse en cuenta.

Confidencialidad

A fin de llegar al fondo del problema, la persona con la que trabajes tiene que estar segura de poder confiar en ti y que todo lo que te cuente será confidencial.

Discreción

No hay necesidad de hacer afirmaciones exageradas sobre el feng shui o intentar convencer a alguien de que lo ponga en práctica. Estarás en una posición más ventajosa si dejas que otras personas te aborden y dejen que los resultados hablen por sí solos. Cada situación es especial y es muy difícil saber hasta qué punto el feng shui surtirá efecto en la vida de otra persona.

Céntrate en los problemas

Recuerda que el feng shui se centra en la persona en vez de en el edificio. Por tanto, aunque encuentres elementos que podrían considerarse negativos en casa de otra persona, si no le suponen un problema, no debes preocuparla de forma innecesaria. Céntrate en los problemas para los que la otra persona te ha pedido ayuda.

Respeta la trayectoria vital de cada persona

Cada persona sigue su trayectoria en la vida y merece ser respetada por haber elegido el camino que le parezca conveniente. El feng shui (y tu papel en él) se limita a ayudar a esa persona en la aventura de su vida. Evita emitir juicios o imponer tu punto de vista sobre la vida de los demás.

Sé claro con los honorarios

Si va a haber transacción económica, tienes que ser claro con respecto al valor de tu oferta y qué incluyen tus honorarios. Especifícalo por escrito para que quede bien claro. Asegúrate de que hay acuerdo con respecto al tipo de asesoramiento que vas a ofrecer.

Márcate tus propios límites

Supuestamente, se han producido casos en los que el feng shui se ha utilizado en contra de otra persona o negocio. Por consiguiente, tendrás que decidir si es algo que te interesa hacer. De lo contrario, díselo claramente a la otra persona.

Sé profesional

Es útil marcarse unos criterios de profesionalidad con respecto a la puntualidad, anotaciones pertinentes, aspecto, ética empresarial y el tiempo que tardarás en responder a los mensajes telefónicos y de correo electrónico.

Cuando se ayuda a otra persona es fundamental mantener una buena relación.

EL FENG SHUI Y EL HOGAR

CONOCE LA ENERGÍA DE TU HOGAR

Este apartado te explica cómo recopilar la información necesaria para analizar el feng shui de tu hogar. Así descubrirás cómo fluye el *chi* en tu casa. El proceso es el siguiente:

1 Crea y trabaja con planos. Elabora un plano básico de tu casa para poder examinar el feng shui del espacio.

2 Busca el centro del plano. Así podrás alinear las ocho direcciones encima del plano con precisión.

3 Utiliza una brújula para orientar bien las ocho direcciones encima del plano.

4 Interpreta la relación entre las ocho direcciones y tu hogar. Así descubrirás qué zonas de tu casa podrían resultarte más útiles.

5 Observa la forma del plano y utilízala para discernir qué tipos de *chi* son deficientes.

6 Descubre qué tipo de *chi* fluye por la parte delantera de tu casa y el ambiente que aporta.

7 Observa la posición de las puertas y ventanas de tu casa y determina qué tipo de *chi* favorecen.

A lo largo del libro se hará referencia a los planos de la casa y su interpretación a medida que se explican distintas aplicaciones del feng shui a la vida diaria.

La mayoría de las casas está llena de materiales sintéticos. Incorpora el máximo de plantas posibles a tu hogar para que el entorno resulte más equilibrado.

BUENAS PRÁCTICAS DEL FENG SHUI

Hay ciertas acciones que, en general, son beneficiosas de acuerdo con el feng shui. Deberías ponerlas en práctica independientemente de la situación.

- *Coloca un pequeño cuenco de sal marina en la zona noreste y suroeste de tu casa para añadir mayor estabilidad al flujo del* chi *a lo largo de este eje.*
- *Llena tu casa de plantas para aportar más* chi *vivo.*
- *Utiliza materiales naturales como la madera, la cerámica o el algodón siempre que sea posible para que el* chi *fluya con libertad.*
- *Mantén la casa limpia y ordenada y crea un espacio en el que el* chi *pueda moverse. Si está abarrotada provocará estancamiento.*
- *Deja entrar aire fresco todos los días para renovar el* chi. *Así mantendrás una relación más estrecha con la naturaleza que te rodea.*

TRABAJA CON PLANOS

Si no dispones de los planos de la casa tendrás que hacértelos tú mismo. Es más fácil de lo que parece, sólo tienes que seguir los pasos que se especifican a continuación. Tendrás que dibujar una serie de rectángulos que representen cada estancia uno al lado del otro en una hoja de papel. Para decidir el tamaño de cada rectángulo tendrás que medir las habitaciones.

UTILIZAR UN ORDENADOR

Si sabes utilizar un ordenador puedes hacer lo mismo con Microsoft Word o Power Point. Dibuja los rectángulos e introduce las medidas haciendo clic en «Tamaño» en la barra de formato. Entonces puedes crear una plantilla con símbolos para las ventanas, puertas y piezas de mobiliario. Resulta especialmente útil si tienes intención de aplicar este proceso a varias casas porque cuando hayas hecho tu plantilla resulta mucho más fácil elaborar otros planos.

Cómo elaborar un plano

1 Utiliza cinta métrica para medir la longitud y el ancho de cada estancia. Dado que la escala exacta no es importante, puedes contar los pasos que necesitas para caminar de un extremo a otro de la estancia.

2 Piensa en una escala conveniente. Por ejemplo: 1 paso = 1 cm; o 1 metro = 1 cm.

3 Empieza con una estancia situada en un extremo de la casa y dibuja el recuadro en el papel que represente el tamaño de la misma de acuerdo con tu escala. Quizá te resulte más fácil utilizar papel cuadriculado y contar las cuadrículas.

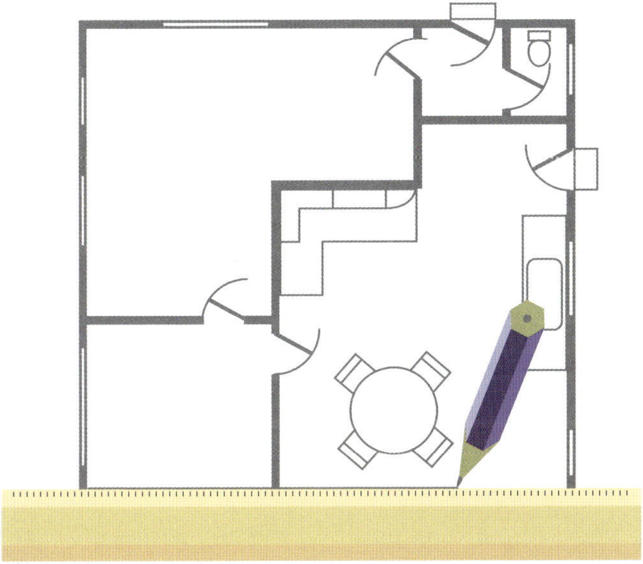

Utiliza un lápiz y ten una goma a mano porque es fácil equivocarse. Emplea lápices de distintos colores para que quede más claro.

4 Pasa a la siguiente estancia y dibuja otro rectángulo, adyacente al primero. Continúa hasta que tengas todas las estancias de la casa en la posición correcta. Si tu casa tiene más de una planta, tendrás que hacer lo mismo para cada una de ellas.

5 Esboza todos los elementos que te ayudarán a identificar dónde están los distintos elementos de la casa. Incluye ventanas, puertas, escaleras, inodoros, fregaderos, baños, duchas, lavavajillas, lavadora, fogones, caldera, chimenea, etc.

6 Recorta «papelitos adhesivos» que representen los muebles porque así te resultará fácil cambiarlos de sitio.

ENCUENTRA EL CENTRO DEL PLANO DE TU CASA

Tienes que encontrar el centro del plano de la vivienda para ubicar las ocho direcciones con precisión y ver qué parte de la casa está en el este, el sureste, el sur, etc., por lo que es importante hacerlo con cuidado. Si la casa tiene una forma complicada, repite el proceso correspondiente a las formas en L (véase pág. siguiente) añadiendo otro rectángulo.

Casas rectangulares

1 Si la casa es rectangular (o parecida a un rectángulo) traza líneas diagonales entre las esquinas; el punto donde se crucen marcará el centro.

2 Omite las pequeñas extensiones, como un porche, o pequeños entrantes en las paredes y traza un rectángulo que se acerque lo más posible al perímetro de tu casa.

3 Si vives en un piso, incluye sólo las zonas que te pertenezcan, no los pasillos o vestíbulos que se comparten con el resto de los inquilinos del edificio.

Traza líneas adicionales sobre el dibujo con papel de calcar o en una fotocopia del original si no quieres estropear el plano de la casa.

Casas en forma de L

1 Para encontrar el centro de una casa en forma de L, divídela en dos rectángulos.

2 Con un lápiz de color claro, traza líneas diagonales entre las esquinas de cada rectángulo para encontrar los centros. Luego traza una línea entre los dos centros.

3 Divide la forma en L en dos rectángulos utilizando otro color.

4 Traza líneas en diagonal para encontrar los centros de los nuevos rectángulos y luego traza una línea entre los dos nuevos centros.

5 La nueva línea cruzará la que trazaste con anterioridad (entre los centros de los rectángulos originales): este punto marca el centro de toda la forma en L.

6 Siempre que sea posible, haz encajar la forma en L encima del plano de la casa de manera que omitas las ligeras desviaciones.

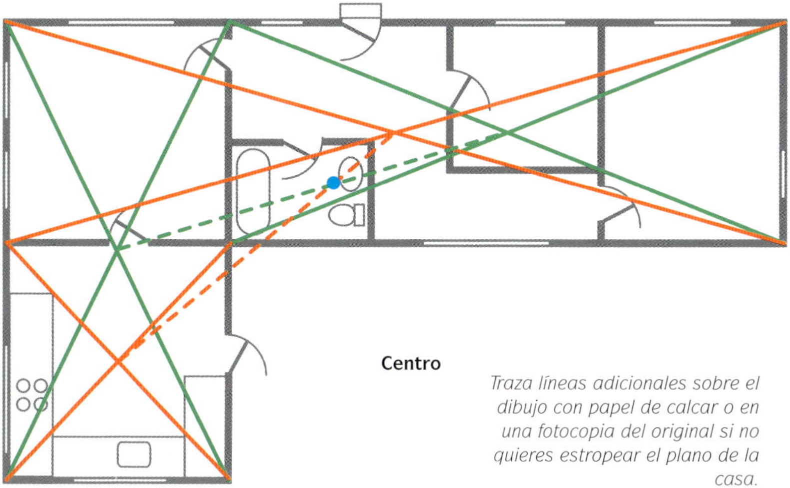

Traza líneas adicionales sobre el dibujo con papel de calcar o en una fotocopia del original si no quieres estropear el plano de la casa.

LA TRANSPARENCIA CON LAS OCHO DIRECCIONES

Este diagrama será la base de la transparencia de las ocho direcciones (véanse págs. 114-115 para saber cómo aplicar la transparencia al plano de una casa). Ten en cuenta que en este estilo de feng shui las ocho direcciones se dividen en segmentos desiguales. Los puntos cardinales (este, sur, oeste y norte) forman ángulos de 30 grados, mientras que las direcciones restantes ocupan 60 grados cada una. Las direcciones cardinales representan puntos digitales cambiantes en la naturaleza:

- **Este**: El amanecer y el equinoccio de primavera.
- **Sur**: El sol en su punto álgido y el solsticio de verano.
- **Oeste**: El atardecer y el equinoccio de otoño.
- **Norte**: La medianoche y el solsticio de invierno.

Independientemente de la época del año, el amanecer y el atardecer deberían permanecer dentro de los sectores este y oeste de 30 grados.

Para encajar dentro del ciclo de la naturaleza, cada punto cardinal se relaciona con el mes correspondiente, así pues en el hemisferio norte el este = marzo, sur = junio, oeste = septiembre y norte = diciembre (en el hemisferio sur, el norte se asocia con el solsticio de verano y con junio, y el sur con el solsticio de invierno y con diciembre). El *chi* cambiante del medio está representado con 60 grados y se asocia con dos meses cada uno.

Copia este diagrama en papel de calcar o fotocópialo en una lámina de acetato para utilizarlo encima de tus planos.

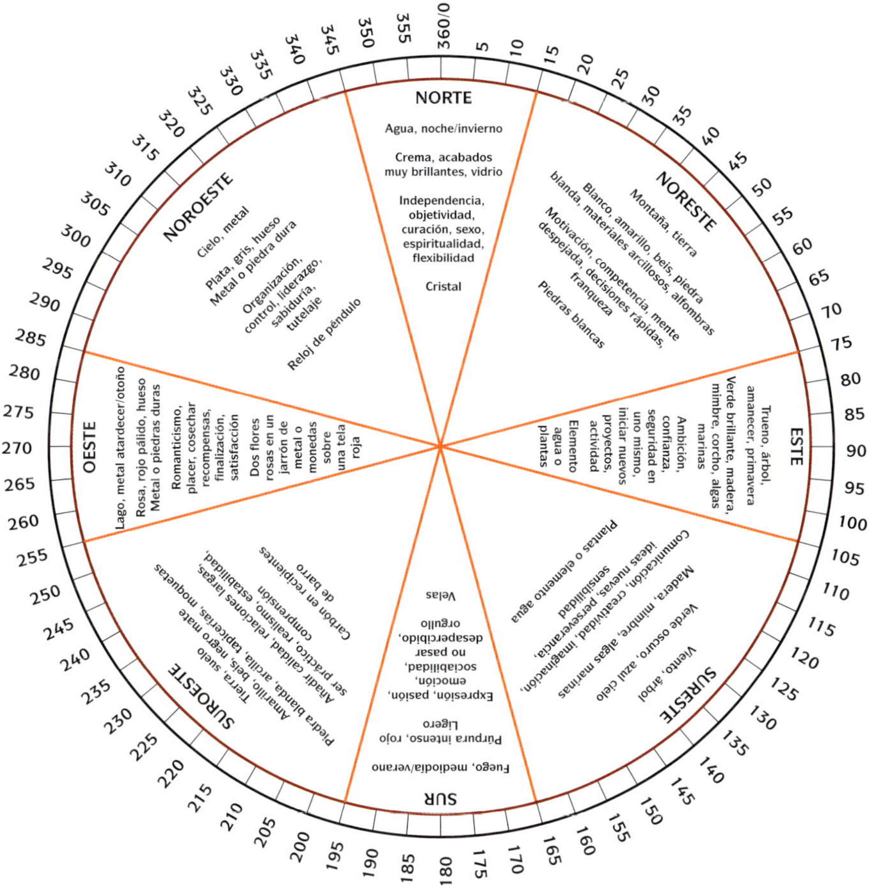
NORTE
Agua, noche/invierno
Crema, acabados muy brillantes, vidrio
Independencia, objetividad, curación, sexo, espiritualidad, flexibilidad
Cristal
NORESTE
Montaña, tierra
Blanco, amarillo, beis, piedra blanda, materiales arcillosos, alfombras
Motivación, competencia, mente despejada, decisiones rápidas, franqueza
Piedras blancas
ESTE
Trueno, árbol, amanecer, primavera
Verde brillante, madera, mimbre, corcho, algas marinas
Ambición, confianza, seguridad en uno mismo, iniciar nuevos proyectos, actividad
Elemento agua o plantas
SURESTE
Viento, árbol
Verde oscuro, azul cielo
Madera, mimbre, algas marinas
Comunicación, creatividad, imaginación, ideas nuevas, perseverancia, sensibilidad
Plantas o elemento agua
SUR
Fuego, mediodía/verano
Púrpura intenso, rojo
Ligero
Expresión, pasión, emoción, sociabilidad, no pasar desapercibido, orgullo
Velas
SUROESTE
Tierra, suelo
Amarillo, beis, negro mate
Piedra blanda, arcilla, tapicerías, moquetas
Añadir calidad, relaciones largas, ser práctico, realismo, estabilidad, comprensión
Carbón en recipientes de barro
OESTE
Lago, metal atardecer/otoño
Rosa, rojo pálido, hueso
Metal o piedras duras
Romanticismo, placer, cosechar recompensas, finalización, satisfacción
Dos flores rosas en un jarrón de metal o monedas sobre una tela roja
NOROESTE
Cielo, metal
Plata, gris, hueso
Metal o piedra dura
Organización, control, liderazgo, sabiduría, tutelaje
Reloj de péndulo

APLICAR LAS OCHO DIRECCIONES

Para aplicar las ocho direcciones, necesitas hacer lecturas con la brújula en tu casa para orientar la transparencia de las ocho direcciones (véase pág. 113).

Cómo aplicar las ocho direcciones en tu casa

1 Colócate en el interior de tu casa y orienta la brújula hacia la pared frontal. Escoge la estancia en la que haya menos equipos eléctricos y artículos de metal porque distorsionan el campo magnético de la Tierra y falsean las mediciones. Para comprobar si la lectura es correcta, camina por la estancia con la brújula bien sujeta y fíjate si la aguja oscila. Si es así, el campo está distorsionado y tienes que escoger otra parte de la estancia, u otra habitación.

2 Sosteniendo la brújula de forma que esté orientada hacia la pared frontal de la habitación, gira el cuadrante, haz la lectura y anótala (135 grados por ejemplo), porque luego la necesitarás.

3 Fotocopia el diagrama de las cuatro direcciones (véase pág. 113) en una lámina de acetato (el tipo de transparencias que se utilizan en los retroproyectores y que venden en las copisterías).

4 Recorta la línea de puntos del diagrama. Así obtendrás una transparencia circular con las ocho direcciones.

5 Traza una línea en color en el plano de tu hogar desde el centro de tu casa hasta la parte delantera de la misma.

6 Coloca la transparencia de las ocho direcciones encima del plano de tu casa de forma que el centro de la transparencia coincida con el centro del plano. Quizá te resulte

útil clavar la transparencia al plano con un alfiler para que no se mueva.

7 Gira la transparencia para que la lectura de la brújula que has tomado mirando de frente a la parte delantera de la casa (por ejemplo, 135 grados) coincida con la de la transparencia allí donde se une con la línea que va del centro a la parte frontal de la casa.

Ahora has alineado de forma correcta las ocho direcciones y puedes determinar dónde está cada dirección en tu casa. La transparencia te indica la dirección, el símbolo que describe el trigrama y el elemento, junto con las sugerencias de colores y materiales que podrían aplicarse a pavimentos, muebles y superficies en esa parte de la casa. También informa de las características asociadas a esa parte de la casa y sugiere cómo fomentar la energía de esa zona.

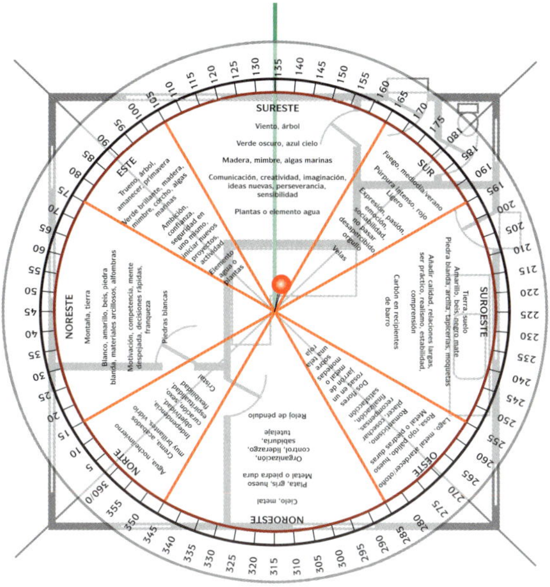

Con la transparencia de feng shui y una brújula puedes interpretar el plano de cualquier casa.

INTERPRETA LAS OCHO DIRECCIONES

Ahora que has colocado la transparencia correctamente encima del plano de la casa podrás interpretar los distintos tipos de *chi* que contiene. Con el tiempo el *chi* habrá establecido un patrón, dado que el movimiento diario del Sol ejerce su influencia en tu casa. A ello se le añade el influjo del campo magnético de la Tierra, de tu propio *chi* y del *chi* de los planetas del sistema solar. La transparencia que estás utilizando refleja todo esto y te ayuda a interpretar cómo influye en la casa.

¿Cómo interactúas con tu casa?

1 Piensa en qué cualidades de los distintos tipos de *chi* son importantes para ti. Lee la información sobre los tipos de *chi* en la transparencia y ubica la dirección que podría resultarte más útil. Por ejemplo, ser más organizado se asocia al *chi* del noroeste.

2 Mira esta dirección en la transparencia que has dispuesto encima del plano y observa qué parte de la casa coincide con ella. Piensa en qué tipo de estancia es, los objetos que contiene y cómo se utiliza el espacio.

3 Si pasas más tiempo en esa zona te resultará más fácil asimilar el *chi* que habita esa parte de tu casa. Plantéate si es posible y, en tal caso, dónde sentarte para encarar una dirección beneficiosa en la que te protejan los cinco animales (véase pág. 34).

4 Si no puedes pasar más tiempo en esa zona, piensa en cómo fomentar más ese *chi* en concreto para que se propague al resto de la casa, lo que te permitirá asimilarlo en otras habitaciones. Observa el sector correspondiente de la transparencia para tener ideas sobre cómo aumentar el *chi*.

Por ejemplo, en el noroeste puedes emplear el color hueso, colocar objetos de metal y colgar un reloj de péndulo.

5 Aplicando la teoría de los cinco elementos (véase pág. 30) también puedes utilizar elementos del ciclo de apoyo para potenciar ese *chi* en concreto. Por ejemplo, el noroeste se asocia al *chi* metal, que recibe apoyo del *chi* tierra que, a su vez, se asocia al suroeste, centro y noreste, por lo que cualquier color, material y objeto que se encuentre en esas direcciones de tu transparencia también resultará eficaz.

SÍMBOLOS

- **Un par de velas**
- **Planta frondosa de hojas redondas o flores frescas**
- **Flores amarillas o planta de flores amarillas en una maceta de barro**
- **Sal marina**
- **Luz dirigida hacia arriba**
- **Móvil de viento metálico**
- **Reloj de metal redondo**
- **Flores rojas o rosas en un recipiente plateado redondo y unas monedas brillantes sobre una tela roja**
- **Carboncillo en un recipiente de barro**
- **Agua fresca**
- **Espejo**

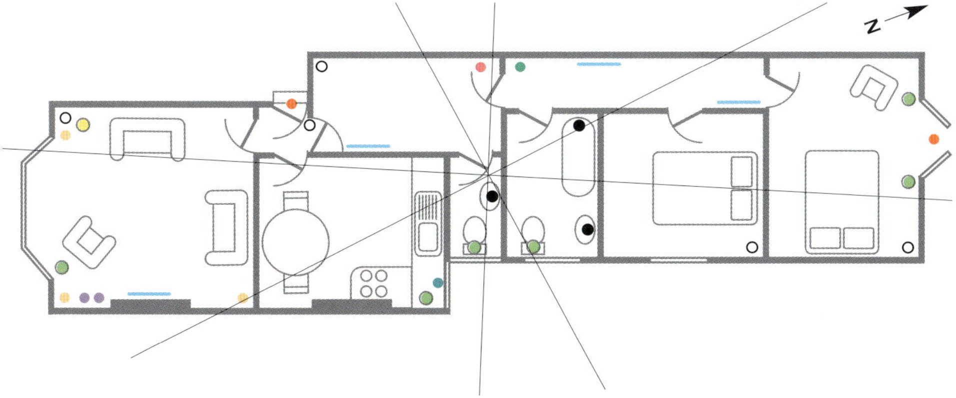

IDENTIFICA LA HUELLA

La forma del plano de la casa, su huella, te mostrará cuál de los ocho tipos de *chi* ocupa la zona más amplia y ejerce una influencia mayor en tu propio *chi*. Otros factores son cuánto y qué tipo de *chi* entra por puertas y ventanas.

Si tienes una casa redonda, las energías *chi* estarán bien repartidas. Recuerda que en este sistema los puntos cardinales (norte, este, sur y oeste) ocupan 30 grados mientras que las direcciones intermedias son sectores de 60 grados, por lo que es normal que el sureste ocupe el doble de zona que el este. Las casas cuadradas también resultan bastante equilibradas. Las viviendas estrechas y alargadas, las huellas en forma de L y las formas complicadas tienen como consecuencia que algunas direcciones *chi* ocupen grandes zonas de la casa mientras que los otros tipos de *chi* quizá ni siquiera estén representados en el plano.

Determinar la huella de una vivienda

1 Coloca la transparencia de las ocho direcciones sobre el centro del plano de la casa y gíralo de forma que esté bien alineado con el norte.

2 Observa las distintas direcciones para ver si cubren el plano de forma equilibrada. Imagina un círculo de un tamaño aproximado al de la huella para hacer la comparación.

3 Si todas las direcciones son similares, entonces en tu casa las direcciones de *chi* están bien equilibradas. Esto favorece el llevar una vida bien equilibrada.

4 Si alguna de las energías resulta deficiente, anótala y consulta la transparencia (o la descripción más completa de las ocho direcciones en la pág. 36) para ver si esta carencia de *chi* afecta a tu vida. Por ejemplo, si en

tu plano no hay este, quizá te falte seguridad, autoestima y ambición, y te resultará difícil iniciar nuevos proyectos.

5 Si crees que ése es el caso, puedes estimular el *chi* que falta utilizando las curas que se especifican para esa dirección en tu transparencia. A veces tendrás que aplicar las soluciones fuera de tu casa si el *chi* está totalmente ausente.

6 Si no existe correlación entre el *chi* deficiente y tu vida real, quizá descubras que ese *chi* ha quedado compensado por otros medios. Entonces no hace falta aplicar ninguna solución.

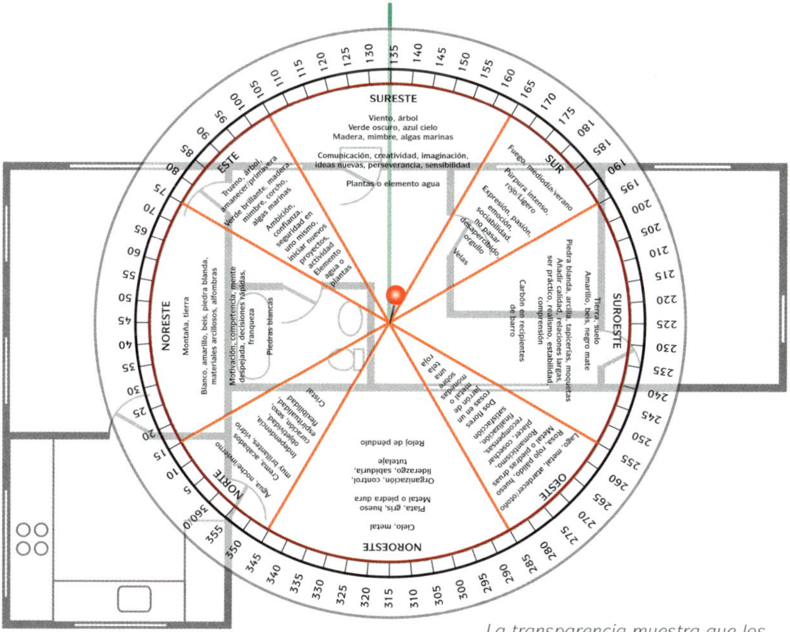

La transparencia muestra que los chi *del oeste, noroeste y norte son deficientes en esta casa.*

IDENTIFICAR LA ORIENTACIÓN DE LA CASA

La orientación de la casa favorecerá la mayor asimilación de un *chi* concreto. Normalmente la dirección es la de la entrada de la casa, que incluye la puerta principal.

Queda claro en una casa que está de cara a la carretera, que tiene un sendero que conduce a la vivienda o cuya puerta delantera y de entrada al garaje dan a la carretera.

En los pisos está menos claro porque la entrada al mismo suele encontrarse en un rellano, vestíbulo o pasillo interior. Además, es posible que ninguna parte del apartamento dé a la calle principal. En ese caso, el lado de la vivienda que tenga más ventanas debería considerarse la parte delantera. Si se puede elegir, en caso de que dos o más lados tengan el mismo número de ventanas, el lado que mire hacia la misma dirección que la entrada del edificio (o el lado que dé a la calle) debería considerarse la orientación de la vivienda.

En teoría, el movimiento que se sucede a lo largo de una calle agita el *chi* que contiene y este *chi* móvil se dirige hacia tu casa con el paso de personas y vehículos. Esto significa que por la parte delantera de la casa entra más *chi* en comparación con las otras direcciones. Cuantas más personas se acerquen a la puerta delantera, mayor será el flujo de *chi*. Piensa en el cartero, repartidores, amigos, familia y uno mismo.

Cómo identificar el tipo de *chi* dominante

1 Coloca la transparencia en el centro del plano de la casa y gíralo de forma que esté bien alineado con el norte.

2 Observa la parte delantera de la casa para determinar su orientación. Ésa será la dirección que tenga la línea que has trazado (desde el centro de la casa hasta la parte delantera) en ella.

3 Lee las cualidades de ese *chi* específico que entra en la casa (y consulta la descripción del mismo en la pág. 36). Estas cualidades deberían ser los puntos fuertes que experimentas al vivir ahí.

La puerta delantera, las ventanas y el garaje miran hacia la calle, lo cual hace que resulte fácil saber que se trata de la parte frontal de la casa.

EVALUAR EL CHI QUE ENTRA POR PUERTAS Y VENTANAS

Buena parte del *chi* ambiental entra en las casas por las puertas y las ventanas aunque el *chi* también se eleva desde el suelo, junto con el *chi* del cielo que desciende a través del tejado. Las claraboyas aumentan sobremanera este flujo por lo que aumentan la exposición al *chi* del cosmos, estimulante a nivel mental y espiritual, que a su vez aumenta el flujo vertical del *chi* y te ayuda a sentirte más independiente desde el punto de vista intelectual.

Las ventanas transparentes permiten la entrada de más luz y chi*, mientras que el cristal esmerilado crea un efecto más suave y yin.*

La dirección de las puertas y ventanas desde el centro definirá qué tipo de *chi* entra sin problemas en tu casa. Cuanto mayor sea la puerta o la ventana, más *chi* pasará por ella. Cuantas más personas pasen por la puerta, más *chi* entrará y saldrá por la entrada. Las ventanas descubiertas permiten el mayor flujo de *chi*. Las cortinas gruesas y enteras (aunque estén corridas) ralentizan el *chi*.

Cómo calcular el efecto de puertas y ventanas

1 Coloca la transparencia encima del centro del plano y alinéala correctamente con el norte.

2 Anota las posiciones de puertas y ventanas con respecto al sector de la transparencia con el que coinciden.

3 Consulta en la transparencia el tipo de *chi* que aportará una puerta o ventana en esa posición (remítete a la pág. 36 para tener una descripción completa).

4 Si tienes varias entradas, decide cuál aporta más *chi* del que te sería útil en la vida. Utiliza esa puerta más a menudo.

5 Cuelga un móvil de viento de forma que suene cada vez que abras esa puerta, para así fomentar que el *chi* beneficioso se distribuya y llegue al máximo de zonas de la casa.

6 Comprueba si alguna de las ventanas mira hacia una dirección que aportaría más del *chi* beneficioso que crees que necesitas. Asegúrate de que esa ventana permanece despejada el máximo tiempo posible y ábrela a diario.

Las puertas acristaladas dejan pasar el chi *con más facilidad cuando están cerradas.*

EL FENG SHUI Y LA SALUD

UN HOGAR SALUDABLE

Lo ideal sería que tu propio *chi* fluyera con libertad por tu cuerpo. Desde una perspectiva energética la mayoría de los problemas de salud surge porque hay alteraciones en el flujo normal del *chi*. Puede producirse en zonas donde el *chi* de tu cuerpo está estancado, comprimido, fluye demasiado rápido o es deficiente. Lo contrario también es cierto: toda dolencia física provocará una alteración en el flujo del *chi*.

Para que tu *chi* encuentre un flujo saludable, es mejor que te sumerjas en un *chi* que fluye con libertad, suavidad y armonía. Así calmarás todo *chi* rápido en tu interior y vigorizarás el *chi* estancado. El objetivo de este apartado de la guía es darte ideas sobre cómo conseguirlo.

Los ámbitos más importantes que considerar son: la cocina y la despensa, puesto que influyen en el *chi* que asimilas; cualquier lugar en el que haya agua, dado que puede interactuar con el *chi* ambiental de forma que ejerza una influencia adversa en el *chi* agua de tu cuerpo; y tu dormitorio, porque es donde pasas más tiempo seguido y donde te regeneras.

Esta estancia grande y abierta, sin estorbos, permite que el chi *se desplace con libertad.*

MANTENER UNA CASA SALUDABLE

En general, resulta más fácil gozar de buena salud en una vivienda que:

- *Esté expuesta a la luz natural, con sol incluido.*
- *Esté hecha con materiales naturales.*
- *Disponga de plantas distintas en el interior.*
- *Esté amueblada con objetos hechos con tejidos y materiales naturales.*
- *Se airee a diario.*
- *Se encuentre en una zona en la que el aire esté limpio y no contaminado.*
- *Esté rodeada de vegetación natural y árboles.*

Resulta más difícil gozar de buena salud en una vivienda que:

- *Esté cerca de líneas eléctricas de alta tensión.*
- *Esté cerca de líneas ferroviarias de alta tensión.*
- *Esté construida sobre un terreno de residuos tóxicos.*
- *Exponga a sus habitantes a fuertes campos electromagnéticos internos.*
- *Utilice lámparas fluorescentes.*
- *Tenga alfombras, tejidos o ropa de cama sintéticos.*
- *Sea húmeda, fría o tenga moho.*
- *Sea oscura (un sótano o vivienda orientados al norte).*
- *Esté cerca de una carretera con mucho volumen de tráfico.*
- *Esté sucia o llena de polvo.*

Si sabes exactamente qué tipo de *chi* necesitas para mejorar tu salud, puedes recrearlo en una parte de la casa en la que pases mucho tiempo.

Por ejemplo, si necesitas más *chi* ascendente, siéntate en la zona este de la casa, cara al este. El efecto será incluso mayor si te rodeas de plantas altas, porque aumentan la dirección ascendente del flujo del *chi*.

COCINA Y DESPENSA

BENEFICIO: Añade un *chi* saludable a los alimentos que conservas, preparas y consumes.

La cocina es la estancia en la que guardas, preparas y cocinas los alimentos y la despensa es donde almacenas la comida. Durante el tiempo que pasan en estos espacios, los alimentos absorberán parte de la energía *chi* que esté presente en el ambiente, porque de hecho acabarás ingiriendo parte de esa energía. Esto podría tener una influencia sutil en tu salud a largo plazo, puesto que el proceso tiene un efecto acumulativo.

Consejos:

- Asegúrate de que la cocina sea fácil de limpiar, sin humedades ni estancamientos.
- Asegúrate de que la cocina está expuesta a mucha luz natural y aire fresco.
- Si puedes elegir, elige una estancia que esté en la zona este o sureste de la casa de forma que esté expuesta a la salida del sol. Así los fogones y el fregadero estarán en armonía con el *chi* madera del ambiente de estas direcciones con respecto a los cinco elementos. El agua de los fregaderos, lavadoras o lavavajillas se asocia con el *chi* agua y los fogones con el *chi* fuego, por lo que crean el ciclo beneficioso agua-madera-fuego.
- Elige superficies como la madera o la piedra para mantener el flujo del *chi*. La madera es más blanda y por tanto más yin y relajante, mientras que la piedra crea un ambiente más yang e impoluto.
- Evita las telas, los elementos blandos y las alfombras puesto que absorben la humedad y los olores y aumentan el riesgo de estancamiento. Estos materiales hacen que resulte más difícil mantener la cocina limpia. Los materiales sintéticos pueden bloquear el flujo del *chi* y deberían evitarse.

Las plantas asimilan el agua del ambiente y son idóneas para cualquier lugar que tenga exceso de humedad.

• Utiliza una cocina a gas para que la comida se cocine con una llama natural. Las cocinas eléctricas sumergen los alimentos en un campo electromagnético y alteran su *chi* natural. Los hornos microondas someten a los alimentos a fuertes radiaciones eléctricas que también alteran su *chi*.

• Utiliza una lámpara incandescente en vez de fluorescente para ayudar a reducir la exposición a la radiación electromagnética. Distintos focos, luces direccionales ascendentes y la iluminación tamizada mediante potenciómetros te brindarán la posibilidad de crear distintos ambientes.

• Cultiva multitud de plantas de hojas grandes para añadir más energía viva.

• Dispón suficiente espacio de almacenaje para guardar los utensilios y los alimentos de forma que las superficies de trabajo estén limpias y sin estorbos.

ALIMENTOS E INFUSIONES

BENEFICIO: Mayor asimilación de *chi*.

Aparte de seguir una alimentación completa y bien equilibrada con respecto a los nutrientes, también resulta muy ventajoso pensar en el *chi* de los alimentos. Todo lo que comemos posee un campo energético propio y cuando está en nuestro interior ejerce una influencia sutil en nuestro *chi*. Si ingieres los mismos alimentos durante un período de tiempo prolongado, empezarán a tener un efecto pronunciado en tu organismo.

El consumo de alimentos vivos e integrales aporta más chi *natural al organismo.*

Qué hacer

Como regla general es conveniente intentar tomar alimentos que siguen «vivos» hasta el momento de cocinarlos, como cereales integrales, legumbres secas, verduras, frutas, frutos secos y semillas.

- **Verduras y frutas**: Para entender el *chi* de los alimentos, empieza por la forma en que crecen. Por ejemplo, los tubérculos (como la zanahoria) crecen hacia abajo en el suelo mientras que las verduras que crecen a la altura del suelo (como la calabaza) tienen una energía más relajada. Siguiendo este razonamiento, si quisieras comer zanahorias por su fuerza y capacidad para crecer más allá de los obstáculos, deberías escoger las zanahorias que han tenido que esquivar piedras, en vez de las zanahorias rectas y regulares que han crecido en terrenos blandos.

- **Carne y pescado**: Se puede pensar de modo parecido sobre las características de los animales que consumimos. Los animales nerviosos (como los pollos) transmiten ese tipo de *chi* cuando los comemos. Un pez como el salmón de río te aportará el *chi* propio del nadar contracorriente y superar obstáculos, mientras que el calamar te ayudará a relajarte y a seguir la corriente.
- **Métodos de cocción**: Además de en los alimentos en sí, piensa en cómo se preparan. Freír sobre una llama fuerte añadirá mucha energía *chi* ardiente a los ingredientes. Esta energía entrará en tu campo de *chi* y te ayudará a ser más extrovertido y expresivo. Por el contrario, guisar un plato lentamente te proporcionará más energía lenta de quemar.
- **Infusiones**: Las infusiones se han utilizado a lo largo de los tiempos para tratar desde trastornos digestivos a dolores de cabeza. Los líquidos calientes quedan asimilados rápidamente en el torrente sanguíneo y tienden a aliviar el sistema digestivo. Dado que el agua es el ingrediente principal de toda infusión (y, como hemos dicho con anterioridad, los humanos estamos formados básicamente de agua), el *chi* agua de las infusiones interactúa con facilidad con el agua de nuestro interior e influye en nuestra salud y emociones.

Las infusiones cambian tu chi *rápidamente porque mezclan el* chi *agua de la infusión con el* chi *agua del organismo.*

AGUA EN EL HOGAR

BENEFICIO: Mantiene tu *chi* limpio y puro.

El agua del hogar mejorará el *chi* del agua de tu organismo si es limpia, fresca y pura. Si el agua que tienes cerca está estancada, contaminada o sucia, podría interactuar con el *chi* agua de tu cuerpo y resultaría menos saludable. Es recomendable que las estancias en las que haya agua contengan también ventanas.

ARMONIZAR EL *CHI*

Lo ideal es que el agua esté situada en la zona este o sureste de tu casa, donde el chi *agua apoyará el* chi *madera del este y el sureste. Si no es posible, puedes armonizar el* chi *aportando el elemento que falta. Para tener agua en el:*

- *Sur, prueba a poner plantas.*
- *Suroeste, pon plantas en recipientes metálicos.*
- *Oeste, pon plantas en recipientes de barro y metal.*
- *Norte, pon cualquier planta que crezca aquí.*

Qué hacer

- Evita dejar agua sucia en el fregadero de la cocina. Escurre siempre en cuanto acabes de lavar porque, de lo contrario, el *chi* del agua sucia ejercerá una influencia negativa en las personas que están cerca y en el *chi* de la comida que se guarde cerca.
- Comprueba que no haya fugas. Pueden producirse bajo los baños y los fregaderos, así como detrás del lavavajillas y la lavadora. El riesgo es que la humedad prolongada deje el agua estancada e irradie el *chi* propio de este tipo de agua.
- Comprueba que los grifos no

goteen. El agua también puede estancarse y crear condiciones frías y húmedas.

• Limpia y seca todas las zonas en las que haya moho. Es habitual en las duchas, bañeras o en las cortinas de baño y en la base de las ventanas en las que se produce condensación. El *chi* del moho está sumamente estancado y podría resultar perjudicial si no gozas de buena salud.

• Ventila la cocina y el baño con regularidad para ayudar a mantener secas estas estancias.

• Mantén la cocina lo más ordenada posible, el vapor de la cocción se condensará en los objetos y será más difícil mantenerla seca.

Seca las superficies y el fregadero después de lavar los platos para evitar que el chi *agua se quede estancado en la zona.*

CUARTOS DE BAÑO

BENEFICIO: Elimina el *chi* viejo.

Con respecto a la salud en el feng shui, el baño puede ejercer una de las mayores influencias en la energía *chi* del hogar. Es el lugar en el que nos lavamos y eliminamos los productos de desecho. Mientras acontecen estos procesos físicos, también nos libramos del *chi* no deseado, lo cual ayuda a liberar emociones e ideas viejas. Tal vez notes que te sientes emocionalmente renovado después de una ducha o de restregarte la piel.

Uno de los riesgos es que tu vieja energía *chi* se quede bloqueada en el cuarto de baño y luego se filtre al resto de tu casa. Eso podría provocar el estancamiento de las emociones pasadas y aumentar el riesgo de depresión.

Las plantas asimilan parte de la humedad del baño y proporcionan un ambiente más sano a la estancia.

Qué hacer

• Evita los tejidos pues tienden a absorber la humedad y aumentan el riesgo de estancamiento. Por este motivo es mucho mejor tener un suelo de azulejos o de madera en vez de moqueta. Del mismo modo, las persianas de madera son mejor opción que las cortinas. Cuelga las toallas y alfombras de

baño en el exterior con regularidad para que se sequen.

• Cada vez que tiras de la cadena, una cantidad relativamente grande de agua se va de la casa. Esto extrae parte del *chi* de ésta de una vez por lo que temporalmente el *chi* oscila. Para reducir este efecto es aconsejable bajar la tapa del inodoro al tirar de la cadena.

• Cultiva muchas plantas en el baño para que el *chi* se mantenga constante. Si tienes una ventana, ábrela todos los días para ventilar el baño.

Es importante evitar que el chi *agua se estanque en los baños.*

LO QUE HAY QUE EVITAR EN EL BAÑO

- *Evita situar el inodoro cerca de la puerta dado que resulta más fácil que el efecto de tirar de la cadena influya en la casa.*
- *Evita superficies que ralenticen el flujo de la energía* chi, *como moquetas, cortinas o alfombras gruesas puesto que aumentan el riesgo de estancamiento y humedad.*
- *Evita cubrir las ventanas de forma que reduzcas la exposición del baño a la luz del sol. Las persianas de listones permiten que el baño disponga de luz natural al tiempo que ofrece intimidad.*
- *Evita colocar demasiados muebles en el baño dado que pueden favorecer la humedad y el estancamiento.*
- *Evita disposiciones como un baño* en suite *sin puerta de separación con el dormitorio.*

PLANTAS

BENEFICIO: Propician un buen estado de salud.

El *chi* vivo que irradian las plantas puede ejercer una influencia positiva en tu propio *chi* y propiciar la consecución o mantenimiento de un buen estado de salud. Basta con que llenes tu vivienda de plantas distintas o intentes pasar más tiempo cerca de plantas que mueven tu *chi* de forma que te ayuden a sentirte bien. Las plantas con hojas más rígidas, fuertes y puntiagudas (como la yuca) irradian un *chi* yang más dinámico. Las plantas de hojas más suaves, blandas y redondeadas generan un *chi* yin más relajante.

Qué hacer

• Una planta frondosa delante de una esquina que sobresale ralentizará el *chi* que se desplaza desde ese borde marcado. Lo ideal es que la planta oculte la esquina.

• Varias puertas en línea recta, un pasillo largo, y puertas o ventanas de frente las unas de las otras potencian

EL *CHI* DE LOS CINCO ELEMENTOS

En general, se considera que las plantas añaden chi *madera a un espacio. Sin embargo, dentro de la variedad de plantas algunas tienen más de un tipo de* chi *de los cinco elementos, como se explica a continuación:*

- ***Madera**: Las plantas alargadas cuyas hojas señalan hacia arriba hacen ascender el* chi *por tu cuerpo.*
- ***Fuego**: Las plantas con hojas acabadas en punta que se abren en abanico hacen que tu* chi *aflore a la superficie.*
- ***Tierra**: Las plantas bajas cuyas hojas se esparcen hacia fuera te ayudan a aposentar el* chi.
- ***Metal**: Las plantas con hojas redondeadas te ayudan a contener el* chi.
- ***Agua**: Las plantas trepadoras y las enredaderas hacen que tu* chi *fluya con más facilidad.*

Los cactus se asocian al chi *fuego y ayudan a activar la energía.*

la aceleración del *chi*. Para ralentizar este chi, coloca plantas espesas cerca de las puertas o las ventanas y escalona las plantas a lo largo del pasillo.

• Las escaleras que descienden hacia la puerta principal hacen que el *chi* se desplace más rápido y existe el riesgo de que parte del mismo se escape por la puerta y provoque cierta deficiencia de *chi* en tu hogar. Para ralentizar este *chi*, coloca una planta frondosa entre el pie de las escaleras y la puerta delantera.

• Las vigas gruesas que soportan mucho peso crean un fuerte flujo descendente de *chi* que puede resultar opresivo. Para compensar ese efecto, cultiva plantas bajo la viga con un fuerte *chi* ascendente.

• Lo más habitual es que el *chi* se estanque en los rincones de una habitación. Las plantas yang y ardientes con hojas duras y puntiagudas ayudan a acelerar el movimiento del *chi* en el lugar.

ORIENTACIONES PARA DORMIR

BENEFICIO: Asimilan el *chi* curativo.

Al dormir somos especialmente receptivos al *chi* que nos rodea. Mientras estás pasivo, aparte de repararte y regenerarte, asimilas más *chi* del que te rodea. Buena parte de éste entra en el cuerpo a través del *chakra* de la coronilla. Encontrarás este *chakra* localizando la espiral situada en la coronilla de la cabeza de un bebé (o de una persona con el pelo muy corto).

La orientación del *chakra* de la coronilla cuando estás tumbado determinará cuál de los ocho tipos de *chi* asimilarás más.

Si tienes problemas para dormir, lo ideal es girar la cama de forma que la coronilla apunte al norte. El *chi* del norte está relacionado con el invierno y la medianoche, lo cual resulta perfecto si necesitas tranquilizarte. Este *chi* agua es útil para sanar y recuperarse de problemas de salud. Esta dirección suele ser demasiado tranquila para quienes necesiten estar activos durante el día.

Qué hacer

- Emplea materiales blandos en el dormitorio como moqueta, alfombras o pavimento de madera blando. Pon cortinas en vez de persianas.
- Comprueba si hay algún borde pronunciado mirando hacia la cama. Si es así, coloca una planta frondosa o alguna tela delante de él.
- Mantén las puertas y las contraventanas cerradas por la noche para contener el *chi* y reducir el riesgo de que fluya demasiado rápido.
- Retira los espejos y objetos brillantes porque pueden hacer que la energía *chi* vibre por el dormitorio e interfiera con el sueño. En cualquier caso, asegúrate de que los espejos no miran hacia la cama y cúbrelos con un paño mientras duermes.

Dormir cerca de una esquina y bajo una viga aumenta el riesgo de intentar descansar en la línea de un chi *que se desplaza con rapidez. Las telas y las plantas ralentizarían el* chi.

- Intenta disponer la cama de forma que veas la ventana y la puerta con facilidad cuando estés tumbado para que el *chi* del fénix esté delante de ti.
- Si no puedes volver la cabeza para que apunte al norte, prueba el oeste o el noroeste, que también ayudan a contener el *chi*.

CAMAS Y ROPA DE CAMA

BENEFICIO: Mejor salud y calidad del sueño.

Las camas y la ropa de cama influyen mucho en el sueño puesto que forman parte del campo de tu *chi*. La calidad del sueño influye en gran medida en la salud a largo plazo. Es importante disfrutar de unas seis horas de sueño profundo y continuo cada noche, para que el cuerpo se repare, sane y regenere como es debido.

Qué hacer

Estructuras de cama

- La madera es el material ideal para la estructura de la cama puesto que no distorsiona el campo magnético local. La madera también es más blanda que el metal y atrae un *chi* más yin y calmado en el campo de tu *chi*.
- Las camas con dosel ayudan a contener la energía que te rodea y resulta especialmente útil si

Si cuelgas una tela en la pared detrás de la cama ralentizarás el chi *alrededor de la cabeza y te resultará más fácil conciliar el sueño.*

duermes en un dormitorio grande con techos altos, donde la energía *chi* se desplaza con rapidez.

• La altura de la cama debería ser proporcional a la altura del techo. En un dormitorio con el techo bajo, utiliza una cama baja como un futón encima de una base. Intenta que haya al menos 1,8 m entre tu cabeza y el techo para que tu *chi* pueda moverse con libertad. Cuanto más alta sea la cama, más estimulado estarás intelectualmente. Cuanto más baja sea la cama, más práctico te sentirás.

Colchones

• Elige un colchón hecho de materiales naturales. El algodón, la lana, la paja o el pelo son preferibles a la espuma y a otros materiales artificiales. Los sintéticos tienen carga estática y, como estará dentro del campo de tu *chi*, puede hacerte sentir intranquilo.

• Los futones de algodón son ideales, puesto que favorecen el flujo armónico del *chi*. Utiliza una base de madera para elevar el futón del suelo y ventilarlo de forma adecuada o coloca el futón sobre un somier de láminas de madera. Su firmeza te beneficiará si tienes problemas de espalda.

• Evita los colchones de muelles puesto que éstos son de metal y distorsionan el campo magnético local.

Ropa de cama

• Es preferible tener algodón o lino cien por cien cerca de la piel para que el *chi* fluya bien. Estos materiales también respiran, lo cual es importante porque los humanos pueden eliminar por la piel hasta un litro de fluidos por la noche.

• Evita los tejidos sintéticos.

• Evita utilizar una manta eléctrica puesto que aumentará tu exposición al campo electromagnético, incluso desconectada.

CAMPOS ELECTROMAGNÉTICOS

BENEFICIO: Bienestar físico y emocional.

Los campos electromagnéticos (o CEM) rodean todo aquello que utilice o transporte electricidad. La exposición a estos campos distorsiona tu *chi* y podría poner en peligro tu bienestar físico y emocional.

Cuanta más electricidad uses y cuanto más cerca estés, mayor será el efecto. Aquí se incluyen ordenadores, televisores, hornos microondas, cocinas eléctricas, estufas y mantas eléctricas, secadores, fotocopiadoras y aparatos de fax. A continuación damos algunas sugerencias para reducir la exposición a ellos.

PLANTAS

Las investigaciones indican que las plantas ayudan a reducir las consecuencias adversas de los CEM. El Institut Des Recherches en Geobiologie de Chadonne, Suiza, realizó un programa de investigación durante dos años en despachos de Wall Street, Nueva York, para analizar el efecto de cultivar plantas al lado de las terminales de ordenador. La planta más eficaz fue la Cereus peruvianuf *(un tipo de cactus de 40 cm de altura), puesto que redujo la incidencia de dolores de cabeza y cansancio en los empleados que la tenían cerca del ordenador. En otras investigaciones se ha llegado a la conclusión de que el espatifilo y la cleome tienen propiedades similares.*

Qué hacer

• Mantente lo más alejado posible de la fuente. Por ejemplo, la diferencia entre estar a medio metro o a un metro de un ordenador es superior a la mitad.

• Utiliza aparatos eléctricos sólo cuando sea verdaderamente necesario y evita dejarlos encendidos. Es mejor desenchufar los aparatos cuando no se estén usando, de forma que la electricidad no siga circulando por el transformador ya que los CEM más intensos suelen proceder de éste.

• Si es posible, coloca el transformador lejos: algunos equipos (como los ordenadores portátiles) tienen un transformador remoto en un cable, que puedes colocar lo más lejos posible, aunque tengas el ordenador en sí a mano.

• Distribuye tu puesto de trabajo de forma que los aparatos que emitan CEM estén lo más lejos posible de ti.

• Corres un riesgo mayor cuando duermes por lo que vale la pena disponer el dormitorio de forma que minimices la exposición a los CEM. Mantén los despertadores eléctricos, televisores y radios lo más lejos posible de la cama.

• Mantén los teléfonos móviles e inalámbricos lo más lejos posible, puesto que su uso se ha asociado a tumores cerebrales, pérdida de memoria, depresión y falta de concentración. En casa utiliza el teléfono fijo.

Mantener una planta cerca del ordenador reduce ligeramente la exposición a los CEM.

CONTAMINACIÓN

BENEFICIO: Mejoría de la salud.

Los gases tóxicos suponen otro riesgo para los hogares modernos. Ciertos materiales sintéticos emiten gases tóxicos hasta diez años después de su fabricación. Algunos ejemplos son los muebles o unidades empotradas de tableros de fibras de densidad media (DM) o cualesquiera otras fibras de madera aglomerada y artículos de plástico, así como las pinturas. Debido a la mejora de los aislamientos modernos, estos gases se acumulan en el hogar y aumentan su concentración.

Además, los agentes contaminantes del aire aumentan las posibilidades de sufrir enfermedades respiratorias.

Esta estancia contiene muchos materiales naturales que ayudarán a mejorar la calidad del aire.

Qué hacer

- Selecciona objetos de materiales naturales, como la madera, el metal, el algodón cien por cien, el cuero, la porcelana o el cristal.
- Ventila bien todos los días tu casa y tu lugar de trabajo.
- Cuando redecores, utiliza pinturas y barnices ecológicos.
- Intenta encerar la madera con ceras naturales en vez de con barnices o lacas industriales.
- Cultiva el máximo de plantas posibles en la casa para ayudar a limpiar el aire.

REDUCIR LA CONTAMINACIÓN ACÚSTICA Y AMBIENTAL

Los científicos de la NASA han descubierto que las plantas son una de las mejores formas de limpiar el aire. Cultiva distintas plantas sanas por toda la casa para mejorar la calidad del aire. Las diez plantas más eficaces (en orden alfabético según su nombre científico) son:

- *Aglaonema modestum* (aglaonema, perenne china)
- *Chamaedorea seifrizii* (chamaedoria, palma enana)
- *Chrysanthemum morifolium* (crisantemo)
- *Dracaena deremensis* (drácena, janet craif)
- *Dracaena marginata* (drácena, marginata)
- *Dracaena massangeana* (planta del maíz)
- *Gerbera jamesonii* (gerbera, margarita gerbera)
- *Hedera helix* (hiedra)
- *Sansevieria trifasciata* «Laurentii» (sansevieria)
- *Spathiphyllum* «Mauna Loa» (espatifilo, lila)

Las plantas frondosas o arbóreas también resultan especialmente útiles para reducir el ruido. Las hojas asimilan las ondas sonoras del aire y hacen que la estancia esté más silenciosa y relajante.

Sansevieria trifasciata *«Laurentii».*

EL FENG SHUI Y EL ESTADO DE ÁNIMO

CÓMO CAMBIAR EL ESTADO DE ÁNIMO CON EL FENG SHUI

El efecto más inmediato del feng shui se aprecia en el estado anímico. El *chi* externo actúa como antena que capta el *chi* nuevo, lo cual tiene consecuencias rápidas en tu modo de pensar y sentir.

• Una de las influencias más importantes es la de los colores de un espacio. Pasar de una habitación de colores vivos a otra cambia el *chi*, pues las distintas frecuencias de luz pasan por tu *chi* superficial.

• Las imágenes y simbolismo utilizados en un espacio pueden hacerte sentir diferente de inmediato, ya que los nuevos pensamientos o recuerdos provocados por las imágenes cambian el flujo del *chi*.

• La iluminación es una forma rápida y flexible de alterar el ambiente de una habitación. Con sólo tocar un interruptor una iluminación brillante puede cambiarse por otra sutil y tenue.

• Las velas no sólo emiten una suave luz anaranjada sino que su parpadeo proporciona un movimiento sutil a la estancia. Pueden tener efecto hipnótico y convertirse en el centro de una sala.

• Las dimensiones de una habitación definen el

Los ventanales, el tamaño y la altura de esta habitación favorecen que el chi *se mueva con libertad, mientras que los tejidos suaves ralentizan el* chi *y provocan un estado anímico más armonioso.*

El techo alto y la claraboya potencian el flujo vertical del chi.

flujo del *chi*. Las estancias de techos altos permiten el paso vertical del *chi* y fomentan el individualismo; las habitaciones amplias y de techos bajos potencian el flujo horizontal del *chi* y facilitan el contacto con otras personas.

• El tipo de mobiliario también influye en el ambiente de la casa. Las formas, estilos y materiales de los que está hecha pueden ejercer un efecto sutil en las emociones. Los asientos son lo que más influye porque definen tu postura y, por tanto, el *chi* que te rodea.

• Los fuegos de verdad irradian calor de forma parecida al sol, por lo que son el sustituto ideal del astro rey durante los inviernos oscuros y fríos. Aportan parte del *chi* soleado y ardiente a tu campo energético.

• Los bordes pronunciados aportan una definición clara a un espacio, dado que el *chi* sigue esas líneas. Esto puede estimular y definir tu estado de ánimo.

• La forma y contorno lineal o curvo de los objetos moldean la forma como el *chi* va y viene en una estancia, alterando a su vez el movimiento de tu *chi*. Los objetos que tienes cerca son los que ejercen una mayor influencia.

• Las habitaciones abarrotadas y vacías proporcionan sensaciones muy distintas. Ambas tienen ventajas y desventajas, la clave reside en encontrar el equilibrio para cada persona.

COLORES PARA CAMBIAR EL ESTADO DE ÁNIMO

BENEFICIO: Cambian y mejoran el estado anímico.

Los colores que utilizas en el hogar ejercen un efecto considerable en el ambiente. Las superficies coloreadas reflejan ciertas frecuencias de luz en la habitación y la llenan de frecuencias más rápidas o lentas según el color. Estas frecuencias de luz atraviesan tu campo del *chi* externo y cambian la forma de moverse de tu energía. Como consecuencia de ello, sientes e incluso piensas de modo distinto.

Cuanto más vivo es el color, más yang y activo te hará sentir. Los rojos brillantes, los amarillos y naranjas son buenos ejemplos de ello. Los colores pastel, como el azul y el verde claro, te ayudarán a sentirte más yin y tranquilo.

Qué hacer

Para saber cómo te hará sentir cada color, consulta la descripción completa de las ocho direcciones en la página 36. Encuentra una dirección que tenga las propiedades que más necesitas y luego el color con el que se asocia. También puedes consultar la tabla de referencia rápida de la página siguiente. Por ejemplo, si quieres sentirte más seguro y enérgico, necesitas más energía del este en tu campo del *chi*. El color que te ayudará a activar esta energía es el verde brillante.

El color es aplicable a las flores frescas, las plantas, la carpintería, los cuadros, los marcos, las obras de arte y muebles, así como a paredes, techos y pavimentos.

Para intensificar la potencia de un color, utilízalo en la misma parte de la casa con la que se relaciona su dirección. Si usas el verde brillante, trata de utilizarlo en una estancia situada en la zona este de tu casa. Emplea la transparencia de las ocho direcciones (véanse págs. 112-115) para decidir qué colores usar.

Direcciones y características de los colores

COLOR	DIRECCIÓN	CARACTERÍSTICAS
Crema y acabados brillantes y traslúcidos	Norte	Independiente, objetivo, sexual, espiritual
Negro mate, marrón o beis	Suroeste	Aposentado, práctico, realista, íntimo
Verde brillante	Este	Ambicioso, seguro, lleno de autoestima, entusiasta
Verde o azul oscuros	Sureste	Creativo, imaginativo, sensible, persistente, lleno de ideas nuevas
Amarillo	Centro	Poderoso, ser el centro de atención, ser justo
Plata, gris o hueso	Noroeste	Sensación de control, majestuoso, responsable, organizado
Rojo óxido o rosa	Oeste	Romántico, centrado en el resultado final, desenfadado
Blanco brillante	Noreste	Motivado, competitivo, ingenioso, agudo
Púrpura	Sur	Expresivo, apasionado, social, emotivo

IMÁGENES

BENEFICIO: Generan pensamientos positivos.

Las imágenes que tengas en casa te influyen porque desencadenan ciertos patrones de pensamiento. Por ejemplo, una fotografía de un momento en que fuiste especialmente feliz puede ayudarte a recuperar parte de esas sensaciones cada vez que la veas.

Lo contrario también es cierto: a una persona que viva sola pero quiera encontrar pareja y tenga muchas imágenes de personas solas e incluso disponga los objetos de su casa de forma que estén de uno en uno le resultará más difícil aceptar a otra persona en su vida.

Qué hacer

1 Asegúrate de que las imágenes de tu casa concuerdan con lo que quieres conseguir en la vida. Nos referimos a fotografías, cuadros y objetos. Recorre tu casa y obsérvalo todo con atención para ver si realmente te anima. Deberías guardar todo aquello que te recuerde a algo de lo que te quieres apartar para ver cómo te sientes sin eso.

2 Si para ti es importante tener pareja, disponer las cosas de dos en dos puede enviar el mensaje adecuado a tu inconsciente. Por ejemplo, colocar dos plantas en la misma maceta simboliza a dos seres vivos que comparten el mismo hogar. También puedes tener fotografías de personas que están juntas, esculturas de parejas abrazadas y disponer los objetos a pares.

3 Cuelga cuadros de cualquier cosa que te inspire. Si quieres comprarte una casa, cuelga una foto de la casa de tus sueños en la pared. Eso te ayudará a avanzar y, si el deseo es lo suficientemente fuerte, te ayudará a superar las dificultades. Plantéate qué quieres en la vida y luego intenta encontrar imágenes lo más cercanas a ello posibles.

4 Es importante tener imágenes que te recuerden éxitos pasados. Las fotografías de los momentos felices, los premios o los ejemplos de obras de las que te sientes orgulloso son útiles para mantener la autoestima y la seguridad.

La imagen inconfundible de este cuadro podría ejercer una influencia poderosa en ti.

ILUMINACIÓN

BENEFICIO: Cambio instantáneo del estado anímico.

La luz genera más *chi* yang y esta energía lumínica se asocia con la energía del fuego. Si tienes luces distintas puedes pasar de una iluminación brillante y estimulante a otra más tenue y suave con sólo accionar un interruptor, una forma de cambiar de estado de ánimo al instante.

Hay muchos tipos distintos de iluminación:

- Las bombillas incandescentes emiten una luz ligeramente anaranjada que ayuda a crear un ambiente cálido para sentirse asentado y cómodo.
- Las pantallas de tela o de papel tamizan la luz y crean un ambiente más yin y tranquilizante.
- Las pantallas de metal o reflectantes crean un ambiente más yang y estimulante.
- Los focos permiten dirigir la luz a un punto concreto y activar el *chi* en una zona determinada de la estancia, con lo que se crea un entorno más yang e interesante.
- La iluminación halógena de bajo voltaje emite una luz brillante y muy intensa que resulta ideal para aumentar el flujo del *chi* en lugares estancados. También hace que las lámparas de pie sean más flexibles. El *chi* más yang de las halógenas te ayuda a estar motivado.
- Las luces ascendentes son especialmente útiles si tienes el techo bajo o inclinado y quieres sentirte menos limitado.
- La luz reflejada es útil si deseas propagar y difuminar el *chi* en un techo o pared. Crea un ambiente más yin, suave y relajante.
- Las lámparas de mesa o las colocadas en el suelo centran la atención hacia abajo y te hacen sentir más asentado, cómodo e íntimo.

• Los fluorescentes producen una luz azulada que crea un ambiente yang, más frío y áspero.

Qué hacer

1 Coloca lámparas en los rincones para reducir el riesgo de estancamiento.

2 Sitúa luces ascendentes debajo de las vigas para reducir el flujo descendente de la energía *chi*.

3 Enfoca las luces ascendentes hacia los techos bajos o inclinados para que el espacio parezca más alto.

4 Utiliza lámparas en el sur, centro, suroeste o noroeste cuando quieras potenciar el *chi* de esas direcciones.

5 Oculta las luces brillantes detrás de una planta o pantalla de papel para reducir el brillo. Así también suavizarás la luz y crearás un ambiente más relajante y yin.

Esta pantalla curva produce chi *agua y forma una mezcla interesante con la fuente de luz ardiente. La luz tenue y desigual hace que resulte más fácil sentirse relajado y tranquilo.*

VELAS

BENEFICIO: Aumentan la expresión personal.

Las velas cambian el estado anímico de dos modos. En primer lugar irradian un poderoso *chi* ardiente en el ambiente ya que el *chi* fuego se transporta principalmente por la luz y en menor grado por el calor. En segundo lugar, ver cómo se licúa la cera, se transforma en gas y se quema es una visión hipnótica. El empleo de velas puede ser una experiencia estimulante que intensifica tus emociones.

Las velas son la forma de luz más yin. Irradian una suave luz anaranjada y tienen la ventaja de no generar CEM de luz eléctrica. Este tipo de luz resulta ideal para crear un ambiente suave, romántico. Con respecto a los cinco elementos, las velas se asocian al *chi* fuego.

Aquí tienes varias ideas para emplear velas en el hogar. Para que surtan efecto hay que encenderlas pero asegúrate de no dejarlas encendidas si te ausentas de la estancia. Basta con media hora al día.

Qué hacer

• Para sentirte más expresivo, extrovertido y sociable, coloca un buen número de velas en la zona sur de tu casa. Así reforzarás el *chi* del sur que ayuda a cambiar el estado emocional.

• Para sentirte más asentado y compenetrado en una relación, coloca un par de velas en el suroeste de tu casa. El *chi* fuego de las velas potencia el *chi* tierra del suroeste y facilita la consecución de esos sentimientos.

• Para tener las ideas más claras y ser perspicaz con respecto a tu vida, intenta encender una vela en el noreste de la casa. El *chi* fuego de la vela potencia el *chi* tierra del noreste. Aquí puedes intentar meditar mientras

Aparte de producir una luz tenue, las velas se emplean para calentar aceites esenciales y llenar la habitación de aromas que ayudan a cambiar el estado de ánimo.

observas la vela encarado al noreste.

• Para aumentar la sensación de romanticismo, prueba a colocar un par de velas en el oeste de tu casa. Sitúa las velas en quemadores de barro para que haya suficiente *chi* tierra y establecer así una relación armoniosa entre el *chi* fuego de las velas y el *chi* metal del oeste.

• La visión del fuego y el agua puede resultar espectacular y tener velas flotantes en el baño produce este efecto. Asimismo, un elemento agua con velas es llamativo y estimulante. Para que los elementos fuego y agua sean armoniosos, añade *chi* madera colocando el elemento en el este o situando las velas en quemadores de madera.

DIMENSIONES DE UNA ESTANCIA

BENEFICIO: Cambian el ambiente.

La forma y medidas de una habitación marcan los límites dentro de los que la energía *chi* fluye con más facilidad, aunque parte del *chi* fluirá por las puertas, ventanas y, en menor medida, por las paredes, techos y suelos. La altura del techo, el tamaño de la habitación y su trazado influyen en el estado anímico.

Qué hacer

• El tamaño de una habitación define cuánto espacio tiene el *chi* para fluir. Cuanto mayor sea ésta (sobre todo si hay pocos muebles), más espacio habrá y será más fácil que el *chi* se acelere. Esto crea un ambiente más estimulante e inspirador. Una habitación pequeña (sobre todo si hay muchos muebles) ralentiza el flujo de la energía *chi* y crea un ambiente más acogedor e íntimo.

• Un espacio elevado facilita el movimiento vertical del *chi*. Eso te conecta con la energía *chi* del cielo y la tierra, en vez de con los objetos que te rodean. En este tipo de entorno te resultará mucho más fácil reflexionar sobre temas importantes, sentirte mentalmente estimulado y tener ideas e inspiraciones nuevas y originales.

• Un espacio amplio con techos bajos favorece el flujo horizontal del *chi*, lo cual te ayuda a sentirte más conectado con lo que te rodea. Hará que te resulte más fácil sentirte cerca de las personas de tu alrededor. Comunicarte con otras personas, compartir sentimientos e intercambiar ideas debería resultarte más fácil.

• Las habitaciones cuadradas o circulares son más compactas y yang en cuanto al movimiento del *chi* de su interior, por lo que son un espacio ideal en el que sentirse dinámico, funcional y alerta.

• Las habitaciones circulares reducen el riesgo de estancamiento de la energía

chi en los rincones pero aumentan el riesgo de que ésta gire por la habitación. Por eso una estancia circular puede dar sensación de inestabilidad.

La altura de esta estancia fomenta el chi *madera ascendente mientras que el techo ojival aporta más* chi *fuego.*

• Las habitaciones rectangulares y alargadas o las alargadas de forma ovalada son más tranquilas y yin; sobre todo en el caso de las ovaladas donde la energía *chi* puede fluir sin problemas y evitar los rincones. Este tipo de habitaciones tienen un ambiente más marcado según su orientación dado que contienen más de un *chi* determinado y menos de los demás.

MOBILIARIO

BENEFICIO: Cambia la forma como te sientes.

Los muebles más importantes con respecto al feng shui son los asientos porque definen dónde y cómo te sientas. Cuanto más tiempo pasas en ellos y cuanto más importantes sean las actividades que realizas sentado en un asiento determinado, mayor interés hay en que sean positivos, dado que ello afectará a la calidad de lo que hagas allí sentado.

Qué hacer

Cuando escojas un asiento, vale la pena tener en cuenta su altura.

- Un taburete alto te alinea con el *chi* madera ascendente y hace que te resulte más fácil sentirte alerta, activo y ambicioso, ya que tiendes a estar más erguido. A su vez esto facilita el ascenso de tu *chi* por los *chakras*.
- Cuanto más alto sea el techo de la sala, más adecuados resultan los muebles altos.
- Por el contrario, sentarse en el suelo encima de un cojín grande te expone a un *chi* más asentado, de tierra, y te permite relajarte, sentirte más cerca de otra persona y estar cómodo. Aquí puedes adoptar una postura más inclinada y fomentar que tu *chi* se alinee con el *chi* horizontal.
- Cuando quieras combinar los asientos con una mesa que dé cabida a varias personas, la mesa definirá la interacción porque su forma determina la disposición entre unos y otros.
- Una mesa redonda u oval permite que todos se vean entre sí e interactúen con facilidad. Es ideal para que todo el mundo participe en la conversación.
- Las mesas redondas simbolizan la energía *chi* metal y ayudan a contenerla alrededor de la mesa.

Intenta disponer de muebles que se adapten a todos los estados de ánimo.

FLEXIBILIDAD

Intenta contar con muebles variados para que tengas algo para cada ocasión y puedas crear el estado anímico que necesites en un momento determinado.

• Las mesas alargadas son preferibles cuando quieres colocar a alguien a la cabecera y otorgarle la mayor autoridad. Para comer es mejor adoptar una postura erguida que ayuda a la digestión. A continuación tienes varias consideraciones.

• Las sillas con respaldo duro te permiten mantener los órganos digestivos alineados mientras comes, pero son menos cómodas si quieres hacer una sobremesa larga.

• Arrodillarse en el suelo alrededor de una mesa baja permite sentirse arraigado y relajarse con la espalda recta.

• Sentarse en taburetes alrededor de un mostrador es ideal para un tentempié rápido al tiempo que se mantiene la postura correcta.

CHIMENEAS

BENEFICIO: Favorecen un estado anímico más cálido.

De forma similar al sol, las chimeneas no sólo añaden calor de convección sino que irradian calor, a diferencia de la calefacción central. Por ello una chimenea puede aumentar en gran medida la comodidad de un hogar en invierno, sobre todo si vives lejos del Ecuador y dispones de pocas horas de sol. Además, el fuego proporciona *chi* fuego yang que ayuda a sentirse apasionado, espontáneo y expresivo. Si eres propenso a deprimirte durante el invierno, un fuego de verdad puede ayudarte a conseguir parte del *chi* que te falta. Es habitual colgar un espejo encima de la chimenea para aumentar el reflejo del *chi* fuego en la estancia.

Qué hacer

Si tu chimenea está situada en un lugar en donde no se mezcla con el *chi* de los cinco elementos, puedes utilizar soluciones del feng shui para armonizar el flujo del *chi*. En las zonas siguientes es posible que tu chimenea no se mezcle de forma armoniosa con el *chi* circundante pero te damos algunas soluciones:

- **Chimenea en el sur**: Si tiendes a dejarte llevar por los sentimientos, quizá debas atenuar el *chi* fuego, ya que la chimenea aumenta el *chi* ardiente del sur. Conseguirás este efecto con un recipiente bajo de barro lleno de carbón. El negro mate también se asocia al suroeste y este color vaciará el *chi* fuego.
- **Chimenea en el oeste o noroeste**: Para armonizar el *chi* fuego y metal debes aumentar el *chi* tierra. Un cuenco bajo de barro o cerámica lleno de carbón y el color negro ayudarán.
- **Chimenea en el norte**: Para armonizar el *chi* fuego con el *chi* agua del norte, debes aumentar la presencia del *chi* madera. Puedes conseguirlo cultivando

plantas elevadas a una distancia prudencial del fuego, utilizando el color verde o colocando adornos de madera alargados encima de la chimenea.

• **Chimenea en el suroeste o noreste**: Una chimenea en estas direcciones estará en armonía con el *chi* ambiental, dado que el fuego potencia el *chi* tierra.

El chi *fuego, el calor y el resplandor de una chimenea pueden convertirse en el centro de una estancia y suelen definir la disposición de los asientos.*

SUAVIZAR LOS BORDES PRONUNCIADOS

BENEFICIO: Sentirse más asentado.

Cualquier esquina que señale hacia una estancia enviará un *chi* de flujo rápido, lo cual puede resultar un problema si encauza la energía hacia el lugar en que duermes o descansas, por lo que podrías sentirte inquieto, nervioso y tenso. Por suerte, la solución para los bordes pronunciados es sencilla: colocar algo blando delante para ralentizar y amortiguar el *chi* de movimiento rápido.

Qué hacer

1 Inspecciona todos los lugares donde duermes y descansas para ver si hay alguna esquina que señale hacia ti. Las esquinas alargadas o los bordes largos, como los de una viga bien definida, son lo más preocupante porque dirigen una cantidad de *chi* considerable; por el contrario, la esquina de una mesa no afecta tanto.

OTROS EDIFICIOS

Toda tu casa podría estar sometida a un chi *de flujo rápido si la esquina de otro edificio apuntara hacia ella, por lo que tu hogar será menos relajante. La solución es plantar arbustos y árboles entre la esquina del edificio y tu casa.*
Además, podrías colocar algo convexo y reflectante en el exterior de tu casa, que señale hacia la esquina invasora, un pequeño espejo convexo o una placa de metal brillante servirían para apartar parte de ese chi *de flujo rápido de tu casa.*

Esta esquina podría suavizarse cultivando una planta delante.

2 Suaviza las esquinas. La forma más fácil es colocando una planta delante, que suavizará el borde y te protegerá de la energía que fluye rápido. Además, la planta tiene un campo de *chi* vivo propio, que dificultará el paso de la energía rápida de la esquina. En caso de que no puedas tener una planta en el suelo, prueba a colgarla de forma que la planta caiga por delante de la esquina.

3 Si no puedes colocar una planta, cuelga un lazo o paño de tela delante de la esquina para suavizarla. Otra opción es colocar un biombo delante de la esquina pronunciada.

4 Si estás construyendo o renovando la casa, redondea las esquinas pronunciadas y así evitarás el problema. Sólo necesitas trazar una esquina redonda parecida al radio de una taza de café para que tu casa dé una impresión más suave y armoniosa.

FORMAS LINEALES FRENTE A CURVAS

BENEFICIO: Crean un estado de ánimo armonioso.

Las estancias dispuestas en filas largas y rectas con esquinas pronunciadas crean un ambiente yang funcional en el que todo está colocado con claridad. Sin embargo, esto no concuerda con las curvas que se encuentran en la naturaleza y en el cuerpo humano, lo cual dificulta la conexión y armonía con esa estancia. Podría resultar útil en estancias funcionales y en las que quieras realizar actividades (la cocina, el lavadero o el trastero), pero quizá te sientas demasiado yang e inquieto si afecta a una habitación en la que deseas relajarte.

La curva yin de esta silla rompe sutilmente con las líneas rectas más yang de las tablas del suelo.

Qué hacer

1 Siempre que sea posible, incluye curvas sutiles en el diseño de los muebles y accesorios para darles un aspecto más interesante. Los muebles deberían tener esquinas redondeadas y tener forma oval o redonda para reducir el *chi* cortante y reflejar mejor la forma de tu cuerpo.

2 Cuando no sea posible, incluye obras de arte que tengan formas presentes en la naturaleza. Los bodegones, paisajes y retratos crearán tales imágenes.

3 Utiliza objetos que tengan forma humana. Lo más fácil es emplear esculturas de personas. Si te gustan, intenta encontrar posturas en las que los sujetos expresen algo a lo que tú aspiras.

4 Utiliza tejidos como cortinas recogidas para aportar una línea fluida más suave en la habitación, que propicie la sensación de armonía con el espacio.

5 Intenta utilizar estampados que contengan curvas para aportar más armonía a la estancia en la que deseas relajarte. Pueden ser círculos, líneas onduladas o imágenes abstractas aleatorias.

6 Si estás redecorando, plantéate utilizar efectos especiales como un rodillo de trapo, brochazos más gruesos, esponjas o troqueles para conseguir el efecto moteado y aleatorio tan habitual en la naturaleza.

7 Utiliza ejemplos vivos de la naturaleza como plantas y flores para otorgar a la estancia esa cualidad humana y natural.

EQUILIBRAR EL MOBILIARIO

BENEFICIO: Consigue el equilibrio necesario para crear el ambiente que desees.

Cuantos más muebles coloques en una estancia, más lento será el flujo del *chi*. Si los muebles son blandos y con textura, el *chi* se moverá incluso más despacio y propiciará un ambiente muy cómodo y acogedor en el que relajarte y estar a gusto. Lo contrario es cierto para una habitación zen minimalista y vacía en la que el *chi* fluirá con mayor rapidez y libertad. Aquí te resultará más fácil desear hacer cosas, pensar en grandes ideas y ser físicamente activo.

Qué hacer

1 Piensa en cómo te sientes en una habitación determinada. Si te cuesta sentirte relajado y asentado, quizá necesites más elementos blandos. Para sentirte más dinámico y enérgico, prueba a quitar cosas de la sala.

2 Para ralentizar el *chi* y crear un ambiente más yin, incluye elementos como cojines grandes, cortinas largas, asientos bajos y mullidos y sillones rellenos de bolitas. Incorpora más plantas (sobre todo las variedades frondosas), cubre el suelo con alfombras e intenta colocar lámparas con pantallas de tela sobre mesas bajas o en el suelo. Incluso podrías probar a colgar tapices y pieles de cordero si necesitas tomar medidas más drásticas para que el *chi* sea lo suficientemente lento para crear el ambiente deseado.

3 Para acelerar el flujo del *chi* e inducir un ambiente más yang, quita piezas de la estancia. Es muy probable que los objetos de textura blanda ralenticen el *chi* así que busca las cosas que no usas y de las que puedes prescindir. El *chi* necesita espacio para moverse, así que despeja una zona en el centro de la estancia, donde no debería haber mesitas ni otros objetos. Observa la estancia con cuidado y quita lo que no necesites. Sigue quitando elementos hasta que consideres que has conseguido el equilibrio adecuado.

Los sillones de cuero, el espacio abierto, los ventanales, la falta de estorbos y las superficies duras lo convierten en un espacio yang apasionante.

Estos tejidos blandos ralentizan el chi *y hacen que se mueva lentamente alrededor del sillón.*

EL FENG SHUI Y LAS RELACIONES

MEZCLA TU *CHI* CON EL DE TU PAREJA

Una buena relación se basa en la capacidad de mezclar tu *chi* con el de tu pareja de forma que los dos os sintáis mejor. La idea consiste en que, cuando pasáis tiempo juntos, tu *chi* interactúa con el de tu pareja de forma que ambos asimiláis una parte del otro. Esto sucede de forma más clara durante el acto sexual, cuando ambos estáis activos y experimentáis emociones fuertes para entregaros al otro. Sin embargo, con sólo dormir juntos vuestros campos del *chi* se mezclarán de forma que una porción pequeña de la energía emocional de tu pareja permanecerá en ti durante el resto de la jornada.

• Cada una de las direcciones de tu casa se relaciona con un aspecto de tu relación, por lo que puedes ajustar el *chi* de la misma activando una dirección en concreto.

• Cuando compares el *chi* de tus nueve números con respecto a los cinco elementos, verás si necesitas añadir más de algún elemento a tu hogar para facilitar el intercambio entre vuestros *chi*.

• La dirección hacia la que apuntan vuestras coronillas al dormir ayuda a asimilar un *chi* concreto por la noche; la dirección determina de qué tipo de *chi* se trata y cómo influye en la relación.

• Podéis dedicar una estancia determinada, como el dormitorio, para el amor y la relación sexual y crear el ambiente adecuado para que sea especial.

• En una relación duradera quizás alcancéis el punto en que sois felices con aprovechar al máximo lo que tenéis. Si es así, podéis disponer vuestro hogar de forma que favorezca esta sensación.

• Es posible mezclar tu propio *chi* con el de tu pareja con sólo colocar artículos personales cerca de los del otro.

• Podéis asimilar un *chi* parecido mientras dormís, coméis u os sentáis juntos, lo cual os dará la sensación de que tenéis más en común.

• Las flores son una forma colorista de aportar más *chi* a una relación.

• Puedes utilizar tu número de año para saber el mejor momento para iniciar una relación, casarte o concebir.

• Puedes disponer la casa de forma que facilites la atracción de posibles parejas.

• Cuando una relación termina, puedes utilizar el feng shui para ayudarte a seguir adelante y reducir el dolor.

Cuando dormís juntos vuestros campos de energía chi *se funden y os ayudan a sentiros más unidos como pareja.*

AJUSTAR UNA RELACIÓN MEDIANTE EL FENG SHUI

BENEFICIO: Mejora la relación.

Cada dirección y el centro de tu casa ejercen una influencia especial en tu relación. Esto significa que puedes ajustarla haciendo cambios en distintas partes de la casa.

Qué hacer

1 Habla con tu pareja y decidid qué queréis mejorar en vuestra relación.

2 Consulta la página siguiente para ver qué direcciones son más útiles.

3 Localiza la dirección adecuada en el plano de tu casa mediante la transparencia de las ocho direcciones (véanse págs. 112-115) y luego refuerza el *chi* de ese punto. Aplica las sugerencias escritas en la transparencia para mejorar el *chi* de ese espacio.

4 Plantéate la opción de girar la cama para que vuestras coronillas apunten en la dirección que se ajusta mejor a vuestros deseos.

Puedes utilizar el feng shui para provocar un cambio en la relación.

Características de las direcciones

- **Este**: Aporta más entusiasmo y actividad a la relación. Es útil cuando te sientes bloqueado, estancado o aburrido en una relación.
- **Sureste**: Mejora la comunicación. Este *chi* facilita el hecho de sentarse y hablar de posibles problemas.
- **Sur**: Añade más pasión y emotividad a una relación. Utiliza este *chi* cuando quieras más espontaneidad y emoción.
- **Suroeste**: Aporta más sentimientos cariñosos, alentadores. Idóneo para forjar una relación estable con el énfasis en la calidad de cómo interactuáis y la camaradería.
- **Oeste**: Ayuda a asimilar un *chi* más romántico y desenfadado. Facilita el pasarlo bien y disfrutar de los placeres de estar juntos.

- **Noroeste**: Facilita el compromiso y la planificación. Utiliza este *chi* cuando quieras que tu relación sea más fuerte a largo plazo.
- **Norte**. Fomenta el cariño y la vitalidad sexual. Facilita la exploración del lado más profundo de la relación y es idóneo para concebir.
- **Noreste**: Mejora tu capacidad para ser claro, directo y decidido. Utiliza este *chi* cuando quieras sincerarte y seguir adelante.
- **Centro**: Aumenta la atracción mutua y refuerza el vínculo entre los dos. Activa este *chi* para sentiros más unidos.

CONSTRUYE EL MAPA DE TU RELACIÓN

BENEFICIO: Aporta mayor armonía.

Puedes utilizar tus tres números *ki* para intentar predecir cómo se mezclará tu *chi* con el de tu pareja. Una forma de hacerlo es consultando el elemento que se asocia a cada número y viendo cómo se relacionan entre sí.

Los mismos elementos

La relación entre personas con el mismo *chi* hace que se entiendan mejor y que tengan posibilidades de estar más unidos. Quizá sientas que has encontrado a tu alma gemela. El riesgo es que la relación esté demasiado estancada por conoceros demasiado bien.

Elementos armoniosos

La relación entre personas cuyos elementos están cerca el uno del otro en el ciclo de los cinco elementos puede ser armoniosa y alentadora. Las personas suelen sentirse atraídas por otras que o alientan o tranquilizan su energía. Aunque existen diferencias entre ellas, añaden interés y dinamismo a la relación.

Elementos opuestos

La relación entre personas con elementos opuestos entre sí en el ciclo de cinco elementos será diferente y emocionante. En estas relaciones puede haber mucha atracción, aunque sea más difícil entender a la otra persona. Estas relaciones funcionan bien cuando ambos se respetan y disfrutan de sus diferencias.

Qué hacer

1 Consulta tus tres números *ki* y los de tu pareja en la tabla de las páginas 44-49.

2 Escribe tus tres números y los de tu pareja.

3 Anota el elemento asociado encima de cada uno de los números.

1 = agua
2, 5 y 8 = tierra
3 y 4 = madera
6 y 7 = metal
9 = fuego

Luego anota los elementos de tu pareja debajo de sus números.

4 Compara los elementos con la tabla que hay a continuación. Los números de tu año representan los aspectos más profundos de vuestra relación y cómo vuestras vidas interactuarán a largo plazo. El número de mes es el más importante al principio, puesto que define cómo se mezclará vuestro *chi* emocional. El número de eje revela cómo se combina vuestro *chi* superficial. Es el más útil cuando hacéis cosas juntos.

COMPATIBILIDAD ENTRE LOS ELEMENTOS

Agua-agua = iguales	**Madera-metal** = opuestos
Agua-madera = armoniosos	**Fuego-fuego** = iguales
Agua-fuego = opuestos	**Fuego-tierra** = armoniosos
Agua-tierra = opuestos	**Fuego-metal** = opuestos
Agua-metal = armoniosos	**Tierra-tierra** = iguales
Madera-madera = iguales	**Tierra-metal** = armoniosos
Madera-fuego = armoniosos	**Metal-metal** = iguales
Madera-tierra = opuestos	

APORTA EL *CHI* QUE FALTA EN TU HOGAR

BENEFICIO: Facilita que el *chi* se mueva con más libertad entre dos personas.

Puedes probar distintas soluciones para mejorar el flujo de *chi* entre tú y tu pareja e introducir el *chi* que falte.

Qué hacer

1 Consulta la tabla siguiente y encuentra los elementos de año y mes tuyos y de tu pareja (véanse págs. 176-177).

2 Prueba las soluciones sugeridas y observa si la relación cambia.

SOLUCIONES DE LOS ELEMENTOS

Agua-agua: Prueba la energía del metal en forma de rosa o dormid con la cabeza orientada al oeste o noroeste para uniros más.

Agua-madera: Si la persona con el *chi* agua se siente cansada, viste de rosa, rojo o gris; dormid con las cabezas orientadas al oeste o noroeste.

Agua-fuego: Probad a dormir con la coronilla en dirección este o sureste; cultivad más plantas de interior y utilizad más verde para armonizar el *chi*.

Agua-tierra: Para una mayor seguridad económica, dormid con la cabeza en dirección oeste o noroeste; utilizad el rosa, el plata o el gris para aportar más armonía.

Agua-metal: Dormid con la coronilla orientada al oeste o noroeste; utilizad el rosa, plata o gris para un apoyo mayor.

Madera-madera: Añadid más *chi* agua tranquilo utilizando el crema, y un elemento agua en el este o el sureste para estimular el *chi* de la relación.

Madera-fuego: Dormid con la coronilla en dirección este o sureste; cultivad plantas y utilizar el color verde para añadir fuerza.

Madera-tierra: Colocad velas en el sur; utilizad el púrpura y sed sociables para estimular el *chi* fuego y crear más armonía.

Madera-metal: La vida sexual activa aportará *chi* agua, igual que dormir con la cabeza orientada al norte para salvar la diferencia en estos elementos opuestos.

Fuego-fuego: Utiliza el *chi* tierra para tener más calma: dormid con la cabeza en dirección suroeste o utilizad flores amarillas en un recipiente de barro.

Fuego-tierra: El *chi* fuego aporta más emoción y espontaneidad, así que probad a poner velas en el sur; el *chi* tierra aporta seguridad y estabilidad y podéis probar el carboncillo en el suroeste.

Fuego-metal: Utilizad la energía de tierra en forma de vida familiar intensa además de dormir con la cabeza orientada hacia el suroeste; utilizad el amarillo para aportar más armonía.

Tierra-tierra: Añadid más fuego en forma de púrpura, velas en el sur y una vida social activa para evitar el riesgo de aburrimiento y estancamiento.

Tierra-metal: Asimilad más *chi* tierra durmiendo con la cabeza en dirección al suroeste y utilizando más amarillo en la casa.

Meta-metal: El *chi* tierra ayudará a que la relación sea más íntima a largo plazo; probad a dormir con la cabeza en dirección al suroeste y emplead el amarillo.

DIRECCIONES PARA DORMIR QUE FAVORECEN EL ROMANTICISMO, LA PASIÓN Y EL SEXO

BENEFICIO: Sentirse más romántico, apasionado o sexual.

Si los dos sentís que falta algo en vuestra relación podéis consultar las cualidades de cada dirección (véanse págs. 178-179) y utilizar más de un *chi* específico. La solución más fácil, barata y posiblemente más poderosa es girar la cama de forma que las coronillas apunten hacia la dirección elegida. Cuando durmáis juntos asimilaréis más de ese *chi* concreto.

Qué hacer

1 Decide qué es lo que más falta os hace para disfrutar de una relación más feliz. Por ejemplo, quizás ambos queráis una relación más apasionada.

2 Consulta qué *chi* os ayudaría más: el oeste para el romanticismo, el sur para la pasión o el norte para el sexo. Consulta la página 36 para ver qué otras cualidades asimilaréis; lo ideal es que os sintierais satisfechos en todos los sentidos, de lo contrario tendréis que buscar una dirección alternativa.

3 Girad la cama de forma que la coronilla apunte hacia la dirección del *chi* que más queréis.

A veces es preferible colocar la cama en la dirección adecuada aunque haya que situarla formando un ángulo. Puedes hacer que la cama encaje en un ángulo empleando plantas, lámparas y muebles.

SOLUCIONES DE COMPROMISO

A veces no es posible situar la cama en la dirección elegida y hay que decantarse por otra. En tal caso, encuentra la dirección que esté más próxima a la necesaria. Si tienes varias habitaciones quizá puedas situarte en la dirección deseada en alguna de ellas. También puedes colocar la cama en medio de la habitación temporalmente para que señale hacia la dirección ideal. Pruébalo durante varias semanas y si notas una mejora en tu relación busca la manera de que el cambio sea permanente.

En el feng shui es aceptable que la cama esté en diagonal de forma que las cabezas apunten hacia un rincón, si así dormís en la dirección ideal. Llena el espacio vacío con un arcón triangular con plantas y flores encima.

AMOR EN EL DORMITORIO

BENEFICIO: Mejoría de la vida sexual y amorosa.

El amor intenso y las relaciones sexuales satisfactorias se componen principalmente de la sensación de que los dos sois casi una unidad; que vuestros cuerpos están entrelazados al pasar de una postura a otra. A ello se suman las sensaciones del tacto, vista y sonido que se asimilan, ayudadas por el *chi* activo y que fluye libremente mezclado con una energía más suave y delicada.

Las velas son más suaves y románticas que las luces eléctricas, por lo que permiten aprovechar el ambiente y disfrutar de una vida sexual satisfactoria.

Qué hacer

1 Cread el espacio para moveros y tened plena libertad para expresaros sexualmente. Por ejemplo, tened una cama grande provista de almohadones y un sillón cómodo para poder pasar a otras zonas de la habitación.

2 Pensad en la iluminación. Si os gusta veros, necesitaréis algún tipo de luz tenue. Las velas resultan ideales puesto que añaden un *chi* más ardiente y pasional al ambiente. Si preferís ser más reservados, entonces una habitación más oscura intensificará tales sensaciones.

3 Insonorizad la habitación para despreocuparos de los sonidos producidos durante el acto sexual.

4 Cread un ambiente excitante aportando imágenes sexuales al dormitorio. Podría tratarse de esculturas de parejas, cuadros o fotografías.

5 Las orquídeas son como un afrodisíaco; por ello un par de orquídeas cerca de la cama pueden ayudar a crear el ambiente adecuado.

6 Aumentad el *chi* agua, fuego y metal del oeste puesto que ayudan a sentirse profundamente sexual, apasionado y desenfadado.

7 Para aportar más *chi* agua al dormitorio, utiliza el crema y el negro brillante. El encaje y los materiales transparentes intensifican esa sensación. También puedes colgar un cristal en la zona norte del dormitorio para fortalecer el *chi* del norte.

8 Las sábanas de seda aumentan el *chi* fuego y ayudan a sentirse estimulado. Emplead también velas rojas y púrpura brillante para añadir más pasión.

9 Las flores rosas en un recipiente de metal aportan más *chi* desenfadado del oeste. La parte oeste del dormitorio es un buen lugar para las imágenes sexuales.

APROVECHA AL MÁXIMO LO QUE TIENES

BENEFICIO: Saca el máximo partido a una relación existente.

El *chi* del suroeste es idóneo para sacar el máximo partido a una relación existente. Este *chi* se asocia al final del verano y las uvas que maduran en la vid. Significa tomar algo que se tiene y mejorarlo. El *chi* del suroeste te ayuda a sentirte más cariñoso y a desear pertenecer a una unidad familiar. Aportar más energía del suroeste a tu campo del *chi* os ayudará a inyectar más energía a la relación y a encontrar modos de mejorarla.

Qué hacer

1 Aporta más *chi* del suroeste a tu campo energético girando la cama de forma que los dos durmáis con la coronilla orientada hacia el suroeste.

2 Utilizando el plano de la casa y la transparencia de las ocho direcciones (véanse págs. 112-115), localiza la parte suroeste de tu hogar. Para activar este *chi*, coloca flores amarillas frescas o una planta de flores amarillas en un recipiente de cerámica en el sector suroeste de la casa.

3 Emplea más tonos amarillos, marrones, beis y negro mate por toda la casa.

El color amarillo y los tejidos suaves aportan más chi *tierra a esta habitación y refuerzan el* chi *relacionado con las relaciones duraderas.*

4 Acompaña el *chi* tierra del suroeste con *chi* fuego colocando un par de velas en la zona suroeste de tu casa. Tendrás que encenderlas un rato a diario para activar el *chi* fuego en esa zona.

5 Plantead formas de contribuir a mejorar vuestra relación sentados juntos y encarados al suroeste. Centraos en lo que podéis hacer en vez de intentar cambiar algo de la otra persona. Criticar no servirá para nada más que para que cada uno afiance su postura. Escuchaos el uno al otro con detenimiento, sin interrumpir con comentarios propios.

COMPENETRACIÓN Y SENSACIÓN DE UNIDAD

BENEFICIO: Sentirse más unidos y compenetrados.

Cuando dos personas mantienen una relación de amor y compenetración, la unión empieza a adquirir un *chi* propio. Se trata de un nuevo *chi* formado por la mezcla de energías. Cuanto más tiempo paséis juntos, más mezclado estará vuestro *chi*. A veces las personas se comportan y sienten de modo muy distinto en el seno de una pareja.

Cuando se está unido físicamente, como durmiendo juntos, los campos del *chi* se funden y aportan ese *chi* mutuo. En teoría se adquieren pensamientos y emociones de la otra persona de forma inconsciente a lo largo de ese proceso.

Una forma de sentirse más unido y compenetrado es guardar algo que tenga el *chi* de tu pareja cerca de ti, dentro del campo de tu *chi*. Tiene que ser algo que tu pareja suela llevar dentro de su campo energético (como una prenda de vestir, un brazalete, collar o reloj) para que esté empapado de su *chi*.

Qué hacer

Guardar los artículos personales juntos ayuda a mezclar las energías del chi.

1 Lleva una prenda de ropa de tu pareja que contenga su *chi* para que entre en tu campo energético. Puede resultar tranquilizador si tenéis que estar separados durante un tiempo. Tradicionalmente se llevaba un mechón de pelo del ser querido. Esto también acelera el proceso de conocimiento mutuo y os ayuda a estar más compenetrados.

2 Guardad los cepillos de dientes, cepillos del pelo y zapatos juntos y mezclar algunas prendas de vestir en el armario para que vuestras energías se entremezclen. Así es más fácil acceder al *chi* de esa relación cuando los uséis, además de reforzar la sensación de unidad y de que compartís la vida.

3 Colocad fotografías de los dos divirtiéndoos juntos en un lugar visible. Si es posible, en el suroeste, oeste o sur del dormitorio o casa para asimilar más *chi* de la relación.

COMER, SENTARSE Y DORMIR JUNTOS

BENEFICIO: Mezcla vuestros *chi* y os hace sentir más compenetrados.

Cuanto más tiempo paséis juntos, más se mezclarán vuestros respectivos *chi*. Sin embargo, si lo hacéis en exceso corréis el riesgo de que mezcléis vuestro *chi* hasta tal punto que acabéis siendo demasiado parecidos. En ese caso podríais perder la emoción que genera la mezcla del *chi* propio con el de alguien evidentemente distinto.

Si no mezclas tu *chi* lo suficiente, quizá descubras que no conectas verdaderamente con tu pareja y que, cuando se presente algún reto, no existe un vínculo lo suficientemente fuerte para manteneros unidos. Comer, sentarse y dormir son situaciones en las que puedes sentirte más unido a tu pareja de forma natural.

Qué hacer

1 Intentad compartir las comidas. Si decidís comer en casa controlaréis mejor el entorno y los alimentos. Una de las formas de divertirse y sentirse más unidos es compartiendo la comida del mismo recipiente. Todo plato que cocinéis en un recipiente, ya sea una sartén, wok o cazuela, os permitirá comer del mismo. Es algo habitual en la cocina japonesa en la que se comparten platos como el *nabe* utilizando los palillos. Por eso las comidas familiares tradicionales eran tan buena idea porque cuando todo el mundo se sienta junto y comparte la misma comida y energía, se crea una experiencia de unión. Comer por separado favorece la polaridad.

Comer o beber lo mismo ayuda a asimilar el mismo chi *por lo que es un poco más fácil estar en armonía con la otra persona.*

2 Acurrucaos juntos mientras os relajáis por la noche. Un sofá grande, los sillones rellenos de bolitas o los cojines en el suelo lo facilitan. Aquí podréis fusionar vuestros campos del *chi* mientras leéis o miráis la televisión, si no os apetece hablar.

3 Dormir juntos quizá sea la mejor manera de mezclar vuestro *chi*. Mientras dormís seréis más receptivos al *chi* de la pareja y si estáis desnudos el contacto será más intenso.

FLORES

BENEFICIO: Mejoran la relación.

Las flores son una forma de aportar un *chi* más romántico a una relación. Irradian su color y su *chi* vivo a una estancia. Además, la forma de las flores determina su *chi*. Uno de los motivos por el que las flores emiten un *chi* romántico es que son el medio de reproducción de las plantas.

Un arreglo floral grande de colores fuertes será uno de los elementos más llamativos en una estancia. Incluso pueden tener *chi* suficiente como para determinar el ambiente de una habitación de forma significativa. La ventaja de las flores es que son fáciles de cambiar, por lo que se puede modificar la energía de una estancia escogiendo flores distintas.

Qué hacer

- Utiliza colores fuertes y alegres como el amarillo o el púrpura cuando quieras un *chi* más vívido que favorezca el llamar más la atención y ser apasionado. Estos colores fuego y tierra quedan bien en un recipiente de barro o porcelana.
- Utiliza flores color crema en un jarrón de cristal para ayudar a generar sentimientos más profundos. Introducen más *chi* agua en la habitación y te ayudan a sentirte más cariñoso.
- Pon flores rosas o rojas en el dormitorio cuando quieras sentirte más romántico. Coloca dos flores en un jarrón plateado para maximizar el *chi* metal del oeste.
- Cambia el agua a diario para aportar *chi* agua fresco a la estancia. Corta los tallos con regularidad en diagonal si quieres que duren más. Recuerda desechar las flores antes de que se marchiten y mueran porque entonces irradiarían un *chi* de descomposición en tu hogar.

PLANTAS Y FLORES ARTIFICIALES

Las plantas con flores pueden influir de forma similar aunque no desprenden el mismo chi *yin frágil que las flores cortadas. Las flores artificiales carecen de energía* chi *viva y por tanto no son un buen sustituto.*

Estas flores exudan chi *agua tranquilizante. El color crema y los pétalos suaves ayudan a crear un ambiente en el que es más fácil relajarse.*

SINCRONIZACIÓN

BENEFICIO: Comprender mejor la relación.

La fase en la que cada uno estaba al comienzo de la relación establece patrones que pueden pervivir en vosotros durante años. Por tanto es interesante descubrir cuál era vuestra fase inicial y, a partir de ahí, ver si ha tenido una influencia duradera. Si estás soltero, quizás estés a punto de entrar en una fase excelente así que podrías esperar para iniciar una relación en un momento positivo.

Descubrir la fase en la que cada uno se encontraba al comienzo de la relación puede ayudar a explicar los patrones que se han adoptado.

Qué hacer

1 Consulta las páginas 53-57 para descubrir el momento del comienzo de la relación con tu pareja.

2 Interpreta el comienzo como cuando empezasteis a dormir juntos o a mantener relaciones sexuales, porque entonces es cuando el *chi* se mezcla de forma más activa.

3 Lee las descripciones que siguen sobre tu fase y la de tu pareja. Una «fase» hace referencia a la posición

de tu número de año al comienzo de la relación. Por ejemplo, si una pareja con los números de año 8 y 2 empezó la relación en un año que tenía el 6 en el centro de la tabla, la persona con el número de año 8 estaría en el oeste del cuadrado mágico y en una fase en la que predominaba el *chi* del oeste; la persona con el número de año 2 estaría en el norte y en una fase en la que dominaba el *chi* del norte.

Fases según las direcciones

- **Este**: Ahora es más fácil sentirse entusiasmado y probablemente disfrutes manteniéndote activo y haciendo cosas, pero quizá te distraigas y no prestes suficiente atención a tu pareja.
- **Sureste**: Te ayuda a tener un comienzo brillante y armonioso que podría generar una actitud positiva y duradera en la relación.
- **Sur**: Te ayuda a empezar con pasión, excitación y emoción por lo que enseguida os sentís compenetrados. Es ideal para una aventura, pero se corre el riesgo de discusiones y altibajos emocionales.
- **Suroeste**: Es mejor para personas que quieren empezar despacio e ir profundizando en una relación duradera. Quizá no sea tan emocionante, pero sientes mucho afecto.
- **Oeste**: Te anima a sentirte más romántico y a disfrutar de la relación. Te resultará más fácil dedicar más tiempo y energía a la relación.
- **Noroeste**: Es útil para una pareja madura que valora la responsabilidad pero puede resultar demasiado seria.
- **Norte**: Es útil para mantener una vida sexual activa pero quizá te sientas inseguro, vulnerable y dominado con demasiada facilidad.
- **Noreste**: Es útil para ser directo y sincero sobre la relación pero podría alentarte a pelear con tu pareja.
- **Centro**: Aquí estás en una posición adecuada para atraer personas a tu vida, pero quizá te cueste decidir si es la relación que deseas.

ENCONTRAR PAREJA

BENEFICIO: Tener más posibilidades de elegir entre posibles parejas.

Puedes ayudar a atraer a alguien a tu vida según tu estado de ánimo. La personalidad que proyectas cuando estás en un círculo social puede marcar la diferencia. Cuando estás contento, muestras sentido del humor y te sientes desenfadado, la gente se fijará en ti y considerará que eres alguien con quien vale la pena estar. Para aumentar el número de candidatos posibles con quienes iniciar una relación, es útil que estés en un entorno que haga emanar esa sensación de tu interior.

Qué hacer

1 Aumenta la presencia del *chi* del oeste, esta energía desenfadada se asocia al atardecer, el trigrama del lago y la época de la cosecha. Para aumentar este *chi*, utiliza el color rosa. Surtirá mayor efecto en la zona oeste de tu casa donde puedes colocar unas rosas de ese color, por ejemplo.

2 Sitúa una brújula en tu cama y gírala para que tengas la cabeza en dirección oeste y los pies hacia el este. Aunque la cama esté en un ángulo extraño dentro del dormitorio, duerme así durante seis semanas para ver si aprecias alguna diferencia.

3 También te ayudará que tu casa sea un poco más yin, con colores pastel, accesorios suaves y formas curvas. Las líneas rectas, las esquinas pronunciadas y una disposición del mobiliario demasiado estricta hará que el ambiente sea demasiado yang. Utiliza plantas y flores para suavizar los bordes pronunciados y romper las líneas rectas.

4 Las prendas con colores rosas o rojos, las joyas de plata y los tejidos suaves te rodearán de un *chi* más romántico.

5 Cuelga un espejo en el oeste de forma que la parte posterior dé a una pared externa, porque así activarás el flujo del *chi* del oeste.

Los colores que vistes envían cierto tipo de chi *al campo energético de otras personas e influyen en su respuesta hacia tu persona.*

CUANDO UNA RELACIÓN HA TERMINADO

BENEFICIO: Superar una relación pasada para seguir adelante.

Cuando una relación termina, todavía tienes el *chi* de la misma a tu alrededor y puede resultar difícil seguir adelante a no ser que te desprendas del *chi* pasado e introduzcas energía nueva en el vacío que ha dejado.

Qué hacer

• El *chi* del este se asocia al comienzo de un nuevo día y al crecimiento propio de la primavera. Este *chi* resulta idóneo para iniciar una nueva fase en tu vida y dejar el pasado tras de ti. Para aumentar la energía *chi* del este, coloca un elemento agua activo (como una fuente interior) en la zona este de la casa, junto con plantas alargadas. Llevar ropa verde brillante también ayudará. Emplea este color para la decoración y los artículos del hogar como los cojines. Duerme con la coronilla orientada al este durante una temporada.

• Ser más yang propiciará el hecho de que pienses que quien pierde es la otra persona y que tú encontrarás otra relación que será mejor. Sigue una alimentación más yang compuesta de pescado, tubérculos, cereales y sopas consistentes. El ejercicio físico te ayudará a sentirte más fuerte: los deportes competitivos, las artes marciales y las actividades enérgicas son actividades yang. Viste colores más vivos y yang como el rojo, amarillo, púrpura o verde.

• Tener la casa limpia y despejada, con espacios abiertos, facilitará que la energía *chi* fluya con mayor libertad. Una limpieza a fondo renovará la energía *chi* y te ayudará a comenzar de nuevo y a desprenderte de parte del *chi* de la relación pasada. Deshazte de, o guarda, todo artículo que te recuerde a la relación pasada.

• Restregarse el cuerpo con regularidad facilitará que tu energía *chi* se mueva más rápido y te resultará más fácil desprenderte de las decepciones y ser más yang. La ropa y las sábanas limpias introducirán *chi* fresco en tu campo energético.

Restregarse la piel estimula el chi *superficial y ayuda a desprenderse de las emociones pasadas por lo que dejan espacio para llenar tu campo del* chi *con algo nuevo.*

EL FENG SHUI Y LA CREATIVIDAD

DISEÑA UN AMBIENTE CREATIVO

El *chi* que te rodea la cabeza influye en el flujo de tu *chi* interno y, por lo tanto, en tus capacidades creativas. El secreto consiste en encontrar el flujo del *chi* que estimule las ideas que tienes en lo más profundo de tu ser. Una vez conseguido, puedes diseñar un entorno que fomente la clase de creatividad que necesitas. Aunque todos somos distintos, a continuación presentamos varias ideas generales que desarrollamos con profundidad en este apartado.

- Recorre la casa hasta que encuentres la zona que tenga el flujo del *chi* que necesitas. Es aconsejable que esté cerca de las ventanas ya que ahí el *chi* se desplaza con más fuerza.
- Los estampados estimulan la mente, así que las telas para cortinas, cojines y ropa de cama pueden contribuir a la creatividad.
- Para propagar el *chi* mental necesitas espacio. Si quieres ser creativo en casa necesitas una zona desde la que disfrutes de un amplio campo de visión para desarrollar toda clase de ideas.
- Es posible que necesites salir de casa para catalizar algunas ideas: un museo, una catedral o el vestíbulo de un hotel son idóneos para algunos, mientras que otros prefieren escalar una montaña o contemplar el mar.
- Habrá momentos del día o ciertos meses en los que te será más fácil pensar en lo que quieres.
- Los áticos son un entorno excelente para las «ideas»; en la parte más alta de un edificio abunda el *chi* vertical.

• Activa internamente el *chi* creativo mediante la meditación y las técnicas de respiración.

• La dirección que encaras cuando estás sentado te expone a una de las ocho direcciones del *chi*. Al elegir una dirección determinada asimilas más de ese *chi* y es más fácil sentirse creativo.

• Los espejos agrandan el espacio y contribuyen a acelerar el flujo del *chi*, lo que crea un entorno más vivo y estimulante.

• Las obras de arte fomentan ciertas pautas mentales. Puedes incluso establecer relaciones entre determinadas obras de arte y sensaciones creativas.

• El abarrotamiento dificulta el flujo del *chi*, aunque ayuda a sentirse cómodo y equilibrado; no es recomendable cuando necesites estímulos externos para obtener ideas originales.

• Los sonidos transmiten *chi* al vibrar por el aire y entrar en tu campo del *chi* externo. Ciertos sonidos agitarán el *chi* de modo que te sentirás más imaginativo.

Un diseño estructurado como el de estas máscaras crea un ambiente más yang, idóneo para sentirse organizado.

APROVECHA EL FLUJO DEL CHI DE LAS VENTANAS

BENEFICIO: Renueva el *chi* mental.

Las ventanas son uno de los puntos de entrada y salida del *chi* en una vivienda. Si te sientas junto a una ventana pasas a formar parte de ese flujo. Lo idóneo es que encares la ventana de frente de modo que el *chi* entrante interactúe con el lado fénix de tu campo del *chi*. El objetivo es beneficiarse del *chi* externo expansivo ya que fomenta la creatividad. Puedes ajustar la manera en que la energía fluye hacia la casa usando distintos tipos de ventana.

Qué hacer

1 Siéntate frente a una ventana. Es importante que las vistas te inspiren. Acomódate de manera que también encares una dirección útil (véase pág. 216).

2 Mantén las ventanas limpias y despejadas para no obstaculizar la energía *chi*. Lo idóneo es que puedas elegir y reducir la energía que fluye por las ventanas cuando quieras relajarte o abrirlas por completo para que entre el máximo de luz posible cuando desees sentirse más activo.

3 Emplea cortinas cuando quieras atenuar el flujo del *chi* y crear un ambiente más acogedor y cómodo. Las persianas de madera facilitan el flujo del *chi* y propician un entorno más dinámico y estimulante; al tiempo que permiten el paso de la luz sin recibir el impacto directo del sol. Los estores de tela dejan la ventana despejada cuando se enrollan y presentan una superficie más suave cuando se desenrollan.

4 Es recomendable combinar el material de las ventanas con las distintas energías *chi* presentes en cada zona de la casa:

- Persianas de madera (norte, este, sureste y sur).
- Estores de tela o cortinas (sur, noreste, suroeste, oeste y noroeste).

Las contraventanas permiten el paso del chi *cuando las ventanas están abiertas.*

DISEÑOS Y TEJIDOS

BENEFICIO: Mayor estímulo.

Los diseños influyen en el ambiente de un espacio y, por tanto, en tu creatividad. En términos creativos, es algo muy personal: los diseños llamativos y coloridos pueden fomentar la creatividad de una persona mientras que otra persona quizá necesite un efecto más sutil y discreto. El objetivo es crear el efecto que deseas y para ello te servirán el yin y el yang y los cinco elementos.

Estos principios son aplicables a cualquier elemento del hogar que cuente con un diseño: el papel pintado, las cortinas, los cojines y el tapizado pueden cambiar el *chi* de un espacio. Si vistes ropa con un estampado concreto, ese diseño se introducirá en tu campo del *chi*.

El diseño floral de la pared fomenta más chi *agua y yin que las franjas* chi *madera y yang del mantel.*

Qué hacer

• Recuerda que los sectores de color brillante sencillos y grandes son más yang que los diseños complejos. Un diseño ordenado y que se repite también es más

LOS DISEÑOS Y LOS ELEMENTOS

- ***Madera***: *Diseños verticales y estilizados. Ayudan a sentirse animado y positivo y más inspirado.*
- ***Fuego***: *Diseños triangulares, dentados y acabados en punta. Fomentan la agilidad mental y la visión de futuro. Aumentan la creatividad al transmitir ideas a los demás.*
- ***Tierra***: *Diseños planos, chatos y horizontales. Contribuyen a centrarse en el valor de las ideas, a reflexionar en ellas y a asegurarse que la creatividad sea de carácter práctico.*
- ***Metal***: *Diseños redondos, en forma de arco y bóveda. Ayudan a centrarse en el resultado final de modo que la creatividad se dirija a algo que puedas concluir y por lo que te recompensen.*
- ***Agua***: *Diseños curvos, irregulares y veteados. Te ayudan a llegar a tu* chi *más profundo y fomentan ideas originales.*

yang que uno irregular. El *chi* yang es más estimulante mientras que el *chi* yin fomenta la amplitud de miras.

- Recuerda que cada uno de los cinco elementos está asociado a un diseño (véase recuadro superior).
- Ten en cuenta que el efecto de un diseño en el *chi* de un espacio será más intenso si se emplea color. Por ejemplo, combinar un diseño yang poderoso y un color (como un diseño de rombos rojos y amarillos) tendrá un efecto altamente estimulante.
- No olvides que muchos diseños son pictóricos, como los diseños florales o simbólicos; por ejemplo, estrellas en el cielo. Asegúrate de que las imágenes que elijas creen asociaciones positivas.

ESPACIOS ABIERTOS

BENEFICIO: Libertad de pensamiento.

Los espacios abiertos contribuyen a que el *chi* se desplace con libertad y ayudan a pensar con claridad. Cuanto mayor sea el espacio, mayor será la libertad que tendrá el *chi*. Eso incluye la altura del techo así como la superficie del suelo. Si vives en una casa pequeña tal vez necesites salir al exterior para encontrar esos espacios; trata de crear al menos una zona de libertad de pensamiento en tu hogar para aumentar la creatividad. Uno de los aspectos a tener en cuenta cuando se diseña un hogar es contar con varios entornos para así tener un espacio donde relajarse, otro para realizar actividades y otro para desatar la imaginación.

Almacenar de modo organizado crea un espacio libre de obstáculos donde el chi *fluye con facilidad.*

Qué hacer

1 Emplea la transparencia de las ocho direcciones (véanse págs. 112-115) en el plano de la casa para comprobar si el sureste es una zona adecuada: es el área idónea para sentirse creativo ya que su *chi* ascendente (asociado con el cielo y el viento) suele ser el mejor para propiciar ideas originales. También puedes probar el sur o el norte. Si dispones de varias habitaciones, elige una estancia de techos elevados y con mucha luz natural.

2 Cuando hayas encontrado el espacio idóneo, despeja el centro de la habitación. Conserva sólo el mobiliario esencial y los objetos que te estimulen la imaginación.

3 Mantén las superficies y el suelo lo más despejados posible. Colócate en ese espacio y encara la dirección más idónea para ti (véanse págs. 216-217).

4 Asegúrate de que los objetos no acaben regresando a ese espacio (consulta las sugerencias de la pág. 222 para evitar abarrotamientos).

SAL DE CASA PARA PENSAR

BENEFICIO: Un enfoque nuevo.

A veces la mejor opción para sentirse creativo es salir de casa y sumergirse en un ambiente nuevo con un *chi* diferente. Ser creativo puede ser algo tan sencillo como encontrar un nuevo enfoque para tu trabajo, por lo que un cambio de ambiente puede ser esencial.

Elige una dirección beneficiosa según el número de año y encuentra un espacio que satisfaga tus necesidades creativas: un espacio público si tienes que trabajar con un portátil o al aire libre si necesitas despejarte y buscar ideas nuevas.

Qué hacer

1 Consulta el apartado para encontrar las mejores direcciones (véanse págs. 58-61) para identificar la dirección idónea desde tu casa para el año y, si lo deseas, también para el mes.

2 Camina por una de las direcciones propicias y busca un espacio adecuado: podría ser un museo, una cafetería, una iglesia o el vestíbulo de un hotel. Trata de que sea un espacio grande de modo que el *chi* de tu cabeza se libere y busque la fuente de creatividad. Es aconsejable que el interior de ese lugar te inspire. Por ejemplo, una galería de arte podría estimularte mientras que en una cafetería puedes renovar el *chi* con alimentos o bebidas.

3 Si no necesitas estar dentro de un lugar podrías ir al campo para inspirarte. Los árboles aportan *chi* ascendente y propician la inspiración. Los ríos generan *chi* horizontal, lo que te ayudará a inspirarte en lo que te rodea. La montaña es el espacio ideal para asimilar el *chi* del cosmos, que puede proporcionarte ramalazos de inspiración e ideas originales.

4 Cuando encuentres tu espacio recuerda emplear los principios de los cinco animales (véase pág. 34) para encontrar el lugar idóneo para sentarte.

Cuando necesites un estado de ánimo especial tal vez debas ir a un edificio diferente. El espacio grande, las superficies sólidas y la escasez de mobiliario facilitan la expansión de tu campo del chi *para reflexionar sobre ideas trascendentes.*

EL MEJOR MOMENTO PARA TENER IDEAS NUEVAS

BENEFICIO: Inspirarse.

La creatividad es distinta en momentos diferentes del día, días diferentes del mes e incluso años venideros. Tienes la oportunidad de ser creativo cuando te sientes más pleno. Las consideraciones clave en ese sentido son la posición de la luna y el sol y la combinación de tu *chi* con el del cosmos.

Cuando el sol despunta en el horizonte sentirás la ascensión del chi *y eso te ayudará a renovar las ideas.*

Qué hacer

- Organiza el día de modo que disfrutes de una mayor creatividad al amanecer ya que es cuando el *chi* asciende con fuerza y te activará los *chakras*.
- Este *chi* debería manifestarse en forma de energía intelectual. Encárate al este para aumentar la intensidad del *chi*.
- La medianoche es útil para eliminar las distracciones y relajarse de tal modo que las ideas parecen llegar de la nada. Encárate al norte para multiplicar el efecto.
- En la época de la luna nueva te debería ser más fácil encontrar inspiración en tu interior. Es el momento idóneo del mes para meditar y emplear un *chi* más relajado para tener ideas nuevas.
- Durante la luna llena tu *chi* es más activo y propicia la impulsividad y la acción según el *chi* del momento. Reaccionas sobre la marcha e interactúas de forma creativa con la realidad que te rodea.
- Emplea la astrología feng shui para encontrar los mejores meses (e incluso años) en los que tendrás la clase de creatividad que necesitas para un proyecto determinado. Consulta las ocho direcciones para sentarse (véanse págs. 216-217) para identificar qué dirección tiene el *chi* que más necesitas. Consulta luego la página 54 para establecer qué mes o año te serán idóneos para ese *chi* particular.

ÁTICOS

BENEFICIO: Buscar inspiración en las estrellas.

Cuanto más alto estés en un edificio, mayor será la exposición al *chi* vertical del cosmos. Te será más fácil inspirarte en esos espacios que en, por ejemplo, un sótano. Eso ocurre porque los edificios elevados tienden a canalizar el *chi* vertical más que las construcciones bajas y achatadas. Además, estar en lo alto significa que hay menos obstáculos entre el cosmos y tú.

En un ático deberías sentirte más inspirado, original y con una mayor visión creativa. A continuación proponemos algunos consejos para los áticos.

Qué hacer

- Un ático de techo alto ofrece más libertad de movimiento al *chi* y refuerza el elemento vertical, por lo que deberías tener una mayor amplitud de miras y encontrar nuevas perspectivas.
- Un ático de techo apuntado estimula más la mente ya que la marcada forma en pirámide concentra y activa el *chi* del interior. El efecto será mayor si el techo es abierto y el tejado descansa sobre vigas de madera ya que la madera nutre el *chi* fuego.
- Las claraboyas aumentan el movimiento vertical del *chi* y facilitan el contacto con el *chi* de los cielos. Lo idóneo es que las claraboyas estén abiertas para interactuar de forma directa con el mundo de las alturas cuando necesites más creatividad de la normal.

• En un apartamento tipo loft grande y espacioso el *chi* fluye con absoluta libertad y, aunque te costará más relajarte, te sentirás inspirado y creativo. El reto consiste en hacer algo práctico con todo ese *chi* creativo.

En este ático hay mucho espacio por encima de la cabeza, lo cual facilita la expansión del chi *mental y la amplitud de miras.*

MEDITACIÓN Y RESPIRACIÓN

BENEFICIO: Acceder al *chi* más profundo y creativo.

En ocasiones las mejores ideas nacen cuando se está profundamente relajado y no se piensa en nada. Eso ocurre porque en esos momentos estás más abierto al *chi* externo, que te proporciona la clase de inspiración que te parecía imposible alcanzar. Se trata de atraer la creatividad del exterior en vez de buscarla en el interior.

Qué hacer

1 El objetivo es realizar respiraciones completas. Túmbate boca arriba y coloca la mano sobre el ombligo. Al inspirar expande el abdomen de modo que empujes la mano hacia arriba. Practica el movimiento hasta que respires con naturalidad por el abdomen.

2 Llena el abdomen de aire y asciende hacia el pecho. Saca todo el aire del cuerpo al exhalar.

3 Respira hondo y rápidamente en dos segundos, mantén la respiración un segundo y luego exhala por completo en ocho segundos. Repite el proceso varias veces hasta que te hayas vigorizado. Tal vez te marees al principio, por lo que es recomendable que lo hagas sentado o arrodillado. Si te sigues mareando, para.

4 Encuentra un ritmo agradable. Al inhalar imagina que inspiras el *chi* que te rodea; imagina que inspiras un color, un sonido, una sensación y visualiza tu abdomen y pecho tornándose de ese color, sonido o sensación.

5 Al exhalar imagina que el aire que expulsas llena el espacio que te rodea. Comienza llenando un espacio pequeño y, poco a poco, auméntalo hasta llenar todo el universo con cada exhalación.

Relajar la mente y concentrarse en la relación entre el mundo y tú te ayudará a sentirte en armonía con el entorno.

6 Coloca una vela encendida delante de ti y contémplala mientras meditas. Concéntrate en la respiración y la sensación que te produce en la nariz, la boca, la garganta y los pulmones. En cuanto te hayas concentrado por completo en la respiración podrás asimilar el *chi* y las ideas.

DIRECCIONES PARA SENTARSE

BENEFICIO: Estimula la creatividad.

La dirección que encaras sentado te expone a una de las ocho direcciones del *chi*, la cual afectará a tu creatividad, por lo que es recomendable saber cuál es la influencia que ejerce y si la necesitas.

Qué hacer

1 Comprueba la dirección que encaras cuando estás sentado. Sostén la brújula alejada de ti y gira el cuadrante de modo que los 0 grados queden alineados con el extremo norte de la aguja. Luego realiza una lectura desde el punto en el que el cuadrante está alineado con el centro de la brújula.

2 Anota la lectura y consulta a continuación la transparencia de las ocho direcciones (véase pág. 113) para establecer la dirección que señala. Por ejemplo, 120 grados es el sureste. Analiza las direcciones descritas a continuación para saber cuál es su influencia.

3 Lee las otras direcciones para comprobar si hay algún otro *chi* que te sea más propicio.

4 Cuando decidas dónde sentarte, recuerda protegerte la espalda con una pared, un mueble voluminoso o una planta grande y mantener despejada la zona que tengas delante.

Influencias de las direcciones

- **Este**: Ayuda a que la inspiración y la creatividad asciendan por los *chakras*.
- **Sureste**: Idóneo para las ideas importantes, la amplitud de miras y para ser creativo en temas trascendentes.

- **Sur**: Cultiva un estado de ánimo creativo y espontáneo. Idóneo para proyectar la creatividad.
- **Suroeste**: Idóneo para enmarcar las ideas creativas en la realidad y para pulirlas.
- **Oeste**: Excelente para centrarse en la creatividad y en un aspecto del trabajo.
- **Noroeste**: Fomenta la intuición y la inspiración cósmicas.

Desplaza el asiento para encararte al chi *que necesitas y, a la vez, mantener el* chi *de los animales.*

- **Norte**: Excelente para acceder al nivel más profundo de la creatividad y producir obras originales e individualistas.
- **Noreste**: Fomenta llegar a la esencia más pura de las ideas. Idóneo para deshacerse de distracciones secundarias.

ESPEJOS

BENEFICIO: Aceleran y dispersan el *chi*.

Los espejos y otras superficies reflectantes cambian la dirección de la energía *chi* del mismo modo que la luz reflejada cambia de dirección. Resultan útiles cuando quieres dispersar el *chi* acelerado o reflejar más energía en una zona estancada. El objetivo es liberar el *chi* estancado y ayudar a propagar tu *chi* creativo.

Suelen emplearse dos clases de espejos: los espejos planos para reflejar la energía de forma regular y los espejos convexos y redondos para dispersar la energía *chi* hacia direcciones diferentes. Lo mismo sucede con los objetos metálicos reflectantes y bruñidos. Los objetos cóncavos reflectantes absorberán la energía *chi*.

Qué hacer

- Cuelga espejos en los espacios oscuros donde quieras reflejar al máximo la luz existente; por ejemplo, sótanos o apartamentos que sólo reciban luz del norte.
- Ubica un espejo de manera estratégica de modo que la luz natural de una ventana se refleje hacia una zona oscura o un rincón estancado. Te será más fácil con un espejo convexo ya que propagará la luz mejor e iluminará la mayor superficie posible.
- Emplea un espejo para compensar cualquiera de las ocho direcciones que sean deficientes en el plano. Coloca la transparencia de las ocho direcciones sobre el plano (véanse págs. 114-115) para comprobar si alguna de las ocho direcciones es insuficiente. Coloca un espejo en el espacio asociado con el *chi* deficiente de modo que la parte posterior del espejo dé al exterior de la casa.

• Coloca un espejo convexo o cualquier otro objeto convexo reflectante en el camino del *chi* acelerado para dispersar la energía hacia las zonas de la casa donde el *chi* sea insuficiente.

Un espejo convexo propaga el chi *en un radio amplio y ayuda a dispersarlo por la estancia.*

OBRAS DE ARTE

BENEFICIO: Estimulan la mente.

Utiliza obras de arte para estimular la mente y fomentar la creatividad. Los sectores de color brillante, las imágenes abstractas y sencillas suelen asociarse a la creatividad, aunque un cuadro impresionista, una escultura clásica o un objeto del hogar pueden resultar igual de estimulantes. El objetivo es rodearse de objetos que provoquen creatividad cuando los veas.

Qué hacer

• Cuando compres algo para la casa asegúrate de que el diseño te gusta y contribuye a estimular el instinto creativo. Aplícalo a los pies de lámparas, mesas de centro y palmatorias.

• Visita galerías de arte, tiendas de antigüedades y de artículos usados para encontrar objetos especiales que te desaten la imaginación. Llenar la casa de obras de arte anodinas puede disipar la creatividad y mermar el efecto de cualquier objeto que inspire el *chi* creativo, por lo que es recomendable ser más selectivo y comprar pocos objetos pero de calidad.

• Aplica la creatividad a todos los ámbitos del hogar: los tejidos de cojines, cortinas y ropa de cama, los pomos de las puertas e incluso los radiadores.

• Trata de adquirir objetos de arte únicos y especiales en lugar de objetos fabricados en serie. Es posible que en la casa ya haya objetos fabricados en serie, como televisores, aparatos de música y electrodomésticos, por lo que vale la pena otorgar un aire especial a la casa con las obras de arte.

• Recurre a tu propia creatividad para pensar en algo que te ayude a definir la casa como un espacio creativo. Podrías proyectar un reloj en la pared, construir el suelo con una mezcla de materiales o colgar grabados grandes y coloridos. Sea lo que sea, trata de sentirlo como algo tuyo de modo que cuando llegues a casa te estimule la creatividad.

El cuadro tiene un movimiento de madera ascendente con una esencia yang dinámica. Sólo con mirarlo podría elevarte el espíritu.

DESABARROTAR

BENEFICIO: Más espacio para pensar.

Uno de los objetivos de fomentar la creatividad es facilitar que el *chi* se desplace con armonía por la casa y evite el estancamiento, ya que el *chi* estancado es la antítesis de la creatividad.

El abarrotamiento estanca el *chi*; restringe la libertad de movimiento y lo debilita. El abarrotamiento se aferra al *chi* y lo inmoviliza en el mismo sitio mucho tiempo, lo cual vicia el ambiente y dificulta la experimentación y las ideas nuevas. A una persona que vive en una casa abarrotada todo puede hacérsele cuesta arriba y creer que está estancada en la rutina, con la consecuente pérdida de creatividad.

Qué hacer

1 Haz una limpieza a fondo: saca todo de su sitio y limpia los rincones más oscuros para agitar el *chi* estancado.

2 Consigue varias cajas de cartón grandes y ponles la fecha de hoy. Clasifícalas como «almacenaje prolongado», «tirar» y «sin decidir».

3 En la caja «almacenaje prolongado» pon las cosas que crees que no necesitarás durante bastante tiempo. Son objetos que no quieres tirar, pero que seguramente no necesitas (como extractos de cuentas antiguos).

4 En la caja «tirar» guarda los objetos que te recuerden a una parte del pasado que deseas superar.

5 En la caja «sin decidir» pon los objetos que abarrotan la casa pero que crees que echarás en falta.

6 Al cabo de un mes tira las cosas que no has echado de menos de la caja «por decidir». Guarda las otras dos cajas durante otro mes y luego repásalas para ver si quieres pasar algo de «sin decidir» a «almacenaje prolongado». Intenta imaginar cómo te sentirías si te deshicieras del contenido de la caja «sin decidir».

Quitar el polvo elimina el chi *acumulado y crea espacio para la llegada de* chi *renovado.*

LLENA EL AMBIENTE DE ONDAS SONORAS

BENEFICIO: Mayor inspiración y creatividad.

Cualquier onda sonora que vibre por el aire también atravesará tu campo del *chi* externo. La frecuencia de las ondas sonoras influirá en tu *chi* y te ayudará a cambiar el estado anímico y la creatividad. Un sonido suave y más yin atenuará y calmará el *chi* que te rodea, lo que te ayudará a dedicarte a buscar una solución creativa. Los sonidos vibrantes, rítmicos y más yang activarán tu campo del *chi* externo, lo que te ayudará a manifestar la creatividad.

Qué hacer

• Presta atención cuando pongas música (uno de los sonidos más comunes en el hogar) ya que es una buena oportunidad para estimular las emociones. Ya debes de saber qué música te ayuda a inspirarte y a ser creativo. A veces responde a una asociación (la música te recuerda una época en la que eras muy creativo) o, sencillamente, las ondas sonoras se conjugan con tu *chi* de tal modo que te estimulan la imaginación.

• Antes de añadir algo a la casa que produzca un sonido (por ejemplo, un teléfono, un despertador o un timbre) asegúrate de que tenga un tono que te guste. Desde la perspectiva feng shui, es recomendable que esos sonidos empleen una campanilla metálica tradicional ya que contribuye a limpiar y a estimular el ambiente cada vez que suena.

• Plantéate añadir otros sonidos ambientales que te gusten: el sonido de una catarata o el tictac rítmico de un reloj. Esos sonidos se propagarán por la vivienda y mantendrán el *chi* activo, con lo cual reducen el riesgo de estancamiento.

El sonido del agua en movimiento llenará el hogar de un sonido de frecuencias múltiples relajante que atenuará otros sonidos.

EL FENG SHUI
Y LA ECONOMÍA

LA CASA TE AYUDA A SER CONSCIENTE DE LA ECONOMÍA

El feng shui es útil en tanto en cuanto establece el entorno para ayudarte a mejorar la situación económica. Sin embargo, para que esto suceda hay que ser una persona consciente del valor del dinero; es poco probable que el feng shui haga aparecer dinero de la nada.

Trata de encontrar métodos para aumentar tu riqueza. ¿Necesitas ganar más, ahorrar más o gastar menos? Si necesitas ganar más dinero, piensa

cómo conseguirlo. Si tienes trabajo fijo, ¿necesitas una actividad nueva, un ascenso o pedir un aumento? ¿Te ves a ti mismo aumentando la riqueza a largo plazo? ¿Prefieres una oportunidad única que te permita unos ingresos excepcionales? ¿O se trata de una acumulación lenta o de conservar lo que tienes?

En cuanto sepas cómo aumentar la riqueza, busca métodos para que las oportunidades afloren. Si ya lo has intentado pero no ha funcionado, eso te servirá de experiencia; si estás dando los primeros pasos tendrás que recurrir más a la imaginación.

Enumera los rasgos de tu personalidad que cambiarías para facilitarte la posibilidad de tener más dinero. Por ejemplo, ¿necesitas ser más autoritario, trabajar más duro, mostrarte más firme, centrarte más en los beneficios, mejorar la capacidad para acabar proyectos, ser más disciplinado a la hora de ahorrar o valorarte más como persona? En este apartado te orientaremos para que te centres mejor en la economía.

- Emplea monedas para estimular el *chi* asociado a ganar más dinero.
- Utiliza lunarias para aumentar el *chi* asociado a la riqueza.
- Haz que esa sensación se respire en todo tu hogar.
- Evita que el *chi* de la riqueza se marche por la puerta principal.
- Crea una situación en la que tengas más oportunidades para mejorar la situación económica.
- Potencia el *chi* que necesitas para iniciar nuevas actividades.
- Refuerza el *chi* que te ayude a aumentar los ingresos.
- Emplea el feng shui para ayudarte a ahorrar.
- Activa el *chi* que incrementa el flujo de dinero.

Ten presente para qué quieres el dinero, de modo que así aprecies el dinero que ganes.

MONEDAS EN UNA TELA ROJA

BENEFICIO: Aumentan la atención en la economía.

El *chi* del oeste se asocia al atardecer y a la cosecha; es la época en la que obtienes la recompensa por el trabajo realizado durante el día o el año, por lo que este *chi* es idóneo para concluir las cosas de manera rentable. Uno de los métodos para aumentar la capacidad de concentración y la energía necesarias para mejorar la economía consiste en potenciar el *chi* en la zona oeste de la casa.

Coloca monedas o billetes en una tela roja en el oeste. El metal de las monedas junto con el color rojo añadirán más energía metal a esta dirección *chi* metal. Las monedas y los billetes también servirán de recordatorio simbólico de este aspecto concreto de tu vida.

Usa tus monedas favoritas; cuanto mayor sea el valor, mayor la ambición. Emplea monedas extranjeras si deseas viajar.

Qué hacer

1 Estudia el plano de la casa y alinea la transparencia de las ocho direcciones (véanse págs. 114-115) en el centro para saber dónde se encuentra la parte oeste. Si no fuera un lugar adecuado para las monedas (el baño, el lavadero o la despensa), elige la zona noroeste o norte.

2 Busca un lugar destacado en la habitación y coloca la tela roja. Deposita el billete de más valor y luego encima las monedas de más valor.

3 Si no quieres usar billetes, pon las monedas en un cuenco metálico sobre la tela roja. Para mantener en movimiento el *chi* de las monedas, cambia algunas de las monedas por otras nuevas todas las semanas.

4 Asimismo, puedes usar monedas chinas. Tienen un agujero cuadrado en el centro por lo que puedes pasar una cinta roja por varias monedas y colgarla en la parte oeste de la casa. Deben tener un simbolismo similar a las monedas de tu país para que sean igual de eficaces.

PLANTAS DEL DINERO

BENEFICIO: Aumentan el *chi* asociado a ganar dinero.

Cada zona de la casa ejerce una influencia diferente sobre tu capacidad para aumentar la riqueza. Por ejemplo, el este te ayuda a encontrar métodos nuevos para ganar dinero; el sureste para aumentar la prosperidad futura; y el noreste para aprovechar las oportunidades de realizar inversiones rentables.

Una manera de activar el *chi* de cada zona consiste en colocar una planta del dinero. Sus hojas redondas se asocian al *chi* metal, que a su vez se asocia a las monedas y el dinero. Para potenciar el efecto coloca la planta en una maceta metálica o en una de barro, que representa el *chi* tierra, para potenciar el *chi* metal.

Algunas especies de plantas del dinero no son muy delicadas, pero conviene no regarlas en exceso.

Qué hacer

1 Alinea la transparencia de las ocho direcciones con el centro del plano de la casa para ubicar las ocho direcciones de tu hogar (véanse págs. 114-115).

2 Coloca una planta del dinero en la zona elegida para activar el *chi*. La siguiente lista de las ocho direcciones te indica cómo te ayudará a nivel económico una dirección concreta y qué hacer en esa parte de la casa.

Características de las direcciones

- **Este**: Ayuda a iniciar nuevos proyectos para ganar dinero y a expandir el negocio.
- **Sureste**: Aumenta la capacidad de tener ideas nuevas sobre la prosperidad futura.
- **Sur**: Ayuda a fomentar el interés por salir a ganar dinero. Buena para establecer contactos útiles.
- **Suroeste**: Usa esta zona para centrarte en los ahorros y conservar el dinero que posees.
- **Oeste**: Ayuda a ganar más dinero con la actividad que ya realizas.
- **Noroeste**: Idóneo para ser más íntegro respecto al dinero y respetar más su valor.
- **Norte**: Aumenta el *chi* asociado a la liquidez. Idóneo si la gente tarda en pagarte.
- **Noreste**: Es el *chi* decisivo y resulta excelente para tomar decisiones rápidas. Aumenta este *chi* si quieres especular.

APROVECHA PLENAMENTE EL POTENCIAL DE TU HOGAR

BENEFICIO: Mejora todos los aspectos de tu situación económica.

Como hemos visto en las páginas 232-233, cada parte de la casa ejerce una influencia sobre tu capacidad para aumentar la riqueza. La siguiente lista explica con mayor detalle la importancia de cada dirección y te indica qué objetos emplear en cada zona de la casa.

Atributos adicionales de las direcciones

- **Este**: Coloca un elemento de agua en movimiento para ayudarte a iniciar proyectos económicos lucrativos. Deposita una moneda brillante en el agua al inicio del día cuando sientas que se acerca un gran avance.
- **Sureste**: Coloca un cuenco de agua fresca sobre el billete de más valor del país para tener ideas nuevas sobre la prosperidad futura. Rellena el cuenco todas las mañanas al levantarte.
- **Sur**: Cuelga cuadros que te motiven a ganar más dinero. Las imágenes deben inspirarte y centrarte en el futuro.
- **Suroeste**: Emplea una maceta de barro para guardar los detalles de tu cuenta de ahorros o una planta de flores amarillas en una maceta de barro para potenciar la energía de esta dirección.
- **Oeste**: Coloca monedas brillantes en una tela roja para aumentar este *chi*, con lo que te será más fácil ganar dinero.
- **Noroeste**: Guarda la información económica en esta parte de la casa si quieres tomarte en serio tu economía. Idónea para comprender el valor del dinero.

• **Norte**: Cuelga un cristal redondo, pequeño y de distintas caras en esta zona para aumentar el *chi* relativo a la liquidez.

• **Noreste**: Es el *chi* de las decisiones rápidas. Si te gusta especular e invertir en Bolsa, guarda los títulos de acciones aquí junto con una piedra grande (la mejor es el cristal blanco) para aumentar el *chi*.

Coloca objetos que te inspiren en el sur para que asimilen el chi *fuego presente. Si te encaras al sur cuando los mires recibirás más* chi *fuego.*

ESCALERAS Y PUERTAS

BENEFICIO: Conservan el dinero.

El *chi* respira entre las plantas de la casa y la mayor parte fluye entre ellas por las escaleras. Cuando subimos y bajamos por las escaleras agitamos el *chi* y creamos una vía natural por la que fluye. Las escaleras suelen ser un canal del *chi* de movimiento rápido y determinan el modo en que la energía entra y sale de cada planta.

Las escaleras amplias y abiertas fomentan el movimiento rápido del *chi*. Las escaleras de madera noble brillante y piedra también propician que la energía se desplace rápidamente; las escaleras de madera descubierta ejercen una influencia más neutral; y las alfombras y las esteras ralentizan el flujo del *chi*.

A medida que el *chi* se acelera al desplazarse por las escaleras, es importante saber con qué se topará al salir de ellas. Si se dirige directamente hacia la puerta principal al llegar al pie de las escaleras, tiende a salir de la casa, con lo cual el *chi* será deficiente. Ello podría traducirse en una mayor dificultad para conservar el dinero y ahorrar. La solución consiste en redirigir parte del *chi* desde la puerta principal y repartirlo por otras zonas de la casa.

Qué hacer

- Si las escaleras conducen a la puerta principal, desciende lentamente por ellas para encontrar un lugar adecuado donde colocar un espejo pequeño redondo y convexo (del tamaño de la palma de la mano serviría). Cuélgalo de modo que lo tengas de frente al bajar por las escaleras.
- Coloca una planta frondosa entre el pie de las escaleras y la puerta para ralentizar el flujo del *chi*.
- Cuelga un móvil de viento para que suene cuando se abra la puerta, lo cual propagará el *chi* por la casa y reducirá el riesgo de que se vaya por la puerta principal.

Las escaleras abiertas permiten que el chi *se propague ya que fluye entre las plantas, mientras que las escaleras cerradas encauzan el* chi *hacia una dirección concreta.*

COSECHA MÁS OPORTUNIDADES ECONÓMICAS

BENEFICIO: Potencia el *chi* de las finanzas.

El *chi* rápido y reactivo del noreste es idóneo para encontrar nuevas oportunidades de inversión. Esta energía también te ayuda a aprovechar la ocasión antes de que los demás reaccionen. El *chi* del noreste es penetrante e intenso, como un viento cortante, y te ayuda a ir al grano. Asimismo, debes ser más yang para mantenerte centrado, alerta y minucioso, lo que ayuda a reaccionar con rapidez.

Qué hacer

- Duerme con la coronilla orientada al noreste para exponerte más a este *chi*. Sin embargo, no funcionará si tienes el sueño ligero o sufres pesadillas, en cuyo caso es recomendable orientar el cabezal al oeste para fomentar la concienciación económica. También es recomendable que te encares al noreste en tu lugar de trabajo.
- Coloca piedras o rocas decorativas cerca de ti ya que generan energía del noreste, asociada a la montaña. El blanco brillante estimula más aún este *chi*. Pinta las paredes y el techo de blanco, pon más flores blancas o coloca cristales en la zona noreste de la casa.
- El *chi* fuego nutre el *chi* del noreste y te ayuda a intuir las tendencias futuras. Emplea luces resplandecientes y el púrpura intenso y brillante para aumentar este *chi*; las plantas de hojas acabadas en punta también contribuirán a ello.
- Crea un entorno más yang donde el *chi* se desplace más rápido: prepara

espacios abiertos grandes, emplea colores brillantes y superficies duras para mantenerte alerta y activo.

- Es posible que el mejor año o mes para encontrar oportunidades sea cuando el número de año esté al noreste. Consulta la página 53 para comprobar cuándo será la próxima ocasión propicia.

Las piedras y rocas colocadas en el noreste refuerzan el chi *tierra presente y te ayudan a tener mayor agilidad mental.*

INICIA ACTIVIDADES NUEVAS

BENEFICIO: Aportan más energía para iniciar proyectos.

Para comenzar un proyecto con buen pie necesitas entusiasmo, seguridad y la convicción de que lo conseguirás. Estos elementos se encuentran en el *chi* del este. Para ayudarte a triunfar, necesitas atraer más energía del este a tu campo del *chi*. Este *chi* del amanecer, primaveral y ascendente te ayudará a querer emprender nuevos proyectos lucrativos.

Un cuenco de cristal es idóneo para el agua fresca ya que el cristal se asocia con el chi *agua.*

Qué hacer

• Coloca un cuenco con agua en el este de la casa. Rellénalo todas las mañanas para renovar la energía del agua. El agua potencia el *chi* madera del este e incrementa la presencia de esta energía matinal y primaveral. El efecto será mayor si el sol de la mañana ilumina el cuenco.

• El efecto también se aumenta colocando plantas en el este; las plantas representan la energía madera y aportan más *chi*.

• Otro método eficaz para asimilar el *chi* del este es trabajar orientado al este para atraer esa energía hacia tu campo de energía *chi*. Si no es posible, trata de encararte hacia el sureste.

• Cuando quieras empezar algo nuevo es esencial realizar una limpieza a fondo, deshacerte de cuanto no necesites y crear un espacio en el que la novedad tenga cabida. Cuando dispongas de ese espacio adicional, te resultará más fácil emprender una actividad nueva. Es mucho más difícil si te falta sitio y todavía te rodean los restos de proyectos anteriores.

Encararse hacia el este ayuda a asimilar un chi *poderoso para emprender nuevos proyectos.*

AUMENTA LOS INGRESOS

BENEFICIO: Fomenta el potencial lucrativo.

La zona oeste de la casa se asocia al deseo de riqueza, romanticismo y satisfacción, mientras que el noroeste al control, la organización y la sensatez. Estos rasgos podrían perturbarse si tienes algo que genere *chi* fuego en esas zonas, caso de una caldera, una cocina (de gas o eléctrica), una chimenea o un horno.

Las zonas oeste y noroeste se asocian al *chi* metal y el *chi* fuego puede destruir su energía cuando hay una carencia de *chi* tierra. La solución consiste en añadir *chi* tierra para armonizar los *chi* metal y fuego. El método más sencillo es emplear algo que genere una poderosa energía *chi* tierra. Una opción recomendable es depositar carbón vegetal en un recipiente de barro (un bastoncito de carboncillo en trocitos serviría). El efecto se intensificará si colocas el recipiente sobre una tela amarilla.

Los objetos de arcilla o de color amarillo bajos y planos también te ayudarán. Además, la tierra de las plantas contiene energía tierra. Una planta de flores amarillas en un recipiente de arcilla cuenta con todos estos atributos.

Qué hacer

1 Utiliza el plano y la transparencia de las ocho direcciones para encontrar el oeste y el noroeste de tu casa (véanse págs. 114-115). Repasa esas direcciones y comprueba si hay algo que genere *chi* fuego.

2 Si has encontrado alguno de esos objetos, coloca el recipiente de arcilla con carboncillo lo más cerca posible de la caldera, fogones, chimenea u horno. En el caso de los fogones o la chimenea, pon el carboncillo a ambos lados. Para la caldera ponlo en un estante o en el suelo, justo debajo. Si se trata del horno, coloca el carboncillo en el armario más cercano.

3 Renueva el carboncillo cada dos meses y mantén limpia la zona que rodea el recipiente.

Las flores amarillas se asocian al chi *tierra. Al colocarlas en el oeste potencian el* chi *metal presente y te ayudan a centrarte en aumentar tu riqueza.*

AHORRA MÁS

BENEFICIO: Aumenta tu capacidad de ahorro.

Es importante asegurarse de que el ambiente de la casa fomente la concienciación económica y el uso eficaz del dinero. El *chi* del suroeste asociado a esto se representa con el sol poniente. En el feng shui se asocia a la energía otoñal, cuando los animales guardan alimentos para el invierno, por lo que es idónea para esta actividad de almacenaje y reunión. Este *chi* abunda más en la zona suroeste de la casa.

Qué hacer

- Para ayudarte a activar el *chi* del suroeste, coloca flores amarillas o una planta de flores amarillas en el suroeste de la casa. El efecto será mayor si las colocas en un recipiente de barro.
- Emplea tejidos amarillos, marrones o negros para los cojines, cortinas o manteles de la zona suroeste de la casa. Así fomentarás una sensación de tranquilidad y comodidad respecto al hecho de ahorrar para el futuro.
- Trata de dormir con la cabeza orientada al suroeste durante una temporada para asimilar este *chi* estable. Asimismo, intenta sentarte de cara a esta dirección.
- Si permites que la energía fluya hacia el exterior de la casa perderás el *chi*. Los grifos que gotean aumentan ese riesgo, sobre todo si están en el suroeste de la casa, así que repara cualquier escape de inmediato.
- Cuando gastes dinero, trata de comprar cosas que conserven su valor o lo aumenten con el paso de los años; por ejemplo, antigüedades, cuadros, coches antiguos, casas y joyas.

• Te será más fácil ahorrar en un año o mes en el que tu número de año se encuentre en el sureste (véase pág. 53).

El amarillo potenciará el chi *del suroeste y te ayudará a ahorrar y conservar tu riqueza.*

DEJA QUE EL DINERO FLUYA

BENEFICIO: Formar parte del flujo económico.

El dinero fluye por el planeta con un *chi* propio. Se ha convertido en un poderoso medio de contacto en el mundo al pasar de una persona a otra. Basta con observar el origen de muchos de los bienes que se compran para saber que el dinero pagado se distribuirá por varios continentes.

Si quieres formar parte de este flujo del *chi* por el mundo, tienes que ganar y gastar dinero, lo cual se asocia al *chi* agua. El flujo de dinero refleja el flujo del agua por el planeta. Cuando formes parte del flujo tendrás la oportunidad de influir en la dirección que seguirán los seres humanos (por ejemplo, comprando alimentos biológicos en lugar de los que se tratan con pesticidas).

Qué hacer

- Para atraer más *chi* agua del norte hacia tu campo energético, duerme con la coronilla orientada al norte o siéntate de cara a esa dirección.
- Coloca un elemento de agua en movimiento en el norte, este o sureste de la casa. Emplea el plano y la transparencia para encontrar esas direcciones (véanse págs. 112-115). El agua en movimiento aumentará el flujo del *chi*, con lo cual te será más fácil aprovechar el dinero que fluye a tu alrededor.
- El momento idóneo para formar parte del flujo de dinero será el año o mes en el cual tu número de año esté en el norte.
- Cuelga un cristal en una ventana del norte de la casa para estimular el *chi* norte presente. Colócalo de manera que lo ilumine el sol de la mañana o del atardecer.

Un espejo grande en el norte de la estancia ayuda a estimular el chi *presente.*

EL FENG SHUI Y EL TRASLADO DE CASA

ELIGE LA CASA ADECUADA

Trasladarse de casa puede suponer uno de los cambios más importantes de la vida. Te sumerges de lleno en un *chi* completamente distinto y, como consecuencia de ello, tu vida se transforma. Cuanto más lejos te traslades, mayores son las posibilidades de cambio. Trasladarse a una cultura diferente conlleva un cambio más drástico. Si compras una casa nueva seguramente supondrá la mayor inversión de tu vida.

Por estos motivos, es esencial tomar la decisión acertada, en un momento que te sea favorable y a una casa que tenga el tipo de *chi* que permita tu crecimiento personal. He aquí las principales consideraciones, desarrolladas con mayor detalle en este apartado.

• Averigua cuanto puedas de las personas que vivieron antes en la casa. Lo ideal sería que hubieran tenido una buena relación, hijos felices y despreocupaciones económicas. En algunos hogares se han producido rupturas familiares o ha habido problemas económicos. Debes evitar estas casas, salvo que sepas por qué ha ocurrido desde una perspectiva feng shui y sepas cómo solucionarlo.

• Evita una casa construida cerca de torres de alta tensión o una subestación eléctrica porque es difícil evitar los posibles daños de los campos electromagnéticos. Del mismo modo, no es recomendable vivir cerca de líneas de ferrocarril eléctricas, una central nuclear o cualquier lugar expuesto a residuos tóxicos.

• Estudia las propiedades de las distintas direcciones (véase pág. 36) y decide cuáles te serán más útiles. Intenta encontrar una casa que esté orientada hacia esa dirección ya que así entrará más *chi* en tu nuevo hogar.

• Trata de buscar una casa de dimensiones equilibradas con una planta casi cuadrada porque te ayudará a disfrutar de una vida equilibrada.

• Busca una casa con mucha luz natural. En una ciudad suele ser en la parte más alta de los edificios, de modo que no estés a la sombra de otros edificios. En las zonas rurales escoge una casa con terreno.

• Asegúrate de que en tu nueva casa haya el mayor número posible de materiales naturales, sobre todo si es nueva, porque los materiales sintéticos desprenden gases tóxicos durante años, con lo cual tu nuevo hogar se llenará de gases poco saludables.

Trasladarse de casa puede cambiarte la vida, por lo que hay que asegurarse de que los cambios son los deseados.

SUMÉRGETE EN UN NUEVO ENTORNO *CHI*

BENEFICIO: Cambios vitales positivos.

Cuando hayas vivido una temporada en una casa habrás asimilado el *chi* del lugar y le habrás proyectado parte de tu propio *chi*, por lo que tu *chi* será similar al de la casa. Tu casa tendrá parte de tu energía emocional y una parte de la casa habrá definido tu *chi*. Cuando te trasladas abandonas un *chi* familiar y te sumerges en otro nuevo. Si te trasladas a una casa que ya ha estado habitada, también te sumerges en el *chi* que dejaron las otras personas. Se trata de una oportunidad increíble para cambiar el *chi* y seguir adelante con tu vida, aunque corres el riesgo de no sumergirte en un *chi* mejor, con lo cual tu vida podría ir por derroteros no deseados.

Uno de los métodos más sencillos para tener una idea del *chi* de la nueva casa es averiguar cosas sobre los inquilinos.

Qué hacer

- Intenta conocer a los inquilinos actuales para familiarizarte con el *chi* que han proyectado en la casa. Trata de obtener una impresión sobre su salud, bienestar mental y felicidad emocional con sólo conocerlos. Si es una pareja tal vez aprecies cómo se llevan.
- También puedes buscar en los archivos locales o en Internet para ver si hay más información que deberías saber.
- Si no puedes conocer a los inquilinos, habla con los vecinos para saber cómo son (o eran). Es conveniente averiguar si existieron problemas de salud, conyugales o económicos.

Es inevitable que una casa con habitantes felices y sanos tenga esa clase de chi.

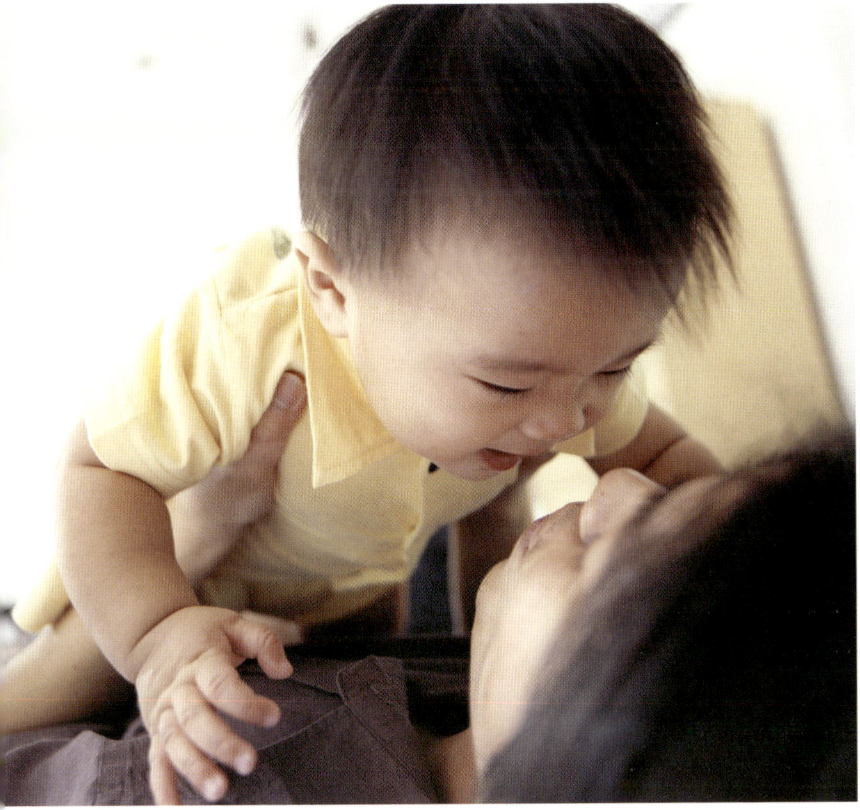

ELIGE LA UBICACIÓN

BENEFICIO: Encontrar el *chi* más propicio.

Con el paso del tiempo las civilizaciones se han erigido en zonas de *chi* diferentes y, por lo tanto, han gozado de buena reputación en un determinado ámbito porque ese *chi* particular les ha facilitado el camino: tal vez en arte, economía, literatura o comercio.

Es posible que ciertos tipos de *chi* sean más propicios para ciertas profesiones. Por ejemplo, el *chi* vertical encaja con los escritores, que trabajan solos y necesitan inspiración, originalidad e imaginación. Asimismo, a un comerciante le conviene un *chi* horizontal ya que interactúa con muchas personas.

Si sabes lo que quieres hacer en la vida y planeas cambiar de casa es recomendable que escojas lugares que te ayuden.

En esta espectacular imagen se aprecian la elevada torre chi *madera, la cúpula* chi *metal, las casas bajas* chi *tierra con azotea, el chapitel* chi *fuego y las formas irregulares* chi *agua.*

Qué hacer

1 Busca en Internet lugares en los que hayan vivido personas a quienes te gustaría emular. Comprueba si coinciden con lugares en los que te apetecería vivir. Dado que todo en la vida son ciclos, lo mejor es obtener información sobre gente viva.

2 Cuando hayas elegido un lugar, investiga su pasado. Suele haber libros o folletos que describen las actividades que se han desarrollado allí con el paso de los siglos. También deberías determinar si se encuentra en una etapa ascendente o decadente.

3 Visita la zona para ver si el entorno te será propicio. Pasa tiempo al aire libre, prueba distintas cafeterías y recorre los edificios públicos para empaparte del *chi* local.

4 Conoce a los lugareños —sobre todo a los de tu misma profesión— y comprueba si el lugar les ayuda a prosperar.

COLINAS Y AGUA

BENEFICIO: Apoyo de las fuerzas de la naturaleza.

Las colinas y el agua ejercen una gran influencia en el *chi* local. Las colinas fortalecen el componente vertical del *chi* y los ríos el *chi* horizontal (salvo las cascadas, que impulsan el movimiento descendente del *chi*).

Por tanto, tiene sentido investigar estos aspectos cuando se busca un nuevo hogar. Esta información suele aparecer en los mapas, donde figuran las zonas más elevadas así como las masas de agua.

Qué hacer

1 Si eliges una zona accidentada o montañosa, es mejor que la colina esté detrás de la casa y delante haya una buena vista, de modo que, por un lado, te proteja el *chi* que representa la tortuga y, por el otro, el espacio abierto del fénix (véase pág. 34).

2 Consulta un mapa para saber si corre agua cerca de la casa. Pregunta a las autoridades locales sobre la existencia de vías fluviales subterráneas.

3 En el caso de que haya agua de superficie, visita la zona y asegúrate de que esté limpia, sin contaminación. Estará en buen estado si se desplaza de manera natural y hay peces y otras formas de vida acuática.

4 Comprueba en qué dirección se encuentra el agua desde el centro de la casa y calcula la distancia. Si está muy cerca, a unos 50 m, es preferible que se encuentre al este o al sureste de la casa.

5 Si averiguas que hay agua subterránea debajo de la casa, relativamente cerca de la superficie, a unos dos metros, comprueba si son aguas residuales o no.

Los terrenos accidentados ayudan a ser independientes e individualistas. Emplea el concepto de los cinco animales para encontrar la orientación adecuada.

LÍNEAS FERROVIARIAS Y CARRETERAS

BENEFICIO: Evitar el *chi* alterado.

Los trenes y los coches se desplazan por la superficie y agitan el flujo natural del *chi*, lo cual puede resultar útil para conectar con la sociedad en términos generales, aun a riesgo de que te cueste relajarte y sentirte estable si la casa se encuentra cerca de un *chi* inestable.

Cuanto más tráfico haya, mayor será la influencia en la casa (las líneas ferroviarias o carreteras poco transitadas apenas tienen efecto). En el caso de los trenes hay que tener en cuenta si funcionan con electricidad o no. Si así fuera, la electricidad generará campos electromagnéticos, lo cual podría repercutir en tu salud (véanse págs. 142-143). Los vehículos emiten gases nada saludables que también te afectarán.

Qué hacer

1 Comprueba en el mapa la existencia de líneas ferroviarias. Si hay alguna cerca (a menos de 1 km) inspecciona las vías y comprueba si funcionan con electricidad. Si fuera el caso, las vías tendrían que estar a 800 m de distancia como mínimo; si no, basta una distancia de 500 m.

2 Comprueba las carreteras cercanas. Las más transitadas deberían estar al menos a 500 m de la casa, y las autopistas más lejos aún, para asegurarte de que el *chi* no sea caótico y no estar expuesto a gases nocivos.

3 Comprueba si alguna carretera permite la llegada de vehículos hasta tu casa; esto agitaría el *chi* y lo llevaría hasta la casa, con lo cual sería mucho más intenso. Sólo debes tenerlo en cuenta si se trata de una carretera muy transitada, con un *chi* acelerado.

Vivir en una calle curva implica que los vehículos se desplazan directos hacia tu casa y te enviarán chi*, lo que dificultará tu relajación.*

ELECTRICIDAD Y CONTAMINADORES DEL *CHI*

BENEFICIO: Evita el *chi* contaminado.

Las dos sustancias potencialmente dañinas que son difíciles de contrarrestar son los campos electromagnéticos y los residuos tóxicos. Ambos tienen repercusiones negativas en la salud y los niños corren un riesgo mayor. Así que, desde el principio, tendrás que determinar si estos aspectos suponen un problema en el nuevo hogar porque, desde la perspectiva del feng shui, son los que transforman el espacio vital en un lugar no deseable.

Otro problema lo supondría una central nuclear o una planta de reprocesado. Si hubiera una fuga, cuanto más cerca estuvieras mayor sería el riesgo de sufrir una exposición a una radiación nuclear.

Qué hacer

1 Consulta a la compañía eléctrica y a las autoridades locales para saber si hay cables de alta tensión o transformadores cerca de la casa.

2 Pide que se midan los campos electromagnéticos de la casa y alrededores para valorar el riesgo. Compara esos datos con los que aportan páginas web autorizadas. La compañía eléctrica podría llevar a cabo esa inspección.

3 Comprueba los archivos de las autoridades locales para ver si se han producido vertidos tóxicos en la zona. Si compras una casa construida en los últimos cincuenta años averigua para qué se utilizaba el emplazamiento con anterioridad y si ha sufrido contaminación de residuos tóxicos.

4 Averigua si hay reactores nucleares, plantas de reprocesado

o almacenes en un radio de 20 km. Si los hubiera la casa, y sobre todo los niños, estaría expuesta a posibles riesgos.

5 Comprueba si hay industrias que puedan contaminar el aire o el agua. Las plantas químicas son un riesgo por los posibles incendios, explosiones o la contaminación transmitida por el aire. También es recomendable evitar las centrales eléctricas que emitan niveles elevados de dióxido de carbono.

Ten en cuenta que el feng shui poco podrá hacer para mejorar la situación de una casa afectada por los campos electromagnéticos.

OBSERVA LA CASA DESDE EL EXTERIOR

BENEFICIO: Conocer el *chi* de la casa.

El exterior de una casa aporta muchas pistas sobre el *chi* del interior. Hay que tener en cuenta de qué modo influye la forma de la casa en el *chi* del interior y si las ventanas contribuyen al flujo del *chi* que entra y sale de la vivienda.

Qué hacer

1 Observa la casa, o el piso, desde el exterior para ver la forma de perfil (véase pág. siguiente). La mayoría de los edificios mezcla varias clases de *chi*. Por ejemplo, una casa baja con el tejado apuntado tiene el *chi* de la tierra y el fuego.

2 Si aprecias dos elementos contrapuestos en un edificio (como un edificio alto con tejado abovedado) tendrás que aportar el *chi* armonizador (en este caso, el agua armoniza la madera y el agua). Son casos poco comunes.

3 Observa el número y tamaño de las ventanas. Cuantas más ventanas haya, y más grandes sean, más fácil será que el *chi* fluya hacia dentro y hacia fuera. Así se reduce el riesgo de estancamiento, aunque dificulta la sensación de equilibrio. Las ventanas proporcionan un flujo del *chi* más horizontal.

Las ventanas grandes, el tejado plano y los detalles horizontales potencian el chi *horizontal de este edificio.*

El *chi* y las formas de la casa

- Si es alta, con techos elevados, habrá mucho *chi* vertical, ascendente y creará más *chi* madera en el interior.
- Un tejado apuntado indica que habrá más *chi* fuego en el interior. Cuanto más inclinado sea el tejado, más intenso será el efecto.
- Si el tejado es bajo y ancho el *chi* será horizontal y estable, propio del *chi* tierra.
- El tejado abovedado, las ventanas redondas o los arcos sugieren que habrá más *chi* metal, que contendrá el ambiente del interior.
- Las formas irregulares, como en las casas en las que se han producido añadidos con los años, se asocian con el *chi* agua.

INSPECCIONA LA ZONA

BENEFICIO: *Chi* más armonioso.

Existen tres factores a tener en cuenta respecto a los edificios que rodean tu casa.

1 ¿Impiden el paso de la luz del sol? Suele ocurrir si son más altos que tu casa y están al este, sureste, sur, suroeste u oeste. Eso podría disminuir el *chi* y, en cierto modo, impedir el paso del *chi* de esa dirección.

2 ¿La esquina de algún edificio apunta hacia tu casa, enviándote *chi* de flujo acelerado? Será más difícil que te sientas estable y cómodo en casa.

3 ¿Tu casa está cerca de otra con un elemento opuesto (véanse págs. 262-263 para saber qué casas tienen un perfil asociado a alguno de los cinco elementos)? Podría producirse una falta de armonía si los elementos ausentes no están representados.

Qué hacer

1 Si tu casa está a la sombra de otra, comprueba la dirección de la luz del sol que está bloqueada. Consulta la página 36 para ver qué *chi* escaseará y si te importa.

2 Calcula si es posible plantar árboles, arbustos o un seto entre tu casa y la esquina del otro edificio para amortiguar el *chi* que viene dirigido hacia ti.

3 Observa la forma del edificio —la mayoría de las casas tiene tierra con un tejado con forma de fuego— y comprueba si hay otras formas en conflicto. Por ejemplo, un edificio irregular con forma de agua no sería armonioso junto a una casa fuego con forma de tierra salvo que hubiera *chi* madera en forma de plantas y árboles.

La superficie acristalada de este edificio de oficinas acelerará el chi *y provocará que el entorno sea menos agradable.*

LA ORIENTACIÓN

BENEFICIO: Saber cuál es el *chi* que fluye al interior.

La orientación de tu casa o piso determina cuál es el principal *chi* que fluirá hacia la casa. En algunos casos será la fuerza predominante; en otros, apenas tendrá importancia. En las casas en las que es obvio que el *chi* procede de una dirección concreta, el influjo de éste será mayor.

Un hogar en el que el *chi* entre por varias direcciones estará más equilibrado y la orientación de un *chi* concreto tendrá menos fuerza. Por ejemplo, una casa cuadrada con puertas y ventanas en todas las paredes estará equilibrada, mientras que una casa larga y estrecha, ventanales y una puerta en una de las paredes recibirá una mayor influencia del *chi* de esa orientación.

Qué hacer

1 Recorre la casa y comprueba que las cuatro fachadas sean de un tamaño similar y que las puertas y ventanas estén bien repartidas. ¿Hay espacio libre de sobra para que el *chi* entre de manera equilibrada? Si así fuera, la orientación no será un factor primordial.

2 Si crees que el *chi* entra sobre todo por una dirección (porque, por ejemplo, la entrada de la finca, el camino que conduce a la casa, la entrada y fachada principales contribuyen al flujo del *chi* desde una dirección) tendrás que emplear una brújula para determinar de qué *chi* se trata. Colócate de espaldas a la dirección principal y aleja la brújula de ti. Mueve el cuadrante de modo que los 0 grados queden alineados con

La puerta principal, el camino y las ventanas constituyen la parte principal de la casa y será por donde entrará la mayor parte del chi.

el norte de la aguja. Anota la lectura del punto en el que el cuadrante esté alineado con la brújula. Observa la transparencia con las ocho direcciones (véanse págs. 112-115) y la página 36 para saber qué clase de *chi* entrará en la casa.

CAMBIO DE DIRECCIÓN

BENEFICIO: Trasladarse a un *chi* más útil.

Encontrar tiempo para trasladarse a una dirección, o direcciones, concreta te recargará el *chi* de modo que te ayudará a materializar los sueños de tu vida. Cuanto más lejos te vayas, más importante es este paso. Un traslado de menos de un kilómetro apenas tendrá efectos, independientemente de la dirección. Un traslado de continente a una cultura diferente ejercerá una gran influencia y, posiblemente, te cambiará la vida. Encontrarás una descripción más detallada del proceso del traslado en la página 58.

Qué hacer

1 Para saber cuándo trasladarse a una dirección concreta, busca un mapa en el que aparezcan tu casa y el destino propuesto. Marca ambos con una X.

2 Coloca el centro de la transparencia de las ocho direcciones (véanse págs. 112-115) en la X que marca tu casa y luego desplaza la transparencia de modo que el norte señale hacia arriba. Comprueba en qué sector se encuentra la X que indica tu destino.

3 Consulta la página 58 para saber en qué años y meses esa dirección te será favorable.

4 Del mismo modo, para determinar qué direcciones te son favorables en un año concreto, busca un mapa y marca tu casa con una X.

5 Coloca el centro de la transparencia en la X que señala tu casa y luego desplaza la transparencia de modo que el norte señale hacia arriba.

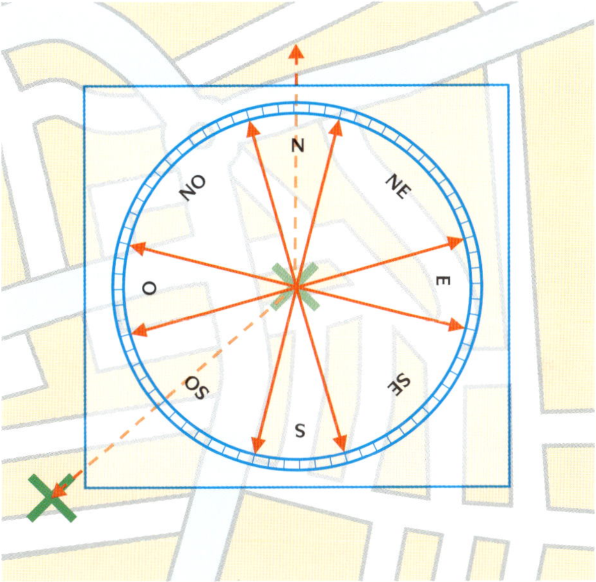

6 Sigue los pasos de la página 58 para saber qué direcciones te son favorables durante el año que te interesa.

7 Observa las direcciones apropiadas en el mapa para localizar las zonas a las que podrías trasladarte.

La transparencia de las ocho direcciones es un método rápido para comprobar las direcciones desde tu casa en cualquier mapa.

LISTA DE COMPROBACIÓN DEL BUEN FENG SHUI

BENEFICIO: Acertar en la elección de la casa.

Fotocopia esta lista y llévatela cuando vayas a ver casas que pudieran interesarte.

Qué hacer

☐ 1 Comprueba que la nueva casa se encuentre en una dirección beneficiosa.

☐ 2 Estudia el mapa en busca de ríos, lagos, embalses, líneas ferroviarias, plantas industriales o nucleares en las inmediaciones.

☐ 3 Comprueba la existencia de instalaciones eléctricas, carreteras importantes, lagunas y arroyos cerca de la casa.

☐ 4 Averigua cuanto puedas sobre los inquilinos actuales.

☐ 5 Observa la casa desde el exterior para ver qué *chi* podría tener dentro.

☐ 6 Estudia el perfil de la casa teniendo en cuenta los cinco elementos y comprueba si hay conflictos potenciales con las casas circundantes.

- [ ] 7 Comprueba si las esquinas de otros edificios señalan hacia la casa que te interesa.

- [ ] 8 Observa el exterior del área para determinar si la mayor parte del *chi* procede de una dirección concreta. Si fuera el caso, emplea una brújula para saber cuál es el *chi* predominante.

- [ ] 9 Mientras entras en la casa comprueba si las escaleras vienen en tu dirección, con lo cual el *chi* sale por la puerta principal.

- [ ] 10 Mientras recorres la casa trata de asimilar el *chi* y ver cómo te sientes.

- [ ] 11 Analiza cómo entra la luz en la casa y si hay algo que le impida el paso. Si fuera el caso, emplea la brújula para saber qué *chi* podría estar debilitado.

- [ ] 12 Analiza la distribución de la casa (o consigue un plano, si es posible) para determinar si la mezcla del *chi* es equilibrada o hay energías carenciales.

- [ ] 13 Calcula cuánto trabajo se necesitará para dotar a la casa de un ambiente natural.

- [ ] 14 Controla la ubicación de todos los elementos de agua y fuego para saber si necesitarás aplicar soluciones.

RITUALES CUANDO TE TRASLADES

BENEFICIO: Limpiar el *chi* antiguo.

Cuando te trasladas a un nuevo hogar, es recomendable limpiar el *chi* de los antiguos ocupantes para así empezar de cero. El momento idóneo es cuando la casa está vacía, antes de que llegue el mobiliario.

Qué hacer

1 Cuando empaquetes todo trata de deshacerte de lo que no quieras de modo que llegues a la casa nueva con lo imprescindible.

2 El método más rápido y eficaz para limpiar el *chi* antiguo consiste en hacer una limpieza a fondo en la casa nueva. Te será más fácil si está vacía. No dejes nada de polvo ni suciedad en las habitaciones. Es aconsejable hacerlo un día soleado y seco para que el sol renueve el ambiente. Deja las ventanas abiertas para permitir la entrada de *chi* nuevo en la casa.

3 Si conservas las alfombras, límpialas bien porque ahí es donde suele acumularse el polvo y la energía estancada. Si te apetece, vale la pena lavar las paredes.

4 Las campanillas son muy útiles para agitar el *chi* viejo y estancado. Haz sonar una campanilla en todos los rincones y en los lugares donde suele acumularse el polvo. Las ondas sonoras harán entrar en movimiento el *chi* viejo y atraerán el nuevo. Asimismo, puedes dar palmadas mientras resoplas con fuerza para agitar el *chi* más rápidamente.

5 Absorbe el *chi* viejo con sal marina. Espolvoréala por el suelo antes de acostarte. Por la mañana aspira o barre la sal y sácala de la casa para deshacerte de la energía negativa. Repite el ejercicio varias veces hasta que percibas que el ambiente está fresco y renovado.

Cuantos más métodos emplees para eliminar el chi *viejo de la casa más fácil te será llenarla con el tuyo propio.*

APRÓPIATE DE TU NUEVO HOGAR

BENEFICIO: Armoniza la casa con tu personalidad.

El *chi* mental y emocional no sólo está en tu cabeza, sino que se extiende a tu alrededor. Por eso podrás llenar la casa con tu *chi* de modo que se convierta en una extensión de tu yo emocional y mental. Para cambiar el entorno con tu propio *chi* tienes que irradiar pensamientos positivos en la casa nueva.

Qué hacer

1 Medita y concéntrate en lo que intentas conseguir en la vida. Al exhalar, imagina que exhalas esos pensamientos hacia la habitación y que recubren cada recoveco y pintan las paredes.

2 Enciende una vela y concéntrate en ella. Te ayudará a propagar el *chi* porque los pensamientos se funden con las ondas luminosas que se irradian por la habitación. Siéntate o arrodíllate frente a una vela encendida y envía a la llama todos los elementos positivos que te gustaría conseguir en la casa. Al exhalar, trata de canalizar tu *chi* hacia la base de la llama.

3 El sonido de una campanilla te ayudará a propagar la energía de tu *chi*. Al agitar la campanilla las ondas sonoras atraviesan tu espacio mental y se llevan la energía del *chi* consigo. Agita la campanilla cuando tengas una idea o un sentimiento que desees enviar con todas tus fuerzas.

4 Asimismo, los cánticos te ayudarán a propagar el *chi* y las emociones con más intensidad. Trata de emitir sonidos «aaah», «oooh» y «mmm» mientras meditas.

El color púrpura y la vela producen un chi *fuego intenso que ayuda a propagar tu* chi *emocional por el ambiente.*

EL FENG SHUI Y LA FAMILIA

CREA EL AMBIENTE IDÓNEO PARA TU FAMILIA

La casa en la que creces suele ejercer una gran influencia en los años de formación. La vida familiar no sólo está en la casa sino que también la define. Existe una diferencia abismal entre las casas de las personas que tienen hijos y las que no. Las casas con familia rezuman vida por todos los costados. Si tienes familia, es importante que trates de crear el mejor entorno para tus hijos porque las experiencias que tengan en la casa les influirán para el resto de sus vidas.

En este apartado se explica cómo sacar el máximo provecho a la vida familiar. A continuación se exponen varias sugerencias que se desarrollarán en las páginas siguientes.

- Evita contaminar la casa con el *chi* propio de discusiones desagradables, resentimiento acumulado o envidia; trata esos problemas fuera de casa.
- Para comprender mejor la dinámica familiar examina los tres números *ki* de todos. Si uno o más miembros de la familia son opuestos desde la perspectiva de los cinco elementos, busca la manera de aportar el *chi* que falta.
- Busca métodos sencillos para que el *chi* sea más yin y plácido y reducir así el riesgo de discusiones.
- Aumenta el *chi* que ayude a que todos se diviertan y sean más alegres.
- Céntrate en la cocina porque suele ser el corazón del hogar familiar.
- Mantén limpio y funcional el *chi* del lavadero.
- Asegúrate de que la despensa esté bien organizada de modo que todo tenga un lugar y los artículos más utilizados estén a mano.
- El ambiente del cuarto de los niños influirá en el sueño del bebé, junto con los estímulos visuales que recibirá, por lo que es importante que lo ordenes con esmero para aumentar las posibilidades de que disfrute de un sueño plácido.

Los espacios idóneos para niños son aquéllos donde puedan tumbarse y estén diseñados para su altura.

• Formar parte de una familia significa que en un momento dado es probable que sufras la pérdida de alguien cercano. Tu casa puede ayudar a conservar su memoria y a asimilar el dolor de la pérdida.

• La familia suele relajarse en el salón, por lo que es útil que el *chi* presente refuerce esa sensación.

• Los tejidos de las habitaciones ofrecen suavidad, color y, a veces, imágenes. Los sofás, las sillas, los sillones, los cojines, las cortinas y las alfombras suelen acumular el *chi*, al igual que polvo, por lo que es aconsejable mantenerlos limpios.

• El cuarto de los juguetes es esencial para el desarrollo de los niños y es recomendable que pasen mucho tiempo rodeados de un *chi* natural y vigoroso que refuerce su salud mental y física.

CONSIGUE EL AMBIENTE PERFECTO

BENEFICIO: Crea un buen ambiente para toda la familia.

La casa es el lugar donde la familia se reúne y el *chi* confluye. Lo armonioso de la unión dependerá del *chi* ambiental de la casa. Si el *chi* se desplaza demasiado rápido pueden producirse trastornos y será difícil relajarse juntos; si hay demasiado *chi* vertical la interacción será escasa.

Lo idóneo es un flujo del *chi* regular y constante con un elevado componente horizontal que favorezca la armonía entre todos. Las familias suelen relajarse con más facilidad cuando domina el *chi* descendente.

Qué hacer

1 Relájate a solas y cavila sobre qué necesitas para mejorar la vida familiar. Por ejemplo, pasar más tiempo juntos, ser más tolerante con los demás, divertirse más, apreciar o ser más respetuoso con el espacio vital de cada uno.

2 Consulta las nueve clases de *chi* de la página 36 o la tabla de las páginas 37-41 para saber qué dirección aportaría el *chi* que más se necesita en la casa. Por ejemplo, el *chi* del norte otorga más espacio a todos; el *chi* del oeste fomenta la diversión y el *chi* del noroeste nos ayuda a ser más respetuosos con los demás.

3 Cuando hayas identificado el *chi* que necesitas, trata de incorporar al hogar sus colores, materiales, formas o aspectos especiales según el feng shui. Por ejemplo, para aportar más *chi* oeste podrías emplear el color rosa, los objetos metálicos, las formas redondas y flores rosas en un jarrón plateado.

4 Los cabezales de las camas deberían orientarse hacia el *chi* que más necesitas; o siéntate a menudo mirando hacia esa dirección. Por ejemplo, para crear un ambiente familiar más estable, unido y comprensivo trata de asimilar más *chi* del suroeste.

Características de las direcciones

- **Este**: Permanecer activo y hacer cosas; olvidar rápidamente las discusiones y seguir adelante con la vida.
- **Sureste**: Ser delicado con los demás; evitar enfrentamientos y buscar armonía.
- **Sur**: Salir más y pasar poco tiempo en casa; expresivo e interactivo en casa.
- **Suroeste**: Unido y más dependiente de los demás; aumentar el lado comprensivo, cariñoso y desprendido de las personas.
- **Oeste**: Aumentar la diversión general y la satisfacción mutua.
- **Noroeste**: Mostrarse más respetuoso hacia los demás, actuar con mayor dignidad y responsabilizarse de otros miembros de la familia.
- **Norte**: Otorgar más espacio a los demás y ocuparse de lo propio; ser más cariñoso y tolerante, pero independiente.
- **Noreste**: Más claro y franco con los demás; no aceptar situaciones con las que no se está satisfecho.

EVITA CONTAMINAR EL HOGAR CON TRASTORNOS

BENEFICIO: Libera el ambiente del *chi* perturbador.

Cuando se produce una discusión familiar, un disgusto o un desacuerdo violento, proyectas a tu alrededor el *chi* asociado a las emociones del momento. Asimismo, si procesas emociones intensas, un rencor acumulado, celos o ira, irradias ese *chi* en el ambiente que te rodea. Si ocurre mientras estás en casa corres el riesgo de llenar la casa de ese *chi*. Si sucede de manera regular tendrá un efecto acumulativo, con lo cual es posible que sientas esas emociones cada vez que vayas a casa al asimilar restos del último trastorno.

Qué hacer

• Si quieres tratar un tema que sabes que seguramente provocará una reacción intensa, si deseas expresar algo que te importa mucho o si presientes que hay algo a punto de llegar a un punto crítico, trata de resolverlo fuera de casa. Un parque, una cafetería, un bar o un edificio público impedirán que tu casa se contamine del *chi* de la interacción y no asimilarás asociaciones negativas.

• Si tienes una discusión en casa, abre las ventanas a continuación para limpiar el *chi*. Si fuera necesario, espolvorea sal en el suelo por la noche y aspírala y tírala fuera de casa a la mañana siguiente.

• Una limpieza general ayudará a agitar el *chi* negativo del día anterior y a renovar el ambiente.

Cuando sabes que es posible que tengas una discusión agresiva, hazlo fuera de casa para evitar contaminar el chi*. Sentarse uno junto al otro como en la fotografía resulta menos agresivo que sentarse uno frente al otro.*

ASTROLOGÍA DEL FENG SHUI FAMILIAR

BENEFICIO: Comprender mejor las relaciones familiares.

Al analizar el *chi* de la astrología feng shui de cada familiar se tiene una impresión de cómo encaja todo. Tal vez descubras que algunos niños están más unidos al padre y otros a la madre, lo cual facilitará la tarea de decidir quién debería ayudarles cuando tengan problemas. En algunos casos, uno de los hijos puede ser muy diferente del resto de la familia y le costará más sentirse integrado.

Qué hacer

1 Consulta los tres números de todos los familiares en la página 44, luego la 33 para comprobar qué elemento corresponde a cada número. Por ejemplo, el 1 está asociado al agua. Escribe el nombre de cada persona, sus tres números y los elementos asociados debajo de los respectivos números.

2 Partiendo del diagrama de los cinco elementos de la página 30, utiliza los números de los familiares para ver quién comparte el mismo elemento, quiénes tienen elementos correlativos y quiénes opuestos. Sólo tienes que comparar los números que ocupan la misma posición. Por ejemplo, compara el número de año con otros números de año, luego el número de mes con otros números de mes y los números de eje. El número de año describe cómo se llevan los familiares a la larga, los números de mes cómo interactúan emocionalmente y los números de eje cómo juegan juntos.

EJEMPLO DE UN MAPA FAMILIAR

AÑO	MES	EJE
Persona A		
Metal	Madera	Tierra
7	4	8
Persona B		
Metal	Metal	Metal
7	6	6

En este ejemplo, los números de año coinciden, los números de mes son opuestos y los números de eje son armoniosos.

3 Identifica a los familiares que comparten un elemento. Les será más fácil comprenderse aunque no estén de acuerdo.

4 Identifica a los familiares que tienen elementos correlativos. Eso sugiere una relación armoniosa basada en las concesiones mutuas.

5 Identifica a los familiares cuyos elementos sean opuestos. Tendrán una relación dinámica basada en la atracción, pero les costará comprenderse.

APORTA EL CHI QUE FALTA

BENEFICIO: Une a la familia.

Si estudias la familia como un todo es posible que descubras que todos están vinculados a otra persona mediante el mismo elemento o un elemento armonioso (véase pág. 284). Si fuera el caso, la familia suele alcanzar una especie de equilibrio y los problemas se solucionan con la intervención de otro familiar. Por ejemplo, si dos hermanos tienen números de mes con los elementos del fuego y el agua, existe el riesgo de que se produzcan malentendidos; sin embargo, otro familiar con un número de mes asociado al elemento madera podría llenar el vacío y le resultaría fácil lograr una solución satisfactoria.

En algunas familias uno de los miembros podría ser único en el sentido de no compartir ningún elemento ni tener uno correlativo, lo cual podría provocar una sensación de exclusión, diferencia y de falta de integración.

Qué hacer

1 En una situación en la que un familiar es opuesto a todos los demás, consulta la tabla de los cinco elementos de la página 30 para comprobar qué elemento debe incorporarse para llenar el vacío. Por ejemplo, el *chi* tierra aporta armonía al fuego y el metal.

2 Emplea colores, materiales y formas del elemento que llena el vacío. Por ejemplo, los amarillos, los marrones, los beis y los negros mate incorporan más *chi* tierra. Las telas, la arcilla y los objetos de barro propician su aumento. Las formas bajas y planas aportan más *chi* tierra a una habitación.

EJEMPLO DE UN MAPA FAMILIAR CON UN ELEMENTO AUSENTE

	AÑO	MES	EJE		AÑO	MES	EJE
Madre	Tierra 2	Tierra 2	Tierra 5	**Hermano**	Tierra 2	Fuego 9	Metal 7
Padre	Metal 6	Fuego 9	Tierra 2	**Hermana**	Madera 3	Agua 1	Metal 7

En este ejemplo, el *chi* del año y el mes de la hermana se oponen a los del resto de la familia.

3 Si crees que hay un problema que lo justifique, gira la cama del familiar en cuestión de modo que su coronilla esté orientada hacia la dirección que aporte el *chi* con el elemento que falta. En el ejemplo mostrado, orientar la cama hacia el suroeste o noreste aportaría más *chi* tierra.

REDUCE LAS DISCUSIONES

BENEFICIO: Relaja el ambiente al cambiar la mezcla de *chi* presente.

Un método para disminuir la tensión en casa consiste en crear un ambiente más relajado y yin, donde el *chi* fluya más lentamente. Eso ayuda a no reaccionar de forma inmediata y a pensar dos veces lo que se dice. Es conveniente construir un hogar en el que el *chi* no esté dando tumbos, sino que se desplace plácidamente por las habitaciones.

Qué hacer

1 Crea un ambiente más yin con tejidos naturales y suaves, por ejemplo en los almohadones, las cortinas largas y los manteles. Los azules, verdes y cremas claros contribuyen a crear un ambiente relajado. Evita los colores brillantes, sobre todo el rojo y el púrpura, ya que podría añadir un *chi* más exaltado y perturbador.

2 Suaviza las esquinas pronunciadas con plantas frondosas o tejidos naturales para que tu familia no esté tan expuesta al *chi* acelerado y agitado.

3 Para relajar el ambiente aporta más energía del *chi* norte, asociado a la noche y el invierno. Utiliza colores crema, formas curvas y cristal; por ejemplo, flores color crema en un jarrón de cristal curvo. Si hay alguien en tensión constante, haz que se siente mirando al norte. Otras direcciones relajantes son el oeste, el noroeste y el suroeste.

4 Recuerda que la energía *chi* agresiva y perturbadora del sur empeorará la situación. Pon carbón vegetal en un recipiente de barro en la parte meridional de la casa ya que el *chi* tierra apacigua el *chi* fuego del sur. Emplea amarillos, beis o marrones claros y tejidos suaves en el sur para apaciguar el *chi* fuego.

5 Cultiva plantas frondosas o de hojas blandas para aumentar el *chi* plácido y yin. Aleja las plantas con espinas de los lugares en que la familia suele sentarse y relajarse.

6 Repasa el número de espejos que hay en la casa y trata de reducir esa cantidad para evitar que el *chi* se refleje por doquier.

La iluminación tenue y los tejidos suaves (ambos chi *tierra) junto con los colores crema yin crean un ambiente plácido y relajante donde es más fácil resolver las diferencias.*

DIVERTÍOS JUNTOS

BENEFICIO: Crea un ambiente más desenfadado.

Para crear un ambiente más alegre necesitas aumentar la presencia del *chi* del oeste. Esta energía alegre está asociada con el atardecer, el trigrama de la hija menor, el lago y la época de la cosecha. Cuanto más asimiles este *chi*, más tendrás la gozosa sensación de acabar la jornada laboral sabiendo que te esperan unas horas de diversión.

Qué hacer

1 Para aumentar el *chi* del oeste emplea el color rosa, sobre todo en esa zona de la casa. Coloca flores rosas ahí, como por ejemplo, unas rosas en un jarrón de plata.

2 Para asimilar más *chi* del oeste, duerme con la cabeza hacia el oeste o siéntate más a menudo mirando hacia esa dirección.

3 Aumenta los elementos yin de tu casa. Los colores pastel, los tejidos suaves y las formas curvas serán muy útiles. Las líneas rectas, las esquinas pronunciadas y un mobiliario recargado crearán un ambiente demasiado yang y serio. Emplea plantas para suavizar los salientes y para romper las líneas rectas.

4 Coloca cuadros, esculturas y poemas románticos en un lugar visible. Pon música romántica en los momentos adecuados.

5 Consulta la página 53 para comprobar en qué etapa se encuentra el número de tu año y en qué mes estará en el oeste. Te resultará más fácil divertirte cuando el número de tu año esté al oeste, sureste o sur.

El rosa atrae el chi *del oeste a tu propio campo del* chi *y hará que te sientas más alegre.*

6 Cuelga un espejo en el oeste de modo que la parte de atrás dé a una pared externa, lo cual activará el flujo del *chi* del oeste.

7 La ropa con elementos rosas o rojos, las joyas de plata y los tejidos suaves crearán un ambiente *chi* más alegre y desenfadado.

LA COCINA Y EL COMEDOR

BENEFICIO: Fortalecen el corazón de la familia.

La cocina y el comedor suelen ser el corazón de la familia porque son los lugares donde todos se reúnen para comer y beber. Para muchas familias con hijos mayores es el principal punto de encuentro. El ambiente es muy importante; cuando estéis juntos debe ser una experiencia agradable que contribuya a establecer relaciones positivas. Para ello es conveniente crear un *chi* contenido, equilibrado y que se desplace lentamente, lo cual es fácil de conseguir con el *chi* tierra del suroeste y el *chi* metal del oeste.

Qué hacer

1 Emplea madera en las zonas en que quieras pasar más tiempo, ya que será más yin que la piedra o el metal. Si quieres ralentizar el *chi* aún más para aumentar el tiempo que pasáis juntos, pon cojines en las sillas, emplea manteles de lino o algodón y coloca una alfombra en el suelo.

2 Para atraer más *chi* tierra equilibrado emplea tonos amarillos, marrones, beis y naranjas en los cojines, manteles, servilletas, manteles individuales o vajilla.

3 Para contener el *chi* del comedor utiliza formas circulares y metálicas. Una mesa oval o redonda permite que todo el mundo se vea, facilita la comunicación y mantiene el *chi* de la familia en la mesa.

4 Para orientar el *chi* hacia abajo emplea iluminación cercana al suelo. Apaga las luces del techo y utiliza lámparas de mesa con pantallas de tela o velas.

Emplea materiales suaves y naturales si quieres crear un ambiente familiar agradable. La madera, el lino y la cerámica son idóneos.

EL LAVADERO

BENEFICIO: *Chi* más limpio.

Es importante que las estancias donde se procesa agua estén en armonía con el *chi* ambiente para que así el paso del agua por la habitación sea lo más suave posible. El *chi* agua que generan las lavadoras y los lavaderos se mezcla con el *chi* de esa parte de la casa. Esa mezcla puede ser armoniosa empleando la teoría de los cinco elementos (véase pág. 30). El principio consiste en añadir el *chi* que figura entre los dos elementos opuestos. Además, si hubiera demasiado *chi* agua en un lugar, podría irse agotando. Asimismo, si el *chi* agua agota el *chi* del ambiente, éste puede reforzarse.

Qué hacer

- Cuando un lavadero está orientado al norte corre el riesgo de sufrir un exceso de *chi* agua y es probable que los miembros de la familia se preocupen, se sientan solos o aislados. Tendrá que compensarse con más *chi* madera en forma de plantas, superficies de madera y el color verde.
- El *chi* tierra del noreste, suroeste o centro pueden ejercer una influencia destructiva sobre el *chi* agua y provocar una pérdida de vitalidad, empeorar la salud y disminuir la libido. Armoniza los *chi* agua y tierra con más *chi* metal. Emplea superficies metálicas, azulejos y colores plata o grises.
- Si el lavadero está orientado al sur es posible que el *chi* agua destruya el *chi* fuego de la zona y, por lo tanto, te costará más ser sociable, apasionado o expresivo, salvo que haya bastante energía *chi* madera. Añade muchas plantas, superficies de madera y utiliza el color verde.

• Si el lavadero está al oeste o al noroeste el *chi* agua podría mermar el *chi* metal y provocar despreocupación económica y falta de placer o romanticismo. Para reforzar el *chi* metal emplea superficies metálicas, formas redondeadas, azulejos y colores plata o grises.

Tener una ventana en el lavadero supone una gran ventaja ya que permite renovar el chi.

ALMACENAMIENTO

BENEFICIO: Mejora la organización.

Disponer de medios adecuados y funcionales para almacenar te permitirá tener las superficies abiertas limpias y ordenadas para que el *chi* se desplace sin obstáculos. Resulta práctico que sepas dónde está todo para no perder el tiempo buscando cosas. Cuando almacenes objetos es importante seguir criterios funcionales. Tienen que estar al alcance de la mano, no deben estorbar, deben ser fáciles de limpiar y agradables a la vista. Los objetos que desees almacenar deben estar en consonancia con el espacio del que dispones.

Qué hacer

1 Coloca todo lo que necesitas guardar en el centro de la sala y ordénalo según quieras tenerlo almacenado, la frecuencia de uso y dónde debería estar (por ejemplo, colgado, en estantes o en cajas). Algunas cosas tendrán que estar en el dormitorio, el baño o la cocina.

2 Decide si te conviene almacenar en vitrinas o tarros o si necesitas etiquetar los recipientes.

3 Trata de emplear unidades de almacenaje no empotradas por si algún día decides cambiar la habitación. Ese enfoque flexible te ayudará a adaptarte a las necesidades de cambio a medida que pasen los años.

4 Para el almacenaje de tiempo indefinido utiliza el garaje o el desván. Aunque estos lugares no suelen estar a la vista, es importante invertir en sistemas de almacenaje adecuados para así encontrar lo que necesites en cualquier momento.

Las unidades de almacenaje no empotradas te ofrecen la oportunidad de cambiar las cosas de sitio cuando quieras crear un ambiente diferente.

5 Para aumentar el *chi* que te ayude a sentirte más organizado, limpia y organiza la zona noroeste de la casa o apartamento. Cultiva plantas en recipientes metálicos o cuelga un reloj de péndulo con el mayor número posible de piezas metálicas para incrementar la sensación de ritmo y estructura en la casa. Es importante porque, cuando hayas acabado de ordenarlo todo, tienes que almacenarlo y guardarlo en el lugar que le corresponde.

EL SALÓN

BENEFICIO: Obtener el *chi* que necesitas.

La decoración y diseño del salón definen el *chi* general del espacio y puedes hacerlo más yin o yang a través de los colores, el diseño, los materiales y el mobiliario que emplees. Cuando coloques los sillones tendrás la oportunidad de ubicar a tu familia y a ti en los lugares que te ayuden a sentirte como deseas.

Una de las mayores influencias será la dirección que encares, pero no la única. Es aconsejable que una pared, biombo o planta grande te proteja la espalda y que tengas el mayor espacio posible delante de ti. Si el salón lo usan varias personas debes colocar los sillones de modo que se cree un ambiente social agradable, por lo que los sillones suelen orientarse hacia el centro de la estancia.

Qué hacer

1 Para saber qué dirección encaras, siéntate con la brújula alejada de ti y anota la lectura.

2 Decide qué dirección de la lista siguiente te conviene más y luego coloca el mobiliario respetándola.

Colocar los sillones sobre una alfombra disminuye el flujo del chi *alrededor de los mismos y crea un ambiente agradable, acogedor y equilibrado.*

Características de las direcciones

- **Este**: Favorable para estar activo y ocupado; idóneo para poner ideas en práctica.
- **Sureste**: Favorable para la comunicación; beneficioso si deseas mantener una conversación agradable.
- **Sur**: Útil para sentirse apasionado, expresivo y sociable; idóneo para recibir a las amistades.
- **Suroeste**: Asociado con las relaciones duraderas y beneficioso para la armonía familiar.
- **Oeste**: Idóneo para el romanticismo, el placer y sentirse más satisfecho y relajado al atardecer.
- **Noroeste**: Idóneo para ocuparse de las necesidades familiares y tomar decisiones con mayor sensatez.
- **Norte**: Útil para sentirse más tranquilo y relajado; idóneo para la meditación.
- **Noreste**: Beneficioso para la motivación, ser más competitivo y encontrar un sentido a la vida.

ASIENTOS

BENEFICIO: Sentirse relajado, agradable y cómodo.

Los accesorios blandos suelen ralentizar el *chi* y conferir al ambiente un carácter acogedor y cómodo. La forma de los asientos establece la postura que adoptas cuanto te sientas en ellos. Cuanto más cerca estés del suelo, mayor será la conexión con el *chi* de la tierra. El *chi* tierra tiende a ayudarte a sentirte seguro y estable, por lo que acomodarse en un gran cojín o un sillón relleno de bolitas te acercará a ese *chi*.

Además, cuanto más erguido estés mayor será el flujo del *chi* yang y vertical; cuanto más tumbado estés mayor será la sensación yin y de relax. Intenta disponer de distintos tipos de asientos de modo que tengas la opción de adoptar distintas posturas dependiendo de tu estado de ánimo. Las posturas cambian la forma de tu campo *chi* externo y te ayudan a pensar y sentir de manera diferente.

También debes tener en cuenta si el asiento te acomoda según los cinco animales (véase pág. 34). Para ello necesitarás un respaldo elevado y poder apoyar los brazos por completo.

Sentarse cerca del suelo en una postura recostada te ayuda a conectar con un chi *más estable y a sentirte más satisfecho.*

Qué hacer

1 Observa el salón y los distintos tipos de asientos.

2 Comprueba si te ofrecen la posibilidad de adoptar posturas que se adapten a tus estados de ánimo. La gente suele tener sillones y sofás por lo que tendrías que buscar otros tipos de asientos, como sillas con respaldo vertical, sillones rellenos de bolitas o cojines grandes en el suelo.

3 Trata de añadir asientos nuevos sin por ello perder un lugar dominante en el salón. Por ejemplo, es recomendable estar de espaldas a la pared, con vistas a la puerta y ventanas. Además, es conveniente que te encares hacia la dirección que te aporte el *chi* que deseas.

LA HABITACIÓN DEL BEBÉ

BENEFICIO: Sueño reparador.

Un bebé pasa gran parte del día durmiendo y disfrutar de un sueño reparador es esencial para crecer sano. Así pues, la principal función de la habitación del bebé es ofrecer el ambiente idóneo para un sueño profundo.

La ubicación de la cuna afectará a sus hábitos de sueño, sobre todo la orientación del cabezal ya que determina qué *chi* asimila más mientras duerme por la noche, aunque también influye de día.

Qué hacer

Consulta las siguientes direcciones y elige la que creas que ayudará más al bebé.

• **Este**: Idóneo para el crecimiento, por lo que es útil a una edad temprana. Dado que la energía del este es más activa al comienzo del día ayuda a sentirse más despejado por la mañana.

• **Sureste**: Útil para dormir y un desarrollo y crecimiento armoniosos; tiende a estimular la imaginación y la creatividad del bebé.

• **Sur**: Podría provocar problemas de sueño, aunque la ventaja es que ayuda a desarrollar el espíritu espontáneo y la lucidez mental.

• **Suroeste**: Dirección estable que potencia la buena calidad del sueño; este *chi* fomenta un carácter cauto, práctico y bondadoso.

• **Oeste**: Combina los beneficios del sueño de buena calidad con un ambiente alegre, distendido y jovial.

• **Noroeste**: Un *chi* más serio y demasiado maduro para un bebé, aunque ayuda a dormir y a ser sensato.

• **Norte**: Dirección tranquila que ayuda a los bebés que tienen problemas para dormir; es mejor usarlo de manera temporal porque es un *chi* demasiado tranquilo para un bebé en crecimiento.

• **Noreste**: Demasiado intenso para un sueño reparador que incluso podría provocar los berrinches del bebé; es una energía útil sólo si crees que el bebé debería estar más motivado y ser más competitivo.

Si ves que el bebé se revuelve en sueños, comprueba la orientación del cabezal de la cuna para averiguar cuál es el chi *que más necesita.*

LA HABITACIÓN DE LOS NIÑOS

BENEFICIO: Una infancia más natural.

El ambiente idóneo en la habitación de los niños es el que fortalece el sueño reparador, pero también con un *chi* propicio para su desarrollo y crecimiento. Es posible que la habitación también sea el cuarto de juegos, lo cual supone el reto de tener que ser un espacio de diversión durante el día y de tranquilidad durante la noche. Sin embargo, si tienes espacio suficiente es mejor tener habitaciones distintas para jugar y dormir.

Cuanto más natural sea el ambiente de la habitación, más fácil le resultará relajarse y, por lo tanto, mejorará el sueño y la conducta. Los materiales artificiales pueden emitir gases y acumular una carga de electricidad estática, lo que sería perjudicial para la salud del niño.

Qué hacer

1 Intenta que los niños sean conscientes del material del que están hechos los juguetes e ínstales a que los elijan de metal, madera o tela en lugar de plástico.

2 Aparta de las camas los objetos eléctricos, como ordenadores, luces, cables o estufas. Si es posible, sácalos de la habitación y guárdalos en otra porque los niños son más sensibles a los CEM mientras duermen.

3 Observa los tejidos de la habitación, incluyendo ropa, ropa de cama, cortinas, alfombra y cojines. Si contienen fibras sintéticas cámbialos por otros de algodón o lino cien por cien. Cuanto más cerca estén de la piel del niño, mayor será su influencia sobre el campo de energía *chi*, sobre todo en el caso de la ropa interior, los pijamas y las sábanas.

4 Si te falta espacio, usa un futón en lugar de la cama; puede enrollarse y guardarse durante el día para disponer de más espacio de juego.

5 Evita los muebles de DM o madera contrachapada ya que podrían despedir gases tóxicos. Utiliza madera maciza porque es mucho mejor conductora de la energía *chi*.

6 Cultiva varias plantas sanas en la habitación.

Emplea materiales naturales para evitar la acumulación de gases tóxicos.

DOLOR: CREAR UN SANTUARIO SAGRADO

BENEFICIO: Mayor sensación de plenitud.

Cuando alguien cercano muere, es natural sentir soledad, dolor, miedo, depresión o ira. Una manera de conservar una vinculación espiritual con el ser querido que ha fallecido es crearle un santuario.

Te ayudará a sentir que existe un lugar específico dedicado a esa persona. Puede convertirse en un lugar especial en el que medites sobre esa persona querida, hables con ella y revivas algunos de los momentos más felices.

Qué hacer

1 Elige un lugar en la zona noroeste o norte de la casa en el que puedas colocar una mesa, estante o pedestal.

2 Elige fotografías de la persona que rememoren los momentos más felices. Puedes crear una historia visual de su viaje por la vida con imágenes de la infancia, de los acontecimientos más importantes y de sus últimos días. Te ayudará a verlo todo con más perspectiva.

3 Coloca las fotografías en la mesa, estante o pedestal, añade un cuenco con agua fresca, una planta o flores recién cortadas, un pequeño cuenco con cereales integrales (arroz, por ejemplo), una vela y un platito con sal marina. Cambia el agua a diario y la sal y los cereales cada semana.

Coloca objetos que te recuerden a la persona querida en una mesa o estante para que ese espacio se convierta en un santuario que te una a ella.

4 Si creas un santuario para alguien que murió hace muchos años, puedes ir a buscar una piedra que esté cerca de su tumba y ponerla en el cuenco con agua.

5 Cuando te apetezca, enciende la vela y arrodíllate o siéntate mirando al santuario. Puedes revivir los mejores momentos juntos o hablar de las cosas que nunca se dijeron.

EL FENG SHUI Y LA VIDA PROFESIONAL

LA OFICINA EN CASA

La oficina en casa se está convirtiendo en un aspecto importante de los hogares modernos porque cada vez hay más gente que tiene la oportunidad, y el deseo, de trabajar en casa. Muchas empresas ofrecen a los empleados la opción del teletrabajo. Esto ha sido posible porque los ordenadores, las conexiones de correo electrónico, Internet, los teléfonos, los faxes, las fotocopiadoras y los escáneres permiten que hasta el despacho más pequeño trabaje a nivel global. El problema de las oficinas en casa es que suelen ser pequeñas y el trabajador está expuesto a niveles muy elevados de campos electromagnéticos. Sin embargo, el feng shui puede ayudarte a mejorar ese espacio. Las siguientes ideas exponen lo básico para crear la oficina en casa y se desarrollan con mayor detalle en este apartado.

- Uno de los aspectos más importantes es encontrar el mejor sitio para sentarse. Es importante sumergirse en el mejor *chi* posible para sacarle partido a todo tu potencial.
- La mesa de trabajo define la relación con tus tareas e influye en tus sensaciones. Dado que los métodos de trabajo modernos han cambiado tanto, existe una mayor necesidad por crear nuevas mesas de trabajo que fomenten la eficacia de todos los elementos.
- La silla es esencial para la comodidad y la salud a largo plazo de la espalda, hombros y nuca.
- El campo electromagnético de los aparatos eléctricos de una oficina moderna tiende a disminuir la capacidad para pensar con claridad y concentrarse; en situaciones extremas, podría causar problemas de salud duraderos.
- Lo idóneo es sentirse inspirado cada vez que se entra en la oficina en casa, por lo que conviene tener las imágenes adecuadas.

- Durante las etapas más importantes de la vida profesional puedes usar la astrología feng shui para tratar de actuar en el momento mas propicio. Resulta útil para planificar los proyectos a largo plazo (de cinco a diez años). Para los de corto plazo, puedes encontrar la etapa idónea durante los nueve meses venideros.
- Las direcciones de los meses y años te serán favorables según tu número de año. Te ayudarán a encontrar las mejores direcciones para encontrar un nuevo trabajo desde tu casa.

Cuando trabajes con otra persona es conveniente sentarse formando un ángulo para armonizar los campos externos del chi.

CREA UNA PLATAFORMA PARA TU VIDA PROFESIONAL

BENEFICIO: Cambiar de trabajo o revitalizar el que se tiene.

Gran parte de la vida adulta se pasa en el trabajo, por lo que es importante que hagas algo que te guste y en lo que creas. Cuando todo va bien el trabajo puede ser una fuente de inspiración y proporcionarte más energía. Para que así sea, la oficina en casa debería ser el punto de partida de la vida profesional que deseas de verdad.

Para comenzar un trabajo con buen pie necesitas entusiasmo, confianza y estar convencido de que saldrá bien. Esos aspectos se encuentran en la energía *chi* del este. Para ayudarte a empezar de la mejor manera posible necesitas atraer más *chi* del este hacia tu campo energético. Este *chi* también te ayudará a estimular y activar tu vida profesional si no está como deseas.

Qué hacer

1 Coloca un cuenco en la zona este de la casa u oficina. Rellénalo todas las mañanas para renovar la energía del agua. El agua refuerza la energía madera del este y aumenta la presencia de esta energía primaveral y matinal. El efecto será mayor si se coloca el agua de modo que le llegue el sol matutino.

2 Cultiva plantas en la zona este de la oficina para incrementar el *chi* del este; las plantas también representan el *chi* madera y aportan esa energía.

3 Trabaja orientado al este para introducir esa energía en tu propio campo del *chi*. Si no es posible, encárate al sureste.

4 Para comenzar algo de cero, deshazte de todo lo que no necesites y crea espacio para que ocurra algo nuevo. Cuesta más comenzar algo cuando te falta espacio y todavía te rodean los restos de proyectos anteriores.

Sentarse en una posición elevada en un espacio despejado ayuda a ser lúcido, resuelto y atento.

POSTURAS PARA SENTARSE

BENEFICIO: Asimila el *chi* para mejorar la vida profesional.

La dirección que encaras te alinea con un *chi* concreto y eso cambia el modo de trabajar en la oficina.

Qué hacer

A continuación se enumeran las direcciones, junto con sus posibles beneficios, para que elijas la que más te convenga. También puedes hacerlo dependiendo de tu trabajo, aunque es una prioridad secundaria. La ubicación del escritorio respecto a las puertas y ventanas influye en cómo te sientes en la oficina. En el caso de la puerta, también influye en cómo te perciben los demás cuando vienen a verte. Lo idóneo sería que la puerta estuviera más adelantada que la mesa.

Beneficios de las direcciones

- **Este**: Fomenta la actividad, la ambición y la confianza; favorable para actividades relacionadas con ordenadores, puesta en marcha de negocios y tecnologías de la información.
- **Sureste**: Fomenta la creatividad, la comunicación y la persistencia; favorable para actividades relacionadas con la comunicación, el marketing, la distribución, los viajes y la creatividad.
- **Sur**: Fomenta la lucidez, la capacidad para hacerse notar y la expresividad; favorable para actividades relacionadas con las ventas, relaciones públicas., marketing y espectáculos.
- **Suroeste**: Fomenta la mejora de la calidad, la consolidación y el sentido práctico; favorable para actividades relacionadas con recursos humanos, construcción, servicios de atención al cliente y el trabajo en equipo.

Las pantallas planas ocupan menos espacio y pueden alejarse para reducir la exposición a los CEM.

- **Oeste**: Fomenta la concienciación económica, la capacidad para completar tareas y la satisfacción; favorable para actividades relacionadas con las finanzas, la contabilidad y las inversiones.
- **Noroeste**: Fomenta la organización, las dotes de mando y la responsabilidad; favorable para actividades relacionadas con la gestión, la administración y la planificación.
- **Norte**: Fomenta la objetividad, la tranquilidad y la flexibilidad; favorable para actividades relacionadas con el desarrollo personal, la formación y la liquidez.
- **Noreste**: Fomenta el trabajo duro, la motivación y una actitud competitiva; favorable para actividades relacionadas con la competitividad, las compras, el comercio y la construcción.

LA MESA DE TRABAJO

BENEFICIO: Trabajo eficiente.

El objeto que más te influye en el trabajo es la mesa. No sólo define cómo trabajas, sino cómo te sientes cuando lo haces, por lo que influye en tu *chi* y en tu modo de pensar. También te influyen el material, la forma y el tamaño de la mesa, así como la colocación de los objetos que tengas encima.

Qué hacer

- Los escritorios curvos proporcionan una apariencia más natural y reducen el riesgo de generar el *chi* intenso y agitado de los rincones.
- Una mesa larga y despejada te ayudará a asumir más trabajo sin que te estreses y, a la larga, a ser más ambicioso. Mantener la mesa despejada y los espacios de almacenamiento bien organizados te ayudará a trabajar con eficacia.
- Los escritorios de madera maciza contribuyen al flujo natural del *chi*. Los escritorios hechos de astillas o serrín compactado con adhesivos tienden a obstaculizar el flujo del *chi*, al igual que el plástico. Estos materiales suelen recubrirse con una chapa fina de madera auténtica.
- Las maderas nobles oscuras (como la caoba) son más yang y crean una apariencia más formal, seria e imponente. Las maderas claras de coníferas (como el pino) son más yin y aportan un *chi* relajado y desenfadado a tu campo energético.
- Los escritorios recubiertos de cristal aceleran el flujo del *chi* y fomentan la espontaneidad en la mesa de trabajo. Sin embargo, esta superficie yang no favorece la concentración si tienes que trabajar ahí durante largos períodos de tiempo.

La superficie de cristal acelera el flujo del chi *y te ayuda a trabajar más rápido. No es recomendable cuando necesites paciencia y atención.*

LA SILLA DE OFICINA

BENEFICIO: Una buena postura.

Dado que quizá pases mucho tiempo sentado delante del ordenador es esencial que la silla esté diseñada para estar cómodo durante períodos prolongados. Una de las causas de los problemas de espalda, hombros y nuca es la postura que se adopta en el trabajo.

La base de la columna tiene que estar en el ángulo correcto para que el tronco esté equilibrado sobre las vértebras lumbares, de modo que los

músculos de la columna (incluyendo los de la nuca) no tengan que compensar la mala postura. El riesgo es que los músculos se queden doloridos debido al cansancio y el sobreesfuerzo. Durante el proceso de corrección de la postura, los músculos acumulan ácidos lácticos, los cuales causan rigidez. Si los músculos se ven sometidos al mismo esfuerzo de manera habitual, se corre el riesgo de padecer dolores prolongados y rigidez. Los músculos agarrotados son más propensos a los dolores y muchos dolores de espalda se deben a que un músculo tenso se ha contraído espasmódicamente. Esto limita la movilidad en gran medida y puede acarrear dolores agudos y pérdida de movilidad.

Para reducir estos riesgos, utiliza una silla reclinable. Ajustando el ángulo de la silla, es posible mantener el ángulo idóneo para las vértebras lumbares de modo que la espalda, los hombros y la nuca estén equilibrados sobre la base de la columna. Asimismo, conviene que la altura de la silla sea regulable y que tenga ruedecitas para facilitar la movilidad.

Qué hacer

1 Fija la base del asiento para que esté nivelado.

2 Ajusta la altura de modo que apoyes los pies completamente en el suelo y la cara inferior de los muslos descanse en la silla.

3 Inclina la silla hacia delante lentamente hasta que notes que la base de la columna esté en una posición en la que no tengas que reclinarte.

4 Si fuera necesario, ajusta de nuevo la altura.

Emplea una silla reclinable y de altura regulable para mantener la postura idónea.

TRABAJAR CON ORDENADORES Y REDUCIR EL CEM

BENEFICIO: Mejora la concentración, la lucidez y la salud a largo plazo.

Todo artículo que emplee o transporte electricidad produce un campo electromagnético o CEM, lo cual debe de tenerse en cuenta ya que casi todos los aparatos de las oficinas modernas son eléctricos. Algunos estudios indican que la exposición al CEM es perjudicial para la salud y eleva el riesgo de padecer dolor de cabeza o contraer cáncer. El CEM distorsiona el campo magnético natural de la Tierra y, por lo tanto, no es aconsejable en el feng shui. La exposición al CEM entorpecerá la concentración, la lucidez y el entusiasmo continuado.

El mejor método para reducir la exposición al CEM es mantenerse lo más alejado posible de su fuente. Cuanto más cerca se está de un aparato eléctrico y mayor sea el voltaje y la electricidad que use, mayor será la exposición al CEM.

Qué hacer

1 Comprueba cuántos aparatos utilizan electricidad y a qué distancia estás de ellos cuando trabajas.

2 Desenchufa los que uses poco y así el transformador no estará activo y no emitirá CEM.

3 Aleja cuanto puedas los aparatos eléctricos de la silla de trabajo. Por ejemplo, trata de organizar tu despacho de modo que estés al menos a un metro de cualquier aparato eléctrico.

4 La CPU del ordenador emite niveles de CEM superiores a los del teclado, por lo que es aconsejable que esté apartada. Asimismo, aleja cuanto puedas la pantalla. Las pantallas planas son idóneas ya que puedes colocarlas más lejos y emiten menos radiaciones.

5 Si tienes un portátil, aleja el transformador de ti el máximo posible.

6 Si es posible, coloca una azucena, una cinta o un cactus cerca del ordenador puesto que contrarrestan algunos efectos del CEM (véanse págs. 142-143).

Las plantas ayudan a reducir el CEM del ordenador y dan vida a la oficina.

QUE EL AMBIENTE INSPIRE

BENEFICIO: Mayor estimulación mental.

La calidad del trabajo depende de cómo te sientes en la oficina. Es conveniente que haya imágenes que te inspiren a trabajar mejor, como recuerdos de logros del pasado, imágenes de algo a lo que aspiras u objetos que te hagan sentir bien.

Qué hacer

1 Reúne todos los elementos que podrías poner en el despacho: grabados, cuadros, maquetas, juguetes, certificados, premios, esculturas o fotografías.

2 Apila los que más te inspiren. Por ejemplo, si siempre has querido viajar a la Toscana podrías optar por un cuadro de un pueblo italiano; si siempre has soñado tener un Jaguar podrías poner una maqueta del coche; o un dibujo de la casa de tus sueños.

3 Apila los objetos de los que te enorgulleces: premios, recuerdos de trabajos que has hecho muy bien o algo que te recuerde los mejores momentos de tu vida.

4 Por último, apila elementos que te hagan sentir más positivo: cuadros, fotografías de seres queridos, esculturas, juguetes o relojes.

Emplea la pared para mostrar imágenes que te inspiren o motiven.

5 Elige objetos de los tres grupos para tu despacho. Si fuera posible, sería aconsejable que colocaras las cosas que te inspiran en el este, sureste o sur, los recuerdos del pasado en el oeste, el noroeste o norte y las que te hacen sentir positivo en el suroeste, oeste, norte o noreste.

PLANIFICA LOS CAMBIOS IMPORTANTES DE LA VIDA PROFESIONAL

BENEFICIO: Mayor eficacia.

Utiliza los ciclos naturales para averiguar el momento en que las fuerzas de la naturaleza te ayudarán a conseguir lo que quieres en el trabajo. Usa la información enumerada a continuación; consulta también las páginas 42, 44 y 53 para obtener la información que necesitas.

Qué hacer

Para comenzar un nuevo trabajo

- **Este**: Representa la confianza, el entusiasmo y la ambición; te ayudará a empezar con buen pie y a establecerte rápidamente.
- **Sureste**: Representa una etapa positiva para asumir algo nuevo que puede conducir a un futuro próspero.
- **Sur**: Idónea para causar una buena impresión y llamar la atención; te será más fácil conseguir ofertas de trabajo en esta etapa.
- **Oeste**: Simboliza la concienciación sobre el aspecto económico; obtendrás condiciones lucrativas.
- **Noroeste**: Expresa dignidad, responsabilidad y autoridad; idónea si piensas asumir un puesto directivo.
- **Noreste**: Simboliza competitividad y motivación; una etapa que podría propiciar estrés y conflictos en el trabajo.

Para solicitar un aumento

• **Este y sureste**: Representan etapas positivas para encontrar otro trabajo, por lo que tendrás más confianza en ti mismo.

• **Oeste**: Aumenta los ingresos ya que es un *chi* asociado a la época de la cosecha y atrae el dinero.

• **Noroeste**: Expresa dignidad y sensatez para negociar un aumento de sueldo.

Para solicitar un ascenso

• **Sureste**: Dirección normalmente positiva, por lo que es más fácil realizar una transición armoniosa a un puesto superior.

• **Sur**: Simboliza una época para autopromocionarse, forjarte una buena fama y llamar la atención.

• **Noroeste**: Se asocia con el liderazgo y es idónea para ganarse el respeto y presentarse como alguien capacitado para asumir responsabilidades adicionales.

• **Noreste**: Representa una etapa para ver las oportunidades y aprovecharlas de inmediato.

Para comenzar un negocio

• **Este**: Idóneo para comenzar un negocio con buen pie; la siguiente etapa (sureste) también es positiva para el crecimiento, marketing y desarrollo del negocio; tendrás dos años para establecerte.

• **Oeste**: Se centra en el resultado final y trata de maximizar los beneficios; le siguen el noreste y el sur, que te ayudarán a ser competitivo y a ganarte un nombre en el mercado; tendrás tres años para establecerte.

LAS MEJORES DIRECCIONES PARA EL TRABAJO Y LOS NEGOCIOS

BENEFICIO: Encontrar trabajo y nuevos clientes.

Cada año te son favorables ciertas direcciones dependiendo de tu número de año (véanse págs. 42, 44 y 58). Las direcciones que te son más útiles cada año te ayudarán a triunfar si tienes que hacer algo en esa dirección. Por ejemplo, si buscas trabajo, quieres encontrar nuevos clientes o comenzar un negocio, sería buena idea averiguar las direcciones que te son útiles y luego centrar tus esfuerzos en esa dirección. En teoría, lograrás más objetivos con menos esfuerzo ya que el *chi* positivo te impulsará de manera natural.

Qué hacer

1 Averigua qué direcciones te convienen según las tablas de las páginas 42, 44 y 58.

2 Busca un mapa que incluya la casa y los alrededores que correspondan al trabajo o negocio. Lo idóneo sería tenerlo en una sola página o en un mapa de gran formato doblado o enrollable.

3 Sitúa la casa en el centro de la transparencia y dibuja las ocho direcciones en el mapa (véanse págs. 112-115).

4 Consulta las direcciones que te son favorables este año y si existen áreas potenciales para encontrar un trabajo o clientes nuevos.

Al elegir la dirección que encaras mientras trabajas recargas el chi *más apropiado para ese trabajo.*

5 Consulta también el año siguiente para estar preparado y poder planificar. Para evitar confusiones, emplea notas adhesivas de colores distintos para señalar las direcciones favorables de años diferentes.

6 Para centrar la energía con mayor precisión, busca los meses con direcciones favorables que coincidan con las del año y luego trata de centrarte en esas épocas para el negocio o trabajo nuevos.

EL FENG SHUI Y LA NATURALEZA

TU CONEXIÓN CON LA NATURALEZA

Vivir en cualquier casa, incluso en una con el mejor feng shui posible, siempre será un compromiso ya que el ambiente interno tiende a ser un tanto artificial. Puedes controlar el *chi* de la casa con relativa facilidad, pero pierdes parte de la vitalidad de la naturaleza.

Resulta más fácil aportar un *chi* más natural y vivo si vives en el campo o tienes jardín. En este apartado se presentan métodos para aprovechar al máximo el *chi* que rodea la casa y conectar mejor con la naturaleza para que así el *chi* de las plantas, árboles y fauna nutran tu campo energético. Éstos son los elementos clave para lograr una vinculación más intensa con la naturaleza.

- Las plantas, las flores, la madera, la luz del sol y el aire fresco llenan la casa del *chi* del exterior.
- Las jardineras crean un *chi* natural y poderoso junto a las ventanas y facilitan que esa energía entre en la casa.
- Si vives en una zona residencial, los balcones son una excelente oportunidad para crear *chi* natural cerca de la casa.
- Los jardines te permiten acercar la naturaleza al hogar y, además, puedes influir en la clase de *chi* presente.
- Los elementos agua exteriores atraen el *chi* agua saludable a tu campo energético, lo que te permite incrementar la vitalidad.
- Los senderos ayudan a delimitar el flujo del *chi* por el jardín, por lo que es aconsejable trazarlos de modo que la energía rodee la casa y luego entre en ella.
- Las esculturas y las obras de arte realzan los motivos naturales del jardín y crean un entorno que anima e inspira.
- Los árboles y las plantas que coloques alrededor de la casa establecen el modo en que el *chi* de los cielos se mezcla con el de la tierra. Esto ejercerá una gran influencia en tu propio *chi* y en los estados de ánimo.
- Un jardín de invierno te acerca a la naturaleza aunque estés dentro de la casa. Es idóneo para los climas que no permiten disfrutar del jardín todo el año.

La naturaleza que rodea la casa entrará por las puertas, ventanas y, en menor medida, por las paredes e influirá en el chi *interno.*

CONECTA CON LA FUENTE DE LA VITALIDAD

BENEFICIO: Recarga el *chi*.

Tu *chi* depende del *chi* externo para recargarse, revitalizarse y reponerse. Necesitamos esta mezcla con fuerzas externas para sentirnos vivos y estimulados y, por lo tanto, resulta útil encontrar métodos para que se convierta en un proceso activo.

La solución más obvia es pasar mucho tiempo en lugares donde sientas que la naturaleza vibra y está viva. Una vez allí encontrarás el modo de asimilar el *chi* natural que te rodea.

Qué hacer

1 Busca oportunidades para ir a entornos naturales: parques, campos, lugares para picnic o una pequeña plaza con césped y árboles.

2 Cuando hayas encontrado el lugar natural existen ciertas actividades que te ayudarán a asimilar el *chi* que te rodea. Ir de picnic implica que asimilarás el *chi* a través de la comida y, al mismo tiempo, asimilarás parte del *chi* circundante.

3 Tomar el sol y sentir el aire fresco y el sol en la piel te ayudará a asimilar más *chi*. Es muy relajante y es el método más eficaz para asimilar el *chi* solar del centro del sistema solar, el Sol. Debido a los daños que ha sufrido la capa de ozono tendrás que evitar una exposición prolongada a los rayos del Sol. Las mañanas y las tardes son los momentos más seguros si tienes la piel delicada.

4 Relajarse y cavilar en los asuntos más serios de tu vida te ayudará a empaparte del *chi* que te rodea, mientras que hablar y mantenerse activo proyectará tu *chi* con mayor intensidad.

Estar al aire libre te conecta con el chi *de la naturaleza. Trata de encontrar tiempo para empaparte de esta energía revitalizadora.*

INCORPORA LA NATURALEZA A TU HOGAR

BENEFICIO: Un *chi* más natural en la casa.

Para aumentar el *chi* natural de la casa y, por tanto, la exposición a ese *chi* mientras estés en casa, necesitas encontrar métodos para tener más elementos que contengan y emitan *chi* e incrementar la exposición a las fuerzas del exterior.

Es decir, coloca más plantas y flores recién cortadas y expón la casa al aire fresco y a la luz del sol. La madera es un añadido más sutil ya que todavía contiene *chi* vivo.

Qué hacer

1 Cultiva tantas plantas sanas como te sea posible en la casa. Trata de que sean variadas y coloca plantas diferentes en la misma jardinera para crear un pequeño jardín. Si eres audaz, podrías crear un pequeño jardín con rocas y plantas alpestres dentro de la casa. Recuerda que para aprovechar el espacio al máximo puedes usar macetas, enredaderas y plantas colgantes.

2 Abre las ventanas con regularidad para renovar el aire. Hazlo cuando limpies la casa para así mezclar con mayor eficacia el *chi* fresco con el aletargado de la casa.

Prueba a poner plantas en el suelo, sobre los muebles, colgadas en cestas y enredaderas para llenar la casa de chi *vivo.*

3 Facilita el paso de la luz del sol. Las ventanas orientadas al este o al oeste son idóneas ya que el sol está más bajo y penetrará directamente en la casa.

4 Emplea madera natural cuando sea posible para aportar más *chi* vivo en las superficies o mobiliario. Si necesitas proteger la madera, utiliza cera en lugar de barniz o laca, que tienden a cubrir la madera con un material que impide el flujo del *chi*.

JARDINERAS

BENEFICIO: Acercan el *chi* natural al hogar.

Las jardineras son un método idóneo para atraer el *chi* natural y colorido a la casa, sobre todo porque intensifican el *chi* que entra por las ventanas. Son más útiles aún si vives en un piso de ciudad, donde apenas se tiene contacto con la naturaleza.

Elige los colores de las flores dependiendo de la energía *chi* que deseas aumentar y la orientación de la fachada de la casa. Los colores más intensos aportan un *chi* yang estimulante mientras que los pálidos generan un *chi* yin relajante.

Si es posible, selecciona flores variadas para que haya plantas en flor el máximo de tiempo posible a lo largo del año. Asimismo, es recomendable plantar hierbas aromáticas en las jardineras porque despiden fragancias y son una fuente saludable de nutrientes para la comida.

Qué hacer

Comprueba la dirección desde el centro de la casa en la que piensas colocar la jardinera para ayudarte a decidir cuál es el material más apropiado. Coloca la transparencia de las ocho direcciones (véanse págs. 112-115) y alinéala con el norte para saber en qué dirección se encuentra la ventana propicia.

Las flores rosas, rojas y blancas favorecen la entrada de más chi *del oeste por las ventanas y contribuyen al bienestar general.*

- Conviene colocar las jardineras metálicas en el suroeste, noreste, oeste, noroeste o norte.
- Las de madera en el norte, este, sureste o sur.
- Las de barro en el sur, suroeste, noreste, oeste o noroeste.
- Evita las jardineras de plástico ya que perturban el flujo de la energía.

BALCONES

BENEFICIO: Aportan *chi* vivo y renovado.

Las principales ventajas de un balcón suelen ser las buenas vistas y la exposición directa a la luz del sol. Aprovechar ese *chi* abierto es muy beneficioso. Para incrementar el beneficio es recomendable crear un pequeño jardín en el balcón; da vida al *chi* que entra en la casa y le confiere una sensación distinta.

Una de las utilidades del jardín en el balcón es que en verano tendrás más follaje, lo que creará sombras naturales, mientras que en invierno el follaje disminuirá y te permitirá disfrutar al máximo de la luz del sol invernal.

Además, pasar tiempo en el balcón te mantendrá en contacto con un *chi* abierto y libre de obstáculos. Debería inspirarte y estimularte la imaginación y el pensamiento. Las azoteas ajardinadas tienen el mismo efecto.

Qué hacer

1 Decide cuál es el *chi* que más necesitas y luego planifica el balcón para que aporte más de ese *chi* a la casa. Por ejemplo, si quieres un mayor estímulo yang, utiliza plantas en flor coloridas, plantas con espinas y macetas que te gusten. Para una sensación más relajada y yin, prueba plantas de hoja blanda, enredaderas y emparrados.

2 Recuerda que el suelo de madera crea un *chi* más yin y suave, al contrario del de cemento o piedra. Asimismo, los muebles de madera aportarán más yin que las sillas y mesas metálicas.

3 Es recomendable añadir un elemento agua o pila para pájaros en el balcón. Lo idóneo sería que el balcón estuviese orientado al este o sureste desde el centro de la casa.

Pasar tiempo en este balcón te acercaría al chi *de las flores.*

JARDINES

BENEFICIO: Rodean la casa de un *chi* vibrante.

Creando el jardín de tus sueños rodearás la casa del *chi* que te ayuda a sentirte inspirado y relajado. Además, al salir al jardín te sumergirás en ese *chi*.

Si el jardín es lo suficientemente grande puedes crear ambientes distintos en lugares diferentes para así empaparte de varios tipos de *chi* dependiendo del estado de ánimo. Por ejemplo, los espacios abiertos fomentan que el *chi* se desplace rápidamente, mientras que los espacios pequeños y cerrados retienen mejor el *chi*.

Qué hacer

1 Comprueba si hay alguna zona que se preste a un entorno más abierto. Sería el lugar perfecto para el césped, donde el *chi* no tendrá obstáculos y será más dinámico.

2 Busca una zona del jardín que te permita crear un espacio más cerrado con vegetación, árboles y arbustos. El *chi* estará más contenido y costará menos relajarse y sentirse equilibrado. Sería un lugar idóneo para un banco.

3 Crea una zona donde el *chi* se eleve; tendrás que plantar árboles, bambúes, hierbas altas o cualquier planta que crezca con fuerza en vertical.

4 Crea un espacio con rocas para fomentar un *chi* claro y penetrante, para obtener lucidez y determinación.

5 Recuerda que los arbustos, las plantas tropicales de hojas grandes y los senderos contribuyen al movimiento horizontal del *chi*; ayudan a sentirse más sociable y a conectar con los demás.

6 Un jardín rectangular con césped en el centro y arriates en el perímetro externo estará bien definido y será accesible, lo cual proporciona un flujo del *chi* más yang. Cuanto más intrincado sea el jardín, con senderos serpenteantes, nidos de amor ocultos y arriates curvos, más yin será el flujo del *chi*.

Los escalones de piedra yang contrastan con el follaje yin.

ELEMENTOS AGUA

BENEFICIO: Aumentan la vitalidad y la frescura.

El agua que forma parte del paisaje local influye en la energía *chi* del hogar. Cuando las condiciones son favorables, el agua aumentará tu vitalidad. Los elementos agua proporcionan movimiento al jardín y crean un flujo del *chi* más activo. Mientras que el *chi* metal representa el dinero, el *chi* agua en movimiento se asocia al movimiento de dinero.

Qué hacer

- El agua debe ser fresca y no estar contaminada. El agua que se estanca crea más energía *chi* estancada y, si está muy cerca de ti, es posible que también estanque tu *chi*.
- El agua en movimiento crea más *chi* yang que el agua quieta. Por ejemplo, una cascada tiene una mayor influencia yang activa que un estanque. Sin embargo, el movimiento descendente de la cascada tiene un efecto terrenal, mientras que un manantial que borbotea tiene un *chi* ascendente.
- El agua que se desplaza rápidamente en línea recta tiene una mayor influencia yang que el agua que serpentea lentamente por recodos poco pronunciados. Los estanques y las ciénagas tienen un gran efecto yin, pero conviene recordar que hay una amplia gama de fauna y flora que evita el estancamiento.
- La dirección en la que se encuentra el agua desde el centro de tu casa también influye. Es preferible que se encuentre al este o sureste, donde contribuirá a acumular el *chi* madera de estas direcciones.
- El agua que fluye hacia la entrada principal de la casa cuenta con una mayor capacidad para aportar *chi* al hogar. El agua que se aleja de la entrada podría

disminuir la energía *chi* de la casa y provocar la sensación de que el dinero también se aleja.

El agua en movimiento agita el chi *y crea un entorno más dinámico. Las cascadas también oxigenan el agua y le proporcionan más vitalidad.*

SENDEROS Y ESCULTURAS

BENEFICIO: Alteran el flujo del *chi*.

Los senderos cambian el aspecto del jardín y la experiencia táctil de su uso. Cuando elijas el material para un sendero debes pensar qué sensación tendrás al caminar por la superficie. El jardín será más interesante si cuentas con distintas superficies. Un sendero con una superficie plana y lisa (como las losas) fomenta el desplazamiento rápido del *chi*. Un sendero recto acelera aún más el *chi*.

Cuando diseñes el jardín emplea estatuas para resaltar una zona. Por ejemplo, una estatua en el centro de un círculo llama la atención. Las estatuas también sirven para completar una vista: una estatua al final de un sendero indica adónde conduce el camino. A veces se emplean para sorprender: puedes esconder parte de una estatua entre las plantas o colocarla a la vuelta de una esquina.

El uso imaginativo de materiales hace que el diseño del jardín sea más interesante.

El efecto de distintos materiales en el *chi*

YIN
Mantillo
Pavimento de madera, de traviesas viejas o tocones para cruzar de un lugar a otro
Grava
Ladrillos
Adoquines toscos
Adoquines pulidos
YANG

Qué hacer

- Para aumentar el romanticismo en tu vida, coloca al oeste una estatua romántica sobre una base metálica redonda rodeada de flores rojas.
- Para fortalecer la energía *chi* asociada a tu vida profesional, pon una estatua de madera alta rodeada de plantas verdes en el este.
- Para realzar el *chi* que fomenta la armonía familiar, sitúa al suroeste una estatua de yeso o barro baja rodeada de colores amarillos.
- Las estatuas de cristal con forma irregular situadas en el norte resultan idóneas para gozar de mayor paz y tranquilidad.
- Para incrementar el *chi* fuego asociado a la fama, el reconocimiento público y la pasión, coloca al sur una estatua piramidal o con forma de estrella rodeada de flores púrpuras.

ÁRBOLES Y PLANTAS

BENEFICIO: Introducen más *chi* vivo.

Los árboles y las plantas ayudan a definir el ambiente del jardín. Un jardín bien surtido con plantas variadas presenta un equilibrio del *chi* saludable y puedes ajustarlo a tus necesidades. La principal consideración es cómo quieres sentirte en el jardín. Emplea las siguientes ideas para ayudarte a diseñarlo.

Qué hacer

• Las arboledas crean un espacio en el que el *chi* fluye verticalmente. Es un lugar idóneo cuando quieres centrarte en ti mismo y sentirte más independiente.

• Un jardín abierto con mucho césped permite que el *chi* se desplace sin obstáculos y entre en la casa. Es idóneo si quieres sentirte sociable, extrovertido y activo. Podría ayudarte a desarrollar ideas importantes y a ser más amplio de miras.

• Los diseños más complejos —en el que un laberinto de diferentes plantas obligue al *chi* a seguir una ruta más sinuosa por entre las plantas, arriates, arbustos, árboles y senderos curvos— crean un ambiente más imaginativo, donde te sentirás más creativo, artístico y reflexivo. Es idóneo para fomentar ideas nuevas, sentirse más inspirado y ser capaz de retirarte a tu propio mundo.

• Las plantas con espinas, como las yucas y las palmeras, crean un ambiente

Los árboles cambian el chi *en un plano más elevado e influyen en el* chi *que está sobre nuestras cabezas. Sentarse bajo un árbol ayuda a sentirse diferente ya que el* chi *del árbol entra en nuestro propio* chakra.

más estimulante, mientras que las plantas con hojas grandes y blandas generan una sensación más relajante. Elige las plantas para determinar cómo te sentirás en el jardín.

- Si quieres más intimidad o vives cerca de una carretera muy transitada, un seto te ayudará a ralentizar el *chi* y actuará de barrera para el *chi* acelerado.

INVERNADEROS

BENEFICIO: Sentirse más cerca de la naturaleza.

Un invernadero tiene un ambiente especial porque forma parte tanto de la casa como del jardín. Cuenta con un *chi* muy natural por lo que sentirás un vínculo intenso con la naturaleza, pero estarás protegido de los elementos. Si te es posible, emplea materiales naturales y deja el mayor espacio posible para las plantas. Los siguientes consejos te serán útiles para diseñar un invernadero.

Qué hacer

1 Para que reciba el máximo de luz del sol constrúyelo orientándolo hacia una dirección soleada. Si el invernadero recibe sol casi todo el día podrás usarlo durante más tiempo. Sin embargo, es posible que haga mucho calor, por lo cual se aconseja poner enredaderas, trepadoras o un árbol para dar sombra en verano. Asimismo, instala un sistema de persianas internas.

2 Los materiales que emplees influirán en el ambiente del invernadero. Si está orientado al este, sureste o sur, utiliza madera, mientras que el metal y la piedra son idóneos si está orientado al suroeste u oeste.

3 Cuando añades un invernadero a la casa cambias el plano. El plano ideal de la vivienda debería ser lo más cuadrado posible para que así las ocho direcciones estén bien representadas. En algunas casas el plano está diseñado de modo que aparecen sólo algunas de las ocho direcciones. Es típico de los hogares estrechos o en forma de L. Por lo tanto, es útil añadir el invernadero de modo que equilibre la forma y no para que empeore la situación.

Para que el jardín de invierno funcione bien, emplea materiales naturales y pon muchas plantas para asimilar así el chi *de la naturaleza.*

EL FENG SHUI Y LA VIDA ESPIRITUAL

NUTRE EL ESPÍRITU

El *chi* apropiado de tu hogar te ayuda a conectar con el *chi* espiritual más profundo, el que te recorre los *chakras*. Al mismo tiempo, al acceder al *chi* más profundo y proyectarlo a la casa, puedes llenarla con la energía que te ayude a sentirte espiritual cada vez que llegues a casa.

La meditación y la oración llenan la vivienda de este *chi* espiritual de manera natural. El proceso será más activo si haces algo que implique movimiento y ocupe más espacio en la vivienda. Por lo tanto, los ejercicios espirituales, como el *chi gong* (véase pág. 366), son eficaces.

En este apartado se presentan métodos para crear un ambiente más espiritual en casa.

- Empieza por crear un espacio que te ayude a acceder a tu *chi* más espiritual. Este *chi* debería estar un tanto disperso, lento pero con capacidad para fluir y con un componente vertical.
- Una forma de conseguir el estado de ánimo adecuado es construir un templo feng shui personal para que así te sea más fácil conectar con tu espiritualidad.
- Busca maneras de cambiar tu *chi* interno para que te cueste menos sacarlo al exterior.
- Encuentra métodos para irradiar el *chi* espiritual hacia el espacio que te rodea; las técnicas de meditación y respiración son idóneas para proyectar el *chi*.
- Practica ejercicios *chi gong* para liberar el *chi* y permitir que encuentre su flujo y reflujo dentro de tu campo energético. Deja que el *chi* fluya por la habitación para que libere el *chi* que te rodea.
- Emplea técnicas de limpieza de espacio para dispersar, renovar y cambiar el *chi* del hogar y así te será más fácil rellenarlo con tu propia energía espiritual.

La sal tiende a asimilar el chi, *algo idóneo para deshacerse del* chi *pasado y permitir la entrada de* chi *nuevo.*

Emplea sonidos por la casa para agitar el *chi* y aportar movimiento a la energía vieja que se haya estancado.

• Proyecta pensamientos positivos al hogar de manera consciente para contribuir a la creación de un ambiente más feliz.

CREA UN ESPACIO SAGRADO PARA LA ESPIRITUALIDAD

BENEFICIO: Ayuda a sentirse espiritual.

El *chi* espiritual no sólo llena tu cuerpo sino que se expande y llena el *chi* que te rodea. Este *chi* externo interactúa con el *chi* del espacio en el que piensas y, como resultado, el ambiente que te rodea facilita o dificulta la espiritualidad. Las siguientes ideas te serán útiles para crear un espacio idóneo para sentirse espiritual.

Qué hacer

1 Para sentirse espiritual y permitir que la mente abarque todas las posibilidades que se te presenten, necesitas espacio alrededor de la cabeza. Si la habitación es muy pequeña o está abarrotada tu *chi* mental estará limitado en la búsqueda de inspiración espiritual antes de que otras fuerzas lo contaminen.

2 Recuerda que el *chi* que te rodea debe estar limpio, tienes que evitar el *chi* estancado porque reprimirá la espiritualidad. Asimismo, si el *chi* está agotado y ha permanecido inmóvil en el mismo sitio te costará sentir la clase de pureza necesaria para la espiritualidad.

3 Recuerda que un espacio expuesto al aire fresco y a la luz del sol tendrá un *chi* renovado. Ahí te será más fácil acceder a la energía espiritual.

4 No olvides que el método más rápido y eficaz para limpiar el *chi* es llevar a cabo una limpieza a fondo. El proceso también te limpiará el *chi*, con lo cual te será

más fácil acceder a esa sensación de pureza.

Deja entrar chi *fresco a diario y salir parte del estancado. Te ayudará a sentirte un poco más vacío y a conectar con tu lado espiritual.*

5 Cuando hagas la limpieza a fondo deshazte de las cosas que no quieras. Los espacios abarrotados dificultan el movimiento del *chi* y su renovación. Los espacios abiertos propagan el *chi* y evitan la congestión.

6 Utiliza plantas altas para crear un flujo del *chi* más vertical y ayudarte a conectar con los cielos con más facilidad.

ERIGE UN TEMPLO FENG SHUI PERSONAL

BENEFICIO: Accede a tu espiritualidad.

Puedes crear un lugar especial que te sirva de templo feng shui personal al que acudir cuando quieras centrarte en ti y formularte preguntas sobre la vida y el sentido de la misma. También es un remanso de paz y tranquilidad en el que separar tu ser de la vida cotidiana y conseguir ser más objetivo.

Qué hacer

1 Elige una habitación, o un espacio en una habitación, que puedas dedicar a ti mismo. Disponlo de tal manera que te encares al norte para una mayor espiritualidad o el noroeste para una mayor sabiduría mientras miras la mesa en la que has creado el templo.

2 Trae lo que te importe de veras, lo que te defina como persona y, sobre todo, quién quieres ser.

3 Coloca los objetos en la mesa de modo que veas representado tu viaje por la vida hasta el momento: cuadros, juguetes, certificados, fotografías de tus antepasados, diarios viejos, tus libros, DVD o CD favoritos.

4 Coloca también cualquier afirmación que hayas realizado sobre los cambios que deseas hacer o los propósitos que deseas materializar en vida.

5 Coloca una vela, un cuenco con agua fresca y un plato de sal marina en la mesa. Cuando quieras pensar sin trabas sobre tu vida, enciende la vela y obsérvala mientras tratas de poner la mente en blanco. Deja que el *chi* del templo feng shui fluya hacia tu campo energético de modo que puedas albergar pensamientos nuevos del inconsciente.

Coloca objetos e imágenes que te importen para crear el templo personal. Utilízalo para recargar energías.

CAMBIA TU CHI DESDE EL INTERIOR

BENEFICIO: Libera el espíritu que llevas dentro.

Con este ejercicio aprenderás a desplazar el *chi* con la mente. Al centrarte en partes del cuerpo y emplear imágenes positivas, puedes enviar *chi* útil a esas células.

Qué hacer

1 Busca un espacio en el que te sientas cómodo y posea un *chi* natural porque así asimilarás más energía durante y al final del ejercicio. Viste prendas de algodón holgadas.

2 Túmbate boca arriba. Si fuera necesario, para sentirte más cómodo coloca cojines o toallas enrolladas debajo de la nuca, la parte baja de la espalda y las rodillas. Comienza respirando lenta y profundamente hacia el abdomen.

3 Imagina que estás inhalando *chi* hacia el abdomen. Repasa mentalmente el cuerpo y examina cada parte de modo que percibas cómo se encuentra. Es importante que sientas si está relajado o tenso, cansado o lleno de energía, frío o caliente, suave o duro, ligero o pesado. Cuanto más te centres en una parte concreta, mayor será la carga de *chi* que recibirán las células.

4 Crea un par de manos imaginarias que entren en el cuerpo para masajear, aliviar y desplazar el *chi*. Inventa un color que te haga sentir bien de veras. Por ejemplo, prueba el dorado, naranja o amarillo cálidos. Mientras recorres el cuerpo mentalmente, tiñe cada parte de ese color especial. Esto logrará que tus poderes de visualización influyan en el *chi* y afectará a todas las células del cuerpo.

5 Repasa mentalmente todo el cuerpo, poco a poco. Dedica unos segundos a percibir cómo te encuentras. Deberías sentirte más ligero y relajado con una sensación general de armonía.

Asegúrate de estar cómodo y de que podrás relajarte del todo sin distracciones antes de comenzar a meditar.

IRRADIA EL CHI HACIA UN LUGAR

BENEFICIO: Llena una estancia con tu *chi* espiritual.

El objetivo de este ejercicio es desarrollar la clase de *chi* con el que te gustaría llenar la casa y luego proyectarlo en una habitación para crear un ambiente más espiritual. Debes hacerlo con regularidad ya que, con el tiempo, el *chi* se agota.

Qué hacer

1 Busca un lugar donde puedas llenar tu campo *chi* con la clase de energía que te ayuda a sentirte espiritual: un lugar de culto, un árbol, un parque o un jardín podrían servir. Una vez allí, medita y concéntrate en la respiración; al inhalar, imagina que inspiras el *chi* circundante mientras te llenas los pulmones. Asocia la respiración con un color, sonido o sensación. Inhala tu color favorito e imagina que el abdomen y el pecho se vuelven de ese color.

Sentarse apoyado con la espalda en un árbol mezcla tu chi *con el del árbol y fomenta que el* chi *se desplace verticalmente por los* chakras.

2 Vuelve a casa y siéntate erguido en la habitación que quieras llenar con más *chi* espiritual. Ahora concéntrate en las exhalaciones. Al espirar, imagina que tu *chi* llena la habitación o espacio en el que te encuentras. Comienza llenando un espacio pequeño y luego trata de llenar espacios cada vez mayores.

3 Encender una vela y contemplar la llama mientras meditas te ayudará. Al exhalar, concéntrate en proyectar tu *chi* hacia la base de la llama para que así el *chi* de la vela te ayude a irradiar el tuyo hacia el resto de la habitación con más fuerza.

RESPIRACIÓN

BENEFICIO: Te conecta con el *chi* que te rodea.

Al inhalar, entras *chi* en el cuerpo; al exhalar, expulsas *chi* al exterior. El acto de respirar te conecta con el *chi* que te rodea ya que el *chi* externo sigue el camino del oxígeno hasta el torrente sanguíneo. La respiración es el medio principal para integrarse en el mundo circundante. Establece un flujo y reflujo rítmico del *chi* que sale y entra de tu campo energético. La forma de respirar mientras estés en casa te permitirá sumergirte con mayor intensidad en el *chi* del hogar.

La forma de respirar define el proceso de mezcla con el *chi* ambiente. Respirar con profundidad te ayudará a intercambiar tu *chi* con el que te rodea de manera más activa, lo cual te resulta útil cuando quieres asimilar más energía de un lugar concreto. Por ejemplo, es posible que quieras aportar más *chi* natural de tu paraje favorito o encontrar un edificio público que tenga un ambiente donde te sientas bien de veras.

Qué hacer

1 Para realizar una respiración completa comienza desde el abdomen. Coloca la mano en el ombligo para ayudarte y trata de alejarlo mientras inhalas. Luego tensa los músculos del abdomen al exhalar, para sacar el aire.

2 Cuando te encuentres cómodo respirando desde el abdomen, continúa desde el pecho. Expande la caja torácica para inhalar el máximo de aire posible.

3 Aguanta la respiración durante tres segundos antes de sacar todo el aire del cuerpo. Inclínate ligeramente hacia delante y tensa el abdomen para ayudarte a sacar todo el aire.

Respirar hondo junto al mar significa que asimilas el chi del mar y conectas con las corrientes de energía globales, lo que te ayuda a pensar en la vida en términos más amplios.

MEDITACIÓN

BENEFICIO: Capacidad para mover el *chi*.

El objetivo de estos ejercicios es lograr cambiar el campo energético con la mente. La clave para controlar el *chi* consiste en desplazarlo hacia abajo, arriba, dentro o fuera. Los ejercicios de meditación que combinan respiración, movimiento y pensamientos nos ayudarán a conseguirlo.

Qué hacer

- Haz descender el *chi* para ser más práctico y realista; es idóneo si te acosan demasiadas ideas y no puedes relajarte. Exhala dejando que el aire salga del pecho y luego del abdomen. Retén el último aliento en la parte más baja del abdomen hasta el final. Al exhalar debes sentir una especie de impulso, de modo que puedas seguir bajando el *chi* hasta las piernas y los pies y, finalmente, hasta el suelo.
- Para obtener ideas nuevas, energía creativa e inspiración, haz subir el *chi*; te ayudará a sentirte positivo y con ganas de hacer cosas. Separa los pies hasta alinearlos con los hombros y apoya el peso en los pulpejos. Comienza respirando hacia lo más hondo del abdomen y luego hacia el pecho. Exhala vaciando el abdomen y acaba expulsando el aire de la parte superior del pecho. Imagina que subes el *chi* desde el abdomen hasta la cabeza.
- Si quieres llamar la atención o causar una buena impresión, necesitas proyectar y propagar el campo del *chi* hacia el exterior; es idóneo para expresarte y deshacerte de emociones varias. Ponte en cuclillas con los pies separados y los brazos cruzados en el pecho e inhala. Al exhalar, eleva y abre los brazos hasta formar una estrella. Durante la exhalación, imagina que desplazas el *chi* hacia la punta de los dedos de las manos y los pies.

• Atrae el *chi* hacia dentro para cultivar la fuerza interior, concentrar el núcleo del *chi* y ayudarte a encontrar la fuerza que llevas dentro; pruébalo cuando estés cansado, tengas frío o te sientas frágil. Siéntate o arrodíllate e inhala poco a poco. Comienza a trasladar el *chi* al abdomen y luego al pecho. Una vez que hayas llenado el cuerpo, contrae el ano y mantén la boca y la nariz cerradas mientras tensas y contraes el abdomen.

Mantener la espalda recta alinea los chakras *de tal modo que facilita el flujo del* chi *entre ellos y ayuda a recargarlos con el* chi *de los cielos y la tierra.*

CHI GONG

BENEFICIO: Libera emociones y *chi*.

El *chi gong* es el arte de mover el *chi* de forma que aporte armonía natural a todo tu campo energético. Se alienta al cuerpo a realizar movimientos espontáneos para redistribuir, expulsar o asimilar el *chi*. Se supone que el subconsciente sabrá qué necesitas realmente y, al dejarte llevar por éste, harás los ajustes pertinentes. Mientras practiques los ejercicios *chi gong*, tu campo energético ampliado cambiará el *chi* de la estancia. Si sabes armonizar tu propio *chi* de manera espontánea, provocarás un reajuste espontáneo del *chi* de la habitación.

Qué hacer

Necesitas preparar el cuerpo para que te resulte más fácil comenzar los movimientos espontáneos del *chi gong*. Los ejercicios iniciales tienen como objetivo mover una parte del cuerpo sin usar los músculos de esa zona. Te ayudará a relajarte y a acostumbrarte a mover partes del cuerpo sin usar la mente consciente.

Ejercicio de calentamiento

1 Sacúdete como un perro. Usa el torso para ayudar a agitar los brazos. Sujétate a algo (el respaldo de una silla, por ejemplo) y extiende y sacude una pierna y luego la otra. Túmbate boca arriba para ocasionar movimientos de cadera de modo que los brazos y las piernas se muevan sin usar los músculos.

Estimula tu campo del *chi* externo

1 Para mover y jugar con el campo del *chi* recorre el cuerpo con las manos manteniéndolas a unos 30 cm de la piel.

2 Con los pies separados, inclínate hacia abajo y dibuja un círculo alrededor de los pies. Sube las manos por los lados de las piernas y cuerpo hasta las axilas. Extiende los brazos hacia los lados al máximo. Gira las palmas y llévatelas a la nuca. Desplaza las manos por los lados de la cabeza y estira los brazos hacia el techo. Vuelve a bajarlos por delante del cuerpo hasta llegar a los pies.

3 A continuación lleva las manos por detrás de las piernas y torso. Cuando no puedas seguir subiendo, desplaza las manos hacia las axilas y luego hacia la nuca. Baja de nuevo por los lados hasta los pies. Continúa subiendo por delante, iniciando así otra secuencia para cubrir todas las partes del cuerpo en todas las direcciones.

4 Cuando domines la secuencia básica del movimiento, acelera el proceso y conviértelo en un ejercicio vigoroso. De ese modo, agitarás el *chi* de la superficie y lo mezclarás con el *chi* circundante de manera más activa.

El ejercicio del abrazo al árbol

La imagen del ejercicio consiste en rodear el tronco de un árbol con los brazos. El objetivo es encontrar la postura en la que puedas permanecer el máximo tiempo posible.

1 Separa los pies y flexiona las rodillas unos 15 grados. Inclina la pelvis hasta que te encuentres cómodo. Relaja los hombros y coloca los brazos como si rodearas el tronco de un árbol. Baja la barbilla para mantener la cabeza equilibrada sobre el cuello. Mientras adoptes esta postura realiza los ajustes necesarios para evitar molestias. Es importante que la recuerdes para empezar desde ahí la próxima vez. El objetivo es aprender el ejercicio de tal modo que desarrolles el conocimiento y la experiencia necesarios para mantenerte varias horas en esta postura.

2 Cuando hayas encontrado la postura idónea, el *chi* debería fluir sin esfuerzos. Al adoptar esta postura liberarás el campo del *chi* y dejarás que se reubique de manera más armoniosa. Para hacerlo bien se necesita paciencia y es recomendable que alguien te ayude a ajustar la postura o que la hagas delante de un espejo.

Ejercicios de liberación

El paso más importante es iniciar los movimientos espontáneos del *chi gong*. Primero practica los ejercicios que ya has hecho durante varias semanas para preparar el cuerpo para el siguiente paso. Cuando los realices, trata de desarrollar la sensación de dejarte ir por completo.

Existen dos formas para realizar los movimientos espontáneos, de pie o tumbado, y debes comprobar cuál te va mejor. La ventaja de hacerlo de pie es que cuentas con una mayor libertad de movimientos. Sin embargo, tal vez te cueste menos comenzar tumbado boca arriba. Es más fácil relajarse y dejarse ir en esta postura. En cualquier caso, para intensificar los movimientos exhala y emite un sonido mientras te concentras en la parte del cuerpo que estás moviendo. Hazlo de forma natural y deja que salga cualquier sonido de manera espontánea.

Al principio puedes recurrir a un maestro de *chi gong* para que te ayude y te vigile mientras dejas que el subconsciente se apodere de ti. Busca a alguien en quien confíes y con quien te sientas cómodo. Así te será más fácil dejarte ir porque sabes que alguien vela por ti.

De pie

1 Cuando acabes los ejercicios de *chi gong* y tengas ganas, trata de estimular los movimientos del subconsciente en una postura relajada, con un pie retrasado, de modo que el pie de atrás sólo toque el suelo con los dedos y el pulpejo. Deja que el pie rebote en el pulpejo. Con la práctica este rebote se convertirá en un movimiento natural. Trata de mantener la mente en blanco y concéntrate en la respiración. Deja que el pie se mueva por sí solo.

2 Sin pensar en ello, trata de que el movimiento del pie se extienda a otras partes del cuerpo. Eso podría provocar movimientos rítmicos en las articulaciones. Lo más difícil es evitar que la mente se adueñe de la situación y decida de manera consciente qué articulaciones mover y cómo hacerlo. Conviene estar abierto a la idea de que tal vez no sea el momento adecuado, en cuyo caso es mejor no forzarlo. Continúa ofreciéndole la oportunidad al cuerpo y, llegado el momento oportuno, ocurrirá de manera natural. Otra opción es cambiar de pie y comprobar si ayuda a desencadenar la reacción deseada.

Tumbado

1 Túmbate boca arriba y comienza a mover las caderas de forma rítmica. Haz que roten, se inclinen, giren o lo que más te apetezca. Respira hondo y concéntrate en la respiración. Es posible que al poco las piernas, los brazos y el cuello comiencen a moverse. Continúa concentrándote en la respiración y evita que la mente se apodere de la situación. Una vez que han comenzado los movimientos espontáneos, no hace falta que sigas tumbado. Colócate de costado o cambia de postura por completo.

2 Al cabo de un rato los movimientos disminuyen. Relájate y permanece inmóvil hasta que te sientas completamente equilibrado.

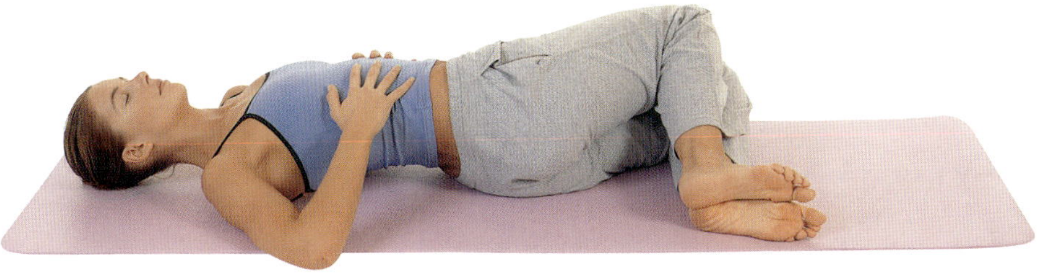

LIMPIEZA DE ESPACIO CON SONIDOS

BENEFICIO: Renueva el *chi*.

Puedes limpiar el *chi* de un espacio con sonidos. Las ondas sonoras se desplazan por el aire y agitan el *chi*. Si el *chi* estancado tiene libertad de movimiento, una parte abandonará la habitación y dejará espacio para la llegada de *chi* nuevo. Existen varios métodos para hacerlo: salmodiar, hacer sonar campanillas o dar palmadas sirven. Los cánticos son eficaces ya que proyectas tu *chi* más profundo hacia la habitación. Después de la limpieza mediante sonidos es útil emplear sal marina para eliminar cualquier resto de *chi*. Hay otros sonidos —música, un gong o incluso personas hablando— que también agitan el *chi*. La diferencia estriba en que al usar los siguientes métodos puedes concentrar los sonidos en una zona específica mientras que en el caso de los cánticos proyectas tu propio *chi*.

Qué hacer

1 Para preparar la habitación que deseas limpiar abre las ventanas y puertas y ordénala y límpiala. Esfuérzate sobre todo en eliminar todo el polvo. Viste prendas de algodón holgadas para hacerlo.

2 Cuando salmodies es importante que mantengas la espalda erguida para así alinear los *chakras* y facilitar el flujo vertical del *chi*. Para ello, mete las costillas inferiores sin mover los hombros y así erguirás la base de la columna. Inclina la barbilla hacia dentro y eleva la coronilla, como si te tiraran de la cabeza hacia el cielo.

3 Respira hondo para emitir un sonido largo y poderoso y proyectar la vibración hacia la habitación. Para agitar todo el *chi* prueba a emitir sonidos variados. Es más fácil comenzar con sonidos graves y acabar la gama de sonidos con una larga exhalación. Comienza con un «aah» grave, luego pasa a un «aah» más agudo; continúa con la gama de sonidos «ooo» y acaba con un «mmm», todo en la misma respiración. Hazlo varias veces para limpiar la habitación. Puedes usar cualquier sonido o cantar. Sin embargo, será más eficaz si combinas el sonido con una exhalación larga y poderosa y te concentras en expulsar el *chi* de la habitación.

4 Recuerda que las campanillas son otro método útil para agitar el *chi* estancado. Si crees que a una habitación le falta vida, agita una campanilla en todos los rincones, en cualquier parte en la que suela acumularse polvo. Las ondas sonoras ayudarán a desplazar el *chi* y a renovar la energía *chi* de esas zonas.

Los cuencos de sonido sirven para agitar el chi *de una habitación y eliminar la energía estancada.*

5 Otra opción es batir palmas con suavidad mientras exhalas con fuerza y rapidez para que así el *chi* se desplace más deprisa. Puedes combinarlo con los cánticos.

6 Luego puedes purificar la energía *chi* con sal marina ya que absorberá cualquier resto de *chi*. Antes de acostarte esparce sal marina por el suelo, en cualquier rincón que creas que no está limpio del todo. Por la mañana aspira o barre la sal y sácala enseguida de la casa para deshacerte de la energía negativa. Repite el proceso varias veces hasta que sientas que el *chi* se ha renovado.

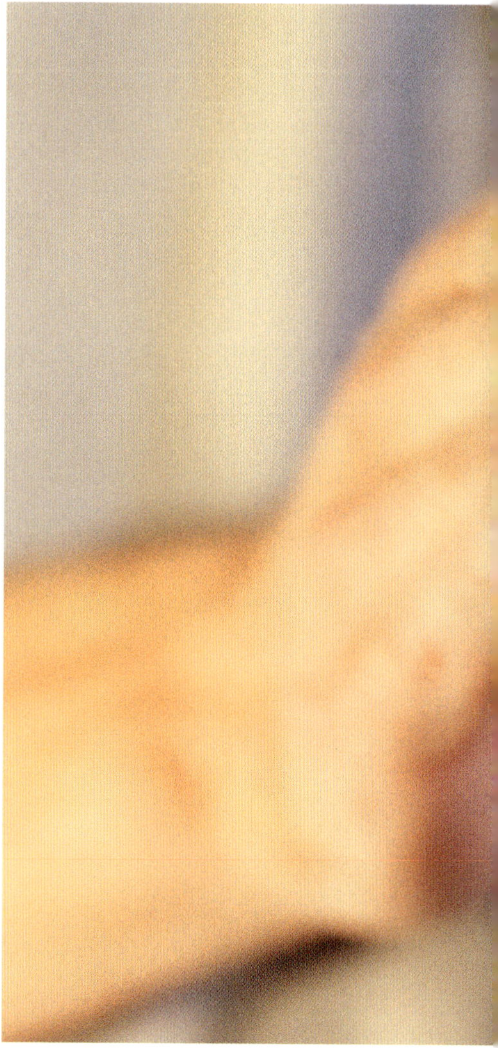

El sonido de las palmadas es útil e irradia tu propio chi *con el sonido, sobre todo si lo combinas con una exhalación poderosa.*

APORTA FELICIDAD

BENEFICIO: Sentirse feliz en casa.

Cuantas más experiencias felices tengas en casa, más felicidad irradiará tu hogar. El *chi* de la risa, el gozo y la satisfacción se extiende por las habitaciones y pasa a formar parte del ambiente. Tiene un efecto acumulativo: cuanto más constante y repetida sea la práctica, mayor será la influencia y su permanencia.

Puedes echarlo a perder si te deprimes, estresas o resientes en casa. Corres el riesgo de que el *chi* se quede en la casa y sea más difícil volver a sentirse positivo. Por eso son útiles las técnicas de limpieza de espacio (véanse págs. 372-375) después de un contratiempo emocional.

Es importante que llenes la casa de objetos que te hagan feliz. Las fotografías, los cuadros y las esculturas te ayudarán a sentirte satisfecho en casa. La música, la comicidad y el color aportarán humor y dicha al hogar.

Los visitantes traen su *chi* consigo y, si son felices, el *chi* positivo irradiará el *chi* de tu casa, sobre todo en el caso de los niños. Cuando son felices tienden a proyectar el *chi* de forma activa e intensa hacia el espacio que les rodea. Una mascota feliz puede tener un efecto similar en el ambiente de la vivienda.

Con el paso del tiempo, llegarás a un estado en el que volver a casa te dará ánimos y te sentirás feliz en cuanto te sumerjas en el ambiente.

Las personas felices proyectan chi *feliz hacia el entorno y crean un ambiente de felicidad en la habitación.*

Qué hacer

- Utiliza la risa para aportar un *chi* feliz y gozoso a la casa. Disfruta de comedias que te hagan reír a mandíbula batiente o lee libros que te diviertan. Las bromas, los juegos divertidos o cualquier cosa que te haga reír animarán el ambiente del hogar.
- Invita a personas con las que te lo pases bien. Divertirse a menudo con los buenos amigos, jugar y hacer otras cosas juntos llena el hogar de un *chi* más social y vibrante.
- Si tienes hijos, juega con ellos y aliéntales a encontrar cosas de las que reírse. Invita a sus amigos y, si tienes espacio, déjales que campen a sus anchas. Trata de comer con ellos para intensificar la sensación de unidad familiar y compartir los momentos más cómicos. Si vives solo, una mascota te aportará emociones positivas, siempre y cuando se respire un ambiente feliz para ella en la casa.
- Las flores aportan color y vida a la vivienda y un *chi* ascendente y luminoso. Dispón arreglos florales

atrevidos, imponentes y coloridos para que la casa se nutra de su energía. Asimismo, puedes poner una amplia gama de plantas en flor en un macetero grande para que tu habitación rebose color y *chi* vivo.

- Observa los cuadros y obras de arte de la vivienda para ver si provocan una reacción positiva. Trata de encontrar imágenes nuevas que te arranquen más sonrisas de las que ya tienes. Deberías cambiar cualquier cosa lúgubre, sombría o que te recuerde momentos infelices.
- Pon música a menudo para que las ondas sonoras melódicas invadan la casa. Elige música que te anime y te ayude a sentirte feliz.
- Trata de encontrar algo en el día a día que te ofrezca un momento especial, algo cuya llegada esperes ansioso.
- Busca pasatiempos divertidos para hacer en casa, cualquier cosa sirve.

Las flores proyectan un chi *colorido y vivaz. Corta los tallos y cambia el agua a diario para mantenerlas frescas.*

HAZ QUE EL FENG SHUI FORME PARTE DE TU VIDA

BENEFICIO: Mantén viva la práctica del feng shui.

Tras haber leído este libro puedes comenzar a utilizar el feng shui con regularidad. Emplea los conceptos nuevos del *chi*, el yin y el yang, los cinco elementos y las ocho direcciones para mirar el mundo que te rodea de otra manera. Cuanto más lo incluyas en tu vida diaria, más se integrará de forma natural en lo que hagas. Al final, el feng shui debería funcionar de modo intuitivo en tu interior y no ser un mero concepto abstracto. En ese sentido, necesitas hacerlo tuyo.

Qué hacer

1 Recurre a la meditación, el ejercicio y los alimentos «vivos» naturales para trabajar el *chi*.

2 Observa la realidad desde la perspectiva yin y yang y trata de establecer relaciones entre cómo te sientes y las numerosas influencias externas.

3 Cuando vayas a ver a tus amigos, intenta relacionar aspectos de su personalidad y vida con el feng shui de sus casas.

4 Plantéate la posibilidad de matricularte en un curso de feng shui si deseas profundizar más.

5 Averigua las fechas de nacimiento de las personas, busca sus números de astrología feng shui y luego sigue estableciendo relaciones entre sus personalidades y los tres números.

6 Prueba la astrología feng shui con personas distintas; haz una tabla para comparar los números de año, mes y eje.

Al sentarte a esta mesa asimilarás y sentirás el chi *colorido y vivaz y experimentarás cómo te hace sentir.*

7 Utiliza la astrología feng shui para identificar las distintas etapas vitales de varios amigos tuyos o familiares. Comprueba si las predicciones concuerdan con sus experiencias reales.

8 Prueba algunas de las soluciones del feng shui en tu casa y, si tienes amigos que se presten a ello, obtén una experiencia de lo más valiosa aplicando el feng shui de este libro a sus vidas y hogares.

CONTEXTUALÍZALO TODO

BENEFICIO: Mayor armonía.

Recuerda que este libro se basa en conceptos y no en una realidad rígida. Es posible que la puesta en práctica de estos conceptos tenga resultados sorprendentes, pero es importante que percibas el feng shui como una pieza más del rompecabezas de la vida. Debes explorar y probar muchos otros conceptos.

Trata de contextualizar el feng shui de modo que complemente otros aspectos de la vida al tiempo que te ofrezca una gran variedad de ideas

nuevas e interesantes para tu hogar. Elige el feng shui para tomar decisiones más sensatas. Al fin y al cabo, el feng shui no es más que otra herramienta para ayudarte en el viaje de la vida; lo hará más interesante y te ayudará a superar los baches. Sin embargo, no es una pócima mágica y no ofrece soluciones infalibles. Es una técnica para hacer más con menos esfuerzo y, esperemos, conducirte a una vida más plena.

Qué hacer

1 Intenta que ni este tema ni ningún otro limiten tu vida, sino que te enriquezcan. Deberías seguir disfrutando de la vida que deseas y recurrir al feng shui para mejorarla.

2 Esfuérzate por comprenderlo todo para que así sepas qué estás haciendo. Evita la fe ciega y haz las cosas siendo consciente en todo momento.

3 Cuando cambies cosas de tu vida, haz los cambios uno a uno para controlar los resultados. El riesgo de apresurarse y hacer numerosos cambios a la vez es que no sabrás qué funciona y qué no.

4 Pon en práctica el máximo de aspectos posibles del feng shui para experimentarlos en persona y reafirmar cuanto has aprendido en este libro con experiencias vitales.

Anota a diario cómo te sientes respecto a los espacios en los que pasas mucho tiempo. Con el tiempo será un recurso personal muy valioso.

GLOSARIO

Aura: Campo energético que rodea el cuerpo humano. Puede fotografiarse mediante un proceso llamado fotografía Kirlian, mediante el cual aparece como unas manchas de varios colores. Con la práctica se puede ver el aura a simple vista o sentirla con las manos.

Ba gua: Véase Cuadrado mágico.

Campo del *chi*: La energía que forma tu *chi* personal. Está en tu interior pero también llena una zona a tu alrededor que oscila entre varios centímetros de tu piel a un metro, según la fuerza con la que proyectes el *chi* en un momento determinado.

Chakras: Siete puntos o centros de actividad situados a lo largo del cuerpo donde el *chi* es especialmente activo: la espiral de la coronilla, el entrecejo, la garganta, el centro del pecho, el estómago, justo debajo del ombligo y la base de la columna vertebral. Los *chakras* suelen utilizarse en las curaciones para que el *chi* fluya de forma más saludable por el cuerpo.

Chi: Sutil energía electromagnética que fluye en todo y que traspasa información de una entidad a otra. Es como si todo estuviera unido por una red invisible, de forma que tú influyes en —y recibes la influencia de— todo lo que conoces. En el cuerpo humano, el *chi* transporta los pensamientos, ideas y emociones. Esta energía se extiende más allá del cuerpo y lo envuelve con el propio campo energético *chi*. El *chi* puede apreciarse mediante la fotografía Kirlian. Es fácil influir en el *chi* a través del ambiente del hogar, por eso nos sentimos diferentes según el lugar.

Chi gong: Ejercicios espirituales que liberan el *chi* y le permiten encontrar su flujo y reflujo natural dentro de tu campo energético.

Cinco animales: Representan nuestro campo energético externo; están situados alrededor del cuerpo y siempre ocupan la misma posición. La energía que tenemos delante está representada por el fénix, la de la derecha por el tigre, la de detrás por la tortuga, la de la izquierda por la del dragón y en el centro está la serpiente.

Cinco elementos: Son los cinco tipos distintos de energía emocional representados por los elementos de la madera, el fuego, la tierra, el metal y el agua. Cada energía se relaciona con un momento del día y una estación y es la forma más fácil de familiarizarse con ellos. Imagínate estar en plena naturaleza en un momento determinado del día y del año: madera = amanecer y primavera; fuego = mediodía y verano; tierra = tarde y finales del verano; metal = atardecer y otoño; agua = medianoche e invierno. El aspecto más importante de los cinco elementos es cómo se relacionan entre sí. Es la base de la comprensión de posibles problemas en el hogar y su solución.

Cuadrado mágico: Disposición de los números del 1 al 9 en una cuadrícula de forma que cualquier combinación de 3 de esos números en línea recta siempre sume 15. Cada número es más yin o yang que el siguiente y está asociado a un elemento y a un trigrama. La cuadrícula se coloca encima del plano de una casa para ver cuál es el flujo de energía. El feng shui se basa en el cuadrado mágico de Fu Hsi (también llamado *ba gua*). Cuando se aplica a una vivienda, el cuadrado mágico se dispone de forma estándar, con el número 5 en el centro (véase pág. 42).

Feng shui: Literalmente significa «viento y agua». La forma como estos elementos se desplazan por el planeta es muy parecida al flujo de la energía del feng shui; ambos establecen una relación con el mundo exterior y con tu cuerpo. Los humanos estamos formados por un setenta por ciento de agua, y el agua de nuestro interior se renueva constantemente con agua fresca del exterior, de forma parecida al oxígeno que tomamos del aire. El viento y el agua son nuestros vínculos más fuertes con el entorno, sin ellos moriríamos enseguida. El feng shui se basa en la misma idea, pero se centra en una energía que transporta información sobre nosotros y que constantemente se mezcla y renueva con energía del mundo que nos rodea.

Limpieza del espacio: Técnicas —que van desde limpiar y deshacerse de los estorbos hasta la meditación, pasando por hacer sonar campanillas, cantar y dar palmas— que se utilizan para dispersar el *chi* estancado de un espacio.

Meridianos: Vías que transportan la energía *chi* por el cuerpo. Nutren ramificaciones más pequeñas hasta que el *chi* llega a todas las células del organismo. Esto significa que todos los pensamientos y emociones llegan a todas las células y, con el tiempo, afectan a nuestro organismo, así que hay que pensárselo dos veces antes de sumirse en una depresión o montar en cólera. Lo contrario también es cierto: el estado de las células y la forma de usar el cuerpo alteran el flujo de energía y la forma de sentir y pensar. Probablemente te hayas dado cuenta de que resulta muy difícil seguir enfadado si respiras lentamente y haces estiramientos o deprimirse si estás en pleno ejercicio vigoroso.

Número de año, número de mes y número de eje: Tres números, del 1 al 9, que representan el *chi* de tu interior, basado en el año y mes en que naciste. El número de eje es una combinación de los números de año y de mes (para averiguar tu número de eje, observa el cuadrado mágico con tu número de mes en el centro, encuentra a continuación tu número de año y comprueba en qué dirección se encuentra; el número que suele asociarse con esa dirección —cuando el 5 está en el centro del cuadrado mágico— es tu número de eje). Cada número describe un tipo concreto de *chi* y puede utilizarse para analizar el carácter y las relaciones. Además, tu número de año puede emplearse para descubrir la fase en que te encuentras cada año y mes, así como las direcciones que más te convienen.

Ocho direcciones: Ocho puntos de la brújula empleados para forjar una personalidad para los distintos tipos de energía que se encuentran en cada una de estas direcciones. Por ejemplo, la energía del este se asocia al amanecer, la mañana y la primavera; resulta útil asimilar esta energía en tu campo del *chi* si deseas tener la sensación de ponerte en marcha. Por el contrario, la energía crepuscular del oeste se asocia al período de cosecha otoñal y al final del día; es mejor para finalizar tareas de la forma adecuada o para cosechar las recompensas del esfuerzo. Cuando sepas qué te ofrece cada una de las direcciones, puedes utilizar el feng shui para aportar esa energía a tu ser.

Sistema nueve *ki*: Sistema basado en el cuadrado mágico, en el que cada uno de los nueve números describe un tipo de *chi*. Los números pueden disponerse de nueve formas distintas en el cuadrado mágico para crear un ciclo de nueve que puede aplicarse a años, meses o días. Puede utilizarse para averiguar el *chi* presente en el nacimiento de alguien, así como las mejores direcciones y fases de cada año y mes.

Trigramas: Serie de tres líneas paralelas, continuas o discontinuas. Las líneas discontinuas son más yin y las continuas más yang. Existen distintas formas de disponer dichas líneas y cada una de ellas se relaciona con una de las ocho direcciones.

Yin y yang: Son términos opuestos y complementarios que pueden emplearse para describir cualquier cosa. La traducción literal es que el yin representa el lado sombrío de la montaña y el yang el lado soleado. En general, el yang se refiere a todo aquello que nos hace más activos, enérgicos, rápidos, despiertos, centrados, precisos, agresivos, firmes y enérgicos o tensos. El yin describe todo aquello que nos ayuda a relajarnos, bajar el ritmo, ser más abiertos de mente, creativos, a estimular la imaginación, ser flexibles y poco exigentes, contextualizar las cosas y ser receptivos. Una cosa siempre es más yin o más yang que otra. Por ejemplo, practicar el karate te hace más yang que los estiramientos, pero los estiramientos son más yang que la siesta. Por consiguiente, puedes pensar si te sientes más feliz siendo más yin o yang y luego adaptar tu estilo de vida para que así sea. El yin y el yang pueden aplicarse a la decoración del hogar, la alimentación, la vestimenta o a cualquier actividad.

ÍNDICE

F

G

H

I

J

K

L

M

N

O

S

T

U

V

Y

INFORMACIÓN SOBRE EL AUTOR

Simon Brown se licenció como diseñador industrial y tiene dos inventos patentados a su nombre. Posteriormente empezó a estudiar Medicina Oriental en 1981 y consiguió el título de terapeuta de *shiatsu* y asesor de macrobiótica. Durante el aprendizaje de estas artes curativas, estudió el feng shui con maestros japoneses en Estados Unidos. Simon fue director de la London's Community Health Foundation durante siete años en los que programó una gran variedad de cursos especializados en artes curativas orientales. Durante esa época organizó los primeros cursos serios sobre el feng shui en el Reino Unido. Desde 1993 Simon ha convertido el feng shui en su profesión a tiempo completo. Entre sus clientes se cuentan famosos como Boy George y grandes empresas como Body Shop y British Airways. Simon es miembro de la Feng Shui Society.

Consultas a Simon G. Brown

Simon ofrece un servicio de consultoría completo. Las consultas pueden realizarse mediante visita personal o a través del correo electrónico o por correo. Incluyen planos con recomendaciones basadas en el feng shui, un informe completo con análisis incluido, explicación de las recomendaciones, información astrológica personalizada correspondiente al año en curso y los tres siguientes, las mejores direcciones para el año en curso y las mejores fechas en las que poner en práctica las recomendaciones. También ofrece asesoramiento continuo por teléfono o correo electrónico.

Cursos con Simon G. Brown

Simon ofrece varios cursos que van desde los introductorios de un día de duración a cursos totalmente certificados con deberes y evaluación.

Información de contacto:

Simon G. Brown, PO Box 10453, London, NW3 4WD

Tel: +44 (0) 20 7431 9897

Fax: +44 (0) 20 7431 9897

Correo electrónico: simon@chienergy.co.uk

Sitio web: www.chienergy.co.uk

Obras de Simon G. Brown

El libro del Feng Shui, Ediciones B, 2002.

Astrology by Numbers, Carroll & Brown, 2003.

Essential Feng Shui, Cassell, 1999.

Practical Feng Shui, Cassell, 1998.

AGRADECIMIENTOS

Deseo expresar un agradecimiento especial a Brenda por encargarme la redacción de este libro y a Alison porque es fantástico volver a trabajar contigo. Estoy profundamente agradecido a mi esposa, hijos y madre por todo su amor y apoyo durante la escritura de esta obra. También siento un aprecio especial por todos aquellos que han comprado mis otras obras, pues he estado en contacto con algunos de ellos a lo largo de los años y, por supuesto, agradezco al lector la lectura de este libro.

AKG, Londres/Bibliotheque Nationale 11. **Corbis UK Ltd.**/34, 49, 72, 87, 90 principal, 93, 101, 102, 104, 105, 345 Andrew Brookes 109; /Araldo de Luca 169, 187, 192, 198; /Bettmann 204/Bill Ross 106; /Carmen Redondo 86; /Charles Gupton 175/Christie's Images 209; /Craig Aurness 58; /Danny Lehman 185; /David Turnley 203; /Francis G Mayer 179; /Geoffrey Clements 174; /Herrmann/Starke 80; /Hubert Stadler 216; /James L. Amos 71 principal; /José Luis Peláez 61; /Joseph Sohm/ChromoSohm Inc. 121; /Leland Bobbe 39; /Martin Harvey/Gallo Images 118; /Matthias Kulka 12; /Mike Zens 70; /Randy Faris 98 principal; /Richard Cummins 46; /Richard Hamilton Smith 122; /Roger Ressmeyer 8; /Roy Botterell 243; /Tim Page; /Bettmann 181; /Tim Wright 113; /William Whitehurst 157. **Creatas**/341/Image Source 15, 319. **Eyewire Images**/253. **Getty Images**/29, 63, 66. 95, 160, 163, 199, 247, 249, 255, 259; /Philippe Poulet/Mission 88. **Octopus Publishing Group Limited**/30, 32, 40, 44, 48, 50 superior, 64 superior derecha, 64 inferior izquierda, 71 superior derecha, 73, 78, 82, 90 inferior derecha, 92, 98, 103, 156, 166, 173, 205, 211, 263; /Mark Bolton/Diseño: Yvonne Mathews & Don Appleby, RHS Chelsea Flower Show 2001 37; /Colin Bowling 94; /Jean Cazals 335; /Steve Hathaway 339; /Alistair Hughes 85, 119, 331; /David Jordan 81; /Andy Komorowski 55 inferior, 111; /David Loftus 114; /Peter Myers 42, 215; /Ian Parsons 65, 180, 323; /Peter Pugh-Cook 245, 325, 337; /William Reavell 45, 69, 241, 261; /Russell Sadur 167; /Debi Treloar 47; /Ian Wallace 74; /Paul White 50 inferior. **Nasa**/152, 172, 178, 184, 190, 196, 202, 208. **Rubberball Productions**/ Dreamscapes 79, 161. **Science Photo Library**/Rev. Ronald Royer 384.